부동산정책 에세이

인간답게 가질 권리

강석구

pnc
publishing and culture
피앤씨미디어

인간답게 가질 권리

초판 인쇄　2025년 2월 5일
초판 발행　2025년 2월 10일

지은이　강석구
펴낸이　박노일

총괄기획　최준규
편　집　이상민

펴낸곳　pnc publishing and culture 피엔씨미디어
경기도 고양시 일산동구 강송로 153 310-1501
등록 제396-2012-000203호
전　화　070)7550-3758　팩　스　02)6280-3758
홈페이지　www.pncmedia.co.kr　이메일　pnc@pncmedia.co.kr
ISBN　979-11-5730-976-4　93320

정 가　20,000원

머리말

헌법은 제34조 제1항에서 "모든 국민은 인간다운 생활을 할 권리를 가진다."고 하여 '인간다운 생활을 할 권리'를 규정하고 있지만, 권리 보장을 위한 구체적인 내용까지는 규정하고 있지 않다. 그래서 필자는 인간다운 생활을 하기 위해 필요한 물질적 급부의 범위를 구체화하기 위한 화두를, 소득과 재산의 양면에서 우리 사회에 던지고자 했다. 어쩌면 '인간답게 가질 권리'를 향한 시론(始論)이라고 할 수 있다.

그런데 이 책의 기획의도는 '인간다운 생활을 할 권리'와 같은 헌법상의 기본권과는 전혀 무관하다. 오히려 이 책은 '부동산정책이 작동하는 원리와 구조' 또는 '우리나라 부동산시장의 실상'을 알고 싶은 독자를 대상으로 한다. '인간답게 가질 권리'는 부동산정책의 작동원리를 이해하는 과정에서, 아니면 현대 자본주의 사회에서의 자본운용 및 자산관리의 방법을 깨치는 과정에서, 나아가 대한민국이 나아갈 바람직한 미래에 대해 고민하는 과정에서 부동산을 둘러싼 착잡한 문제들을 해소하기 위한 대안으로서 자연스럽게 도출됐을 뿐이다.

사실, 이 책을 집필하게 된 시대적 배경은 다음과 같다.

이른바 국정농단 사태 이후 지속된 혼란 속에서 강남을 비롯한 서울 소재 아파트 가격은 국민들의 소득수준으로는 평생 모아도 살 수 없을 정도의 수준으로 폭등했고, 현재도 해결되지 못했다. 이에 필자는 그 원인으로서 '부동산정책을 둘러싼 공적 부문의 부정부패 가능성'에 주목했고, 부동산시장의 전 영역에 걸친 부패구조를 검증하기 위해 2020년 8월부터 1년간 "부동산 시장질서 확립을 위한 중점 추진 전략"이란 주제의 연구를 기획, 추진했다. 다만 1년간의 단기 연구만으로는 부동산을 둘러싼 광범위한 분야의 부패상을 충분히 검증하기 어려웠을 뿐만 아니라 보고서가 출간된 이후 '국책연구기관조차도 문재인 정부 부동산정책을 정면으로 비판했다'는 식의 언론보도까지 확산되면서 기대했던 개혁은 커녕 애써 개발한 정책이 정치(政治)에 매몰되었다.

냉정히 말해 부동산을 둘러싼 부패구조는 특정 정부나 정치세력에 한정된 문제가 아니라 역대정부의 실정(失政)이 교차되면서 축적된 결과물이다. 또한, 주택가격 폭등은, 단순히 주택공급이나 부동산 가격규제 정도로 풀 수 있는 일시적 현상이 아니라 경제정책, 산업정책, 복지정책, 금융정책, 조세정책 등과 맞물려 대한민국의 미래와 직결되는 국가적 위기상황의 전조(前兆) 현상이라고 할 수 있다. 이에 시급히 대응해야 할 핵심사안을 중심으로 정부의 지원 없이 자발적으로 연구한 내용을 2022년 3월부터 8월까지 수필 형식으로 페이스북에 연재한 것이다.

이 글들은 주로 '시간에 따른 실물자산의 가치변화'(연금정책, 양도소득세 관련), '인간다운 생활의 조건'(주택정책, 기본보장, 주거복지, 상속증여세 관련), '건설사업의 수익구조'(재건축, 분양, 공공임대 관련) 등에 관한 화두와 고민들을 다뤘다. 다만 이 글에서 다룬 사안 중에서 권리소득(또는 기본소득)과 기본재산 등 기본보장제도와 관련한 아이디어, 즉 "인간답게 가질 권리"에 관한 내용만은, 관련 분야 후속연구의 기초자료로서 활용할 수 있도록 출간 여부를 고민하게 되었는데, 부동산과 관련한 2가지 핵심 사안에 대한 해법을 찾지 못해 출간을 주저할 수밖에 없었다.

그중 하나는 평범한 국민들의 소득수준으로는 감당할 수 없을 정도로 높아진 주택가격에 대한 고민이었다. 평범한 국민들의 관점에서는 높아진 주택가격을 낮추기만 하면 해결할 수 있는 간단한 문제로 보일 수 있지만, 고평가된 부동산가치가 국가, 기업, 개인의 핵심 자산을 떠받치고 있었기 때문에 이를 인위적으로 낮출 경우 국가의 경제기반이 흔들릴 수 있고, 국민의 노후소득을 담보하는 국민연금기금의 안정성에 영향을 미칠 수 있어 결코 간단하지 않았다. 다른 하나는, 강남 등 극소수 고평가 지역을 제외한 저평가 지역의 도시재생 방안에 대한 고민이었다. 2030년 전후로 전체 아파트 중 3분의 2를 재건축해야 하는 위기상황에서 노후아파트 재건축을 포함한 도시재생 선순환 구조를 구축하기 위해서는 담론의 수준을 넘어선 대안이 필요했기 때문이다.

그런데 개혁 수준으로 부동산정책을 추진하기 위해서는 반드시 법률개정이 수반되어야 하는데, 윤석열 정부 출범 이후 여소야대 및 여야대치 상황이 지속되면서 법률적 대응은 요원했고, 당장 분양사기와 전세사기 문제가 곪아 터졌다. 2023년에 블로그에 기록한 글들은 이러한 현안에 대응한 단편들이다. 다행히 오랜 고민 끝에 2가지 핵심 사안에 대한 해법도 찾았고, 이를 블로그에 기록했다. 이제 '인간답게 가질 권리'를 비롯하여 이 글에서 제시한 화두들이 후대의 정책가그룹과 후속연구자에게는 기초자료로서 활용될 수 있도록 책으로 엮어 세상에 펼치고자 한다. 아는 것이 힘이고, 기록된 글의 힘을 믿는다.

참고로, 기록으로서의 성격을 갖는 글인 만큼 이 책에서 다룬 법제는 현재 시점의 법제가 아니라 포스트 작성 당시의 법제를 기준으로 하니 착오 없기를 바란다. 구체적인 작성일시는 블로그에서 확인할 수 있다. 끝으로, 민감한 주제에도 선뜻 출간해 주신 피앤씨 미디어 박노일 대표님과, 마무리를 도와준 헌법학전공 최혜선 박사님께도 감사의 마음을 전한다.

차 례

Chapter

01

2022년,
주택가격 폭등기의 기록들

#1

30년 전 1만원의 현재가치는?

살아보면, 가장 쉬워 보이는 문제가 가장 어렵다.

이런 문제도 그렇다.

"30년 전인 1992년의 '1만원'이 30년 후인 지금은 얼마인가? 그리고 그것은 어떻게 알 수 있는가?"

#2
30년 전 분양 아파트의 현재 가치는?

30년 전 1만원의 현재 가치에 대한 내 물음에 지인들은 주로 짜장면, 떡볶이, 소주, 맥주, 커피와 같은 식품 가격을 기준으로 비교했고, 실제로 소비자물가지수를 산출할 때도 식품가격이 주요 지표가 된다.

매우 타당한 접근이다. 그런데 이 문제에, 다음과 같은 현실을 대입해 보면 답이 달라질 수 있다.

"30년 전인 1992년에 2억원에 분양받은 아파트의 가격은, 30년 후인 지금은 얼마인가? 그리고 차익을 얻지도 않는 동시에, 손해도 보지 않기 위해서는 얼마에 팔아야 하는가?"

이 문제의 답은 무엇이며, 어떻게 찾아야 할까?

#3

시세차익이 생겼는가, 아닌가?

30년 전 1만원의 현재 가치에 대해서는 누구나 쉽게 자신의 생각과 경험을 말할 수 있었지만, 30년 전 2억원에 분양받은 아파트의 현재 가치에 대해서는 아무도 답하지 않았다.

사례형 논술식으로 질문하다 보니 문제 자체가 막연해 보였거나, 답하기 막막했을 수 있어 문제 형식을 OX형으로 단순하게 바꿔본다. 사실상 모두 같은 문제이니 편하게 말해달라.

"30년 전인 1992년에 2억원에 분양받은 아파트를, 30년 후인 2022년에 4억원에 매각했다. 시세차익이 생겼는가, 아닌가?"

#4
시세차익을 증명할 척도나 기준이 존재할까?

소득이 있어야 세금을 매길 수 있다. 그런데 주택을 구입한 데 소요된 돈은 소득이 아니라 지출이자 비용이다. 그래서 양도소득세를 부과하려면 주택을 팔아서 반드시 (양도)소득이 생겨야 하고, 소득이 생기려면 주택구입비용 등을 제외한 이익, 즉 '시세차익'이 반드시 발생해야 한다.

그런데 시세차익의 발생을 증명하거나 그 이익을 산정하기 위해서는 그 전제로서 '주택을 구입할 당시의 주택구입비의 현재가치'부터 최대한 근사치에 가깝게 산정해낼 수 있어야 한다. 그래야만 주택판매대금에서 주택구입비 등의 비용을 제외한 차액을 확인할 수 있고, 만일 차액이 0 이하의 값이면 소득세를 부과할 수 없어야 한다.

그래서 30년 전인 1992년에 2억원에 구입한 주택을, 30년 후인 2022년에 4억원에 팔았다고 할 때 시세차익의 발생을 증명할 수 없다면 양도소득세를 부과할 수 없어야 할 것이다. 소득세법을 전혀 모르더라도 상식적인 관점에서는 '물가가 어떻게 변해왔건' 저 정도를 두고 시세차익이 있다고 말하지는 않을 것이다.

더욱이 주택구입비 등의 현재가치를 산출하기 위해서는, 1만원의 현재가치를 추정하는 경우와 달리 물가뿐만 아니라 감가상각도 따져야 하고, 입지, 정책변화 등에 따른 투자가치 등도 따져야 한다. 따져봐야 할 것이 한둘이 아닌 만큼, 간단해 보여도 '시간에 따른 가치의 변화'를 산정하는 일은 매우 어렵다.

이렇게 어려운 것이 시세차익의 증명과 산정인데, 이를 위한 객관적이면서도 과학적인 척도나 기준이 존재할까? 만일 그러한 척도나 기준이 존재한다면, 세 번째 문제를 변형한 다음 3개의 문제들에 대해 어렵지 않게 답할 수 있을 것이다.

(1) 30년 전인 1992년에 2억원에 분양받은 경기도 신도시의 60평대 아파트를, 30년 후인 2022년에 4억원에 매각한다면 시세차익이 생기는가? 생긴다면 얼마인가?
(2) 30년 전인 1992년에 5천만원에 구입한 서울 강북의 30평대 아파트를, 30년 후인 2022년에 15억원에 매각한다면 시세차익이 생기는가? 생긴다면 얼마인가?
(3) 30년 전인 1992년에 5천만원에 구입한 서울 강남의 20평대 아파트를, 30년 후인 2022년에 30억원에 매각한다면 시세차익이 생기는가? 생긴다면 얼마인가?

솔직히 말해 이 문제의 답보다는, 이 문제를 풀 수 있는 사람이 이 시대의 대한민국에 단 1명이라도 존재할지가 더 궁금하다.

#5 양도소득세는 과학적으로 산출되는가?

공황 수준의 인플레이션이 발생하지 않더라도 화폐의 실질가치는 시간의 경과에 따라 생각보다 크게 변한다. 그래서 나는 시간을 셀 때 물가 등을 꼼꼼하게 따지기보다는 대충 10년 단위로 가치가 반토막난다고 어림짐작해 왔고, 이런 셈법에 따르면 1992년의 1만원의 가치는 2022년의 1,250원의 가치와 같다고 추정할 수 있다.

이렇게 세어야 할 과학적이거나 객관적인 근거는 전혀 없고, 자신만의 경험칙일 뿐이다. 10년 단위로 화폐가치가 반토막 나려면 꽤 높은 인플레이션이 반복되어야 하는 만큼, 리스크(risk)도 과다계상된 방어적인 셈법이다. 황당무계한 셈법이란 점은 나도 알고 있다.

하지만 이렇게 방어적으로 계산하더라도 1992년 당시 5,000만원에 구입한 주택은 2022년에 4억원에 팔아야 본전인데도 강북 30평대 아파트는 이미 15억원을 호가하고 있고, 강남 20평대 아파트는 30억원을 호가하고 있다.

반면, 내 셈법으로는 16억원을 받아야 본전인 경기도 비선호 지역의 60평대 아파트는 4억원대 호가에 머물러있다. 강남 아파트를 기준으로 기회비용을 따진다면 120억원 가까운 손실인 만큼, 시간에 따른 가치하락, 즉 감가상각을 따져보더라도 지나치다.

그런데 #4 글에서 제시된 3가지 사례는 가상의 사례가 아니라 실제 사례를 단순화하여 제시한 '현실'이며, 정부의 주장 및 일부 국민들의 고정관념과 달리 시장에서는 지역 등에 따른 가격 편차가 엄청나다. 부풀 대로 부풀려진 신축 아파트의 공급가격 때문에 착시가 생긴 것뿐이다.

더욱이 사례로 활용된 서울 강북의 30평대 아파트는 현 정부 출범 당시인 2017년에는, 본전에 가까운 4억원 정도에서 거래가 이뤄졌던 것이, 고작 4년만에 15억원 정도까지 호가가 치솟은 것이다.

또한, #4 글에서 제시된 3가지 사례에는 2가지 공통점이 있다. 그 중 하나는, 호가대로 주택을 매각할 경우 모두 양도소득세를 납부해야 한다는 점이다. 더욱이 1주택자가 아닌 경우 양도소득세가 중과되기까지 한다.

그래서 양도소득세를 부과하기 위한 전제로서 '시세차익이 실제로 발생했는지', 그리고 '시세차익이 얼마인지'부터 산출해야 양도소득세 부과가 정당화될 수 있을 것이다. 특히 경기도 비선호지역 60평대 아파트(사례 1)와 같은 저평가 주택 소유주에게는 매우 중요한 문제가 될 수 있다.

그런데 국가에서 적당히 어림짐작으로 세금을 산출할 리는 없고, 주택 취득원가를 산출하기 위해 무언가 객관적이거나 과학적인 기준이나 산출식에 따라 양도소득세를 산정하고 있을 것이라고 기대할 수 있을 것이다. 또한, 시간에 따른 주택가치의 변화를 가늠해 보기 위해서 최소한 물가 정도는 반영하고 있을 것으로 기대할 수 있다. 실제로, 그간 통계청에서는 매달 소비자물가지수를 작성하여 웹상에 공표해 온 만큼, 조세행정 과정에서 물가를 반영하는 일은 어렵지 않을 것이다.

하지만 과연 그럴까?

#6 시세차익을 증명할 척도나 기준이 존재할까?

#4 글의 문제를 잊었을까봐 다시 소개한다.

(1) 30년 전인 1992년에 2억원에 분양받은 경기도 신도시의 60평대 아파트를, 30년 후인 2022년에 4억원에 매각한다면 시세차익이 생기는가? 생긴다면 얼마인가?

(2) 30년 전인 1992년에 5천만원에 구입한 서울 강북의 30평대 아파트를, 30년 후인 2022년에 15억원에 매각한다면 시세차익이 생기는가? 생긴다면 얼마인가?

(3) 30년 전인 1992년에 5천만원에 구입한 서울 강남의 20평대 아파트를, 30년 후인 2022년에 30억원에 매각한다면 시세차익이 생기는가? 생긴다면 얼마인가?

이 3가지 사례는 가상이 아니라 실제 사례를 단순화한 '현실'이다. 만일 시세차익의 산정에 있어 물가가 반영된다면 사례 (1)의 경우는 시세차익이 없을 가능성이 높고, 시세차익을 증명할 수 없다면 양도소득 역시 존재하지 않아야 한다. 정부가 국민을 상대로 세금을 징수하면서 어림짐작으로 셈할 리는 없을 것이고, 통계청에서 매월 소비자물가지수를 작성, 공표해온 만큼 시간에 따른 주택가치의 변화를 가늠해보기 위해 물가 정도는 반영했을 것이라고 기대할 수 있을 것이다.

이것이 #5 글의 요지이다. 하지만 이는 순진한 기대에 지나지 않는다.

양도소득금액을 산정함에 있어 소득세법은 양도가액에서 필요금액을 공제한 금액을 '양도차익'이라고 정의하면서, 양도차익에서 장기보유 특별공제액을 공제한 금액을 양도소득금액으로 정하고 있다(법 §95①). 또한, 양도가액을 양도 당시의 양도자와 양수자 간에 실지거래가액에 따르도록 정하면서(법 §96①) 양도차익을 계산할 때 양도가액을 실지거래가액에 따를 때에는 취득가액도 실지거래가액에 따르도록 정하고 있다(법 §100①).

즉, 양도소득의 실질이라고 할 수 있는 "양도차익"의 계산에 있어 물가와 같은 '시간적 요소'의 고려 없이 [2022년의 주택매각대금 - 1992년의 주택구입비용]이라는 단순 계산식을 바탕으로 차익을 산출하고 있는 것이다. 시간적 요소는 양도차익을 결정한 이후 고려할 뿐이고, 그 금액에서 보유기간별 공제율에 따라 최대 30%(1세대 1주택의 경우 최대 40%)까지 장기보유 특별공제액으로서 공제할 수 있을 뿐이다(법 §95②).

애초에 발생하지 않은 양도차익이 마치 존재하는 것처럼 우기면서 '특별공제'라는 생색을 내고 있을 뿐이다. 그러면서 실지거래가액의 합계액이 12억원을 초과하지 않는 등 일정한 요건을 모두 충족하는 1세대 1주택, 대체취득 등의 경우에는 양도소득세를 과세하지 않는다는 취지의 시혜적 규정까지 두고 있다(법 §89①).

하지만 이것은 애초에 내지 않아도 될 세금을 납부하라고 강제하는 것인 만큼, 국민을 향한 강도짓과 다르지 않다고 생각한다.

1974년 당시 양도소득세 제도를 처음 소득세법에 도입한 유신 정부조차도 취득가액의 10%씩을 매년 공제해주었고, 도매물가상승율이 연 10%를 초과하는 때에는 20% 한도에서 도매물가상승율을 반영해주었다(1975.12.31. 개정 소득세법 시행령 §46①). 투기적인 부동산 투자를 억제하기 위해 1967년 11월에 제정했던 '부동산투기 억제에 관한 특별조치세법'의 경우도 양도차익의 산정에 있어 도매물가상승율을 반영한 점(§9)은 마찬가지였다.

이러한 제도가 언제부터 강도짓 수준으로 변질되었는지는 알 수 없지만, 투기 억제를 위한 '예외'적인 제도가 '원칙'처럼 변질될 동안 마냥 방치해온 재경직 공무원들에 대해서는 질책하지 않을 수 없다. 이 제도를 시행하면서 억울함에 눈물 쏟은 민원인들을 현장에서 수도 없이 보았을 텐데, 왜 여태 바로잡지 못했는지 의문이다. 심지어 현 정부에서는 기획재정부가 부동산 종합대책을 주도해 온 만큼, 만회할 기회는 충분했었다.

하지만 이 어처구니없는 제도를 제때 바로잡지 못한 후과(後果)는 여기서 그치지 않는다.

시간에 따른 가치의 변화를 적정하게 반영하지 못하게 되면, 양도소득세라는 제도는 투기 억제를 위한 '특별세'나 주택거래에 부수하는 '거래세'가 되는 것이 아니라 그 자체로 "보유세"가 되어버린다. 즉, 이미 재산세라는 이름의 보유세를 운영하고 있으면서도 양도소득세라는 이름의 보유세를 중복하여 징수하고 있는 형국이 되는 것이다. 현 정부는 이런 부조리함에 '종합부동산세'라는 이름의 보유세까지 더함으로써 3중 과세의 형국을 조성하고 만 것이다.

즉, 불난 곳에 기름을 더한 꼴이다. 당연히 참극이 이어질 수밖에 없고, 어쩌면 코로나보다 더한 위기가 우리를 기다리고 있을 수 있다.

무엇이 우리를 기다리고 있을까?

#7 부조리한 양도소득세 제도가 주택시장을 고사시킨다

#4 글의 문제를 다시 환기해본다.

(1) 30년 전인 1992년에 2억원에 분양받은 경기도 신도시의 60평대 아파트를, 30년 후인 2022년에 4억원에 매각한다면 시세차익이 생기는가? 생긴다면 얼마인가?

(2) 30년 전인 1992년에 5천만원에 구입한 서울 강북의 30평대 아파트를, 30년 후인 2022년에 15억원에 매각한다면 시세차익이 생기는가? 생긴다면 얼마인가?

(3) 30년 전인 1992년에 5천만원에 구입한 서울 강남의 20평대 아파트를, 30년 후인 2022년에 30억원에 매각한다면 시세차익이 생기는가? 생긴다면 얼마인가?

사실, 이 문제는 굳이 시세차익을 계산할 필요가 없다. 왜냐하면 어느 것도 팔리지 않을 것이기 때문이다. 정상가에 비해 너무 싸거나, 너무 비싼 제품이 시장에서 팔리지 않는 것은 지극히 당연한 일이고,

팔리지 않은 주택의 시세차익은 애초에 존재하지 않기 때문에 굳이 미리 따져볼 이유가 없다.

이것이 현재 부동산시장의 현실이다.

15억원이니, 30억원이니 하는 것은 그저 부르는 값, 즉 호가(呼價)일 뿐이다.

그런데 이런 비정상적인 가격의 주택들이 팔리지 않는 것을 두고 혹자는, 주택시장이 아직은 제기능을 하고 있다고 볼지도 모르겠다. 하지만 거래가 일어나야 시장의 존재가치가 있는 것인 만큼, 거래가 거의 일어나지 않는 시장이 제기능을 하고 있다고 말하기는 어렵다. 오히려 이러한 상황이 장기화되면 대한민국의 주택시장은 고사되고, 주택을 자본화한 부동산시장만 살아남을 수밖에 없을 것이라는 예측은 가능하다.

주택시장과 부동산시장은, 같아 보여도 다른 시장이기 때문이다.

더욱이 대부분의 평범한 국민들에게 주택 또는 임대(전세)보증금은 전 재산일 텐데, 주택시장이 제기능을 못하게 되면서 전 재산이 묶여버리게 됐다. 주택소유자는 주택을 팔아서 하려고 했던 일을 못하게 됐고, 세입자는 집값만큼 보증금과 임대료가 뛸까봐 불안에 휩싸일 수밖에 없다. 가진 것이 있어도 쓸 수가 없고, 소용이 없다.

혹자는, 이런 부조리한 상황을 개정 주택임대차보호법이 지켜줄 거라고 믿는다. 아마도 국회의원나 고위공무원, 교수님들 같은 팔자 편한 분들의 생각일 것이다.

하지만 제도 시행 2년이 가까워지면서 국민들도 이 법의 실체를 알게 되었고, 단 1번밖에 행사할 수 없는 갱신청구권을 행사하고 나면 2년 뒤에는 반드시 쫓겨나거나, 임대료를 달라는 대로 인상해 줘야 하는 현실을 알게 됐다. 자신이 가진 전 재산은 그대로인데, 천정부지로 치솟은 집값만큼 보증금 등도 인상되니 임대인의 요구를 거부하면 오갈 곳이 막막해질 수밖에 없다. 그렇다고 대출을 받으면 그 이자는 어떻게 감당할 것이고, 이자야 어떻게든 막더라도 다음 계약 때도 더 올라갈 보증금 등을 2년만에 마련할 재주는 없다.

즉, 계속 살고 싶지 않은 집은 계약을 해지하여 보증금을 바로 돌려받고 싶을 것이니 애초에 갱신청구권은 필요 없고, 몇 년이라도 더 살게 될 것 같은 집은 갱신청구권이 있어도 사실상 행사할 수 없는 것이다.

그러면서 내 집에 사는 소유주건, 남의 집에 사는 세입자건 불문하고 "실거주자"들은, 오도 가도 못하고 지금 살고 있는 그 집에 갇힐 수밖에 없게 된 것이다. 결혼해 분가하기도, 애들 교육하러 이사하기도, 애들 커가면서 집을 늘려가기도, 애들 독립해 집을 줄여가기도, 홀로 남아 자식들 곁에 돌아가기도, 모두 어려워졌다. 주택에서 울고 웃던 사람들의 삶이 도외시된 채, 가격이라는 숫자에 매몰된, 또는 평등이라는 성과에 매몰된 어리석은 정책들이 죄 없는 평범한 국민들을 집에 감금시키는 것이다.

어차피 코로나로 인한 이동 제한과 자가격리 등으로 인해 갇힐 신세지만, 끝이 보여가는 코로나와 달리 부동산 폭등 사태는 그 끝을 알 수 없다.

혹자는 말한다. 집이 팔리면 모두 해결되는 것 아니냐고.

하지만 이렇게 전국적으로 가격이 뛰는데도 호가가 그대로인 집을 당신이라면 살 수 있겠나? 1~2년새 이유 없이 몇 배로 뛰어오른 집을, 그것도 평범한 국민이 평생 모아도 살 수 없을 만큼 비싸진 집을, 당신이라면 살 수 있겠나?

그럼, 누가 묻지도, 따지지도 않고 이런 집을 살 수 있겠는가?

결국 '더 가진 자'만이 이 집을 사줄 수 있다. 하지만 평범한 국민은 이 집을 '더 가진 자'에게 팔더라도 더 나은 집으로 옮길 수 없고, 더 나은 집으로 옮기기 위해서는 '더 가진 자'의 집을 빌릴 수밖에 없을 것이다. 평등하기 위한 정책들이 오히려 불평등을 심화시키는 것이다.

더욱이 여기서 '더 가진 자'는 대한민국의 상위 10%를 말하는 것이 아니다. 이들보다 '더 가진 자'들이 있다. 그렇다고 대한민국의 상위 1%를 말하는 것이 아니다. 이들보다도 '더 가진 자'들이 있다.

정확히 말해 우리보다, 아니 대한민국보다 '더 가진 자'들이 있다. 서로 발목 잡으려는 우리들의 바보짓이 스스로 목을 매달아 누군가의 먹이로 내모는 것이다.

그렇다면, 이러한 공도동망(共倒同亡)의 위기에서 벗어나기 위해서는 양도소득세 산정 시 물가 변동 정도만 반영하면 될까? 양도소득세 중과를 몇 년 더 유예해 주는 정도면 막을 수 있을까?

아직도 이게 그렇게 단순한 문제로 보이는가?

#8 비싸게 집을 사주는 것도 뇌물이다

이 시점에서 짚어둘 것이 하나 있다.

그것은 #7 글에서 다룬 것처럼 주택시장이 제기능을 못하면서, 평범한 국민들은 집을 팔고 싶어도 팔지 못한 상황에서, 그 어렵다는 일을 해낸 고위공직자들이 적지 않다는 사실이다.

하지만 이는 매우 엄중한 시각에서 바라봐야 한다. 왜냐하면 정상적인 거래가 아니라 부정한 거래일 가능성도 적지 않기 때문이다.

예컨대, 호가가 정상가보다 2배 이상 부풀러진 상황에서 누군가 공직자의 집을 사줬다면, 그것은 "뇌물"일 가능성이 있다. 만일 2배 가격으로 거래가 이뤄졌다면 최소한 집 한 채 가격만큼은 뇌물이 될 수 있고, 법적으로는 전부 뇌물이 될 수 있다. 만일 고위공직자의 집을 산 매수인이 바로 그 집에 들어와 살지 않고 그 집을 팔거나, 빌려주거나, 비워둔 경우에는 뇌물일 가능성은 더욱 높아진다. 부동산에 내놓지도 않았는데 팔리기까지 했다면 의심할 여지 없이 뇌물이다.

도둑과 장물아비의 관계를 생각하면 이해하기 쉬울 것이다. 훔친 물건을 사주는 장물아비가 있기 때문에 도둑질을 할 수 있는 것이다. 더욱이 재산공개 대상인 정치인이 출마에 앞서 재산을 줄이려 집 사 줄 사람을 쉬쉬하며 찾아온 것은, 내 주변에서는 생경한 일이 아니다. 매각에 성공한 공직자가 많지 않다면 그럴 수 있다고 생각하겠지만, 거래가 동결된 주택시장에서 이렇게 많은 공직자가 주택 매각에 성공했다는 사실을, 아무런 의심 없이 받아들여 주기는 어렵다.

보유주택 매각 과정에 부정과 부패가 깃들지 않았는지 최소한의 검증은 필요하다. 공직사회의 무고함과 청렴함은 스스로 밝힐 수밖에 없기 때문이다.

이와 관련하여 재산공개의 대상인 고위공직자는 대부분 고위공직자범죄수사처의 수사대상일 것이고, 이런 일을 하라고 만든 부패 수사기관이 바로 공수처다. 이런 상황을 알면서도 아무런 조치 없이 방치한다면 공수처가 존재할 이유가 없고, 이런 간단한 사실조차 검증해내지 못한다면 공수처는 물론이고 부패범죄 수사권한 전반에 대한 전면적인 재조정이 필요할 것이다.

공직자가 진짜 부끄러워할 것은 보유주택의 수가 아니다. 부정과 부패를 부끄러워해야 하고, 무능하여 국민의 한숨소리를 듣지 못했거나, 그럴싸한 정책으로 국민을 도탄에 빠뜨린 것을 부끄러워해야 한다.

나도 예외가 아니다. 이런 글을 쓰는 것이 내 역할인데도 두려워하며 글을 써야 하는 자신이 부끄럽다.

#9 물가 변동과 관련한 정부통계를 믿을 수 있나?

사실 이제 시세차익을 계산하는 일은 중요하지 않을 수 있다. 오히려 #7 글에서 다룬 것처럼, 고사 위기의 주택시장을 살리는 것이 더 시급하고 중요할 수 있기 때문이다. 하지만 주택시장을 되살려낸 후에는 물가 등 '시간에 따른 가치의 변화'를 정책에 반영할 필요가 생길 수 있다.

그런데 현재 대한민국에는 물가의 변동을 객관적으로 확인시켜줄 객관적 자료가 사실상 존재하지 않는다고 생각한다. 왜냐하면 통계청에서 작성, 공표하는 소비자물가지수는 '집값'이 빠져있는 '가짜' 물가지수라고 생각하기 때문이다.

통계청은 이에 대해 "소비자 가구가 일상생활을 영위하기 위해 필요한 상품과 서비스의 구입비용으로 물가의 움직임을 측정하는 것"이기 때문에 비소비지출이나 토지구입비, 주택구입비 등의 '재산증식을 위한 지출'은 지수품목의 대상에서 제외하고 있다고 해명하면서 한국

부동산원에서 작성하는 '전국주택가격지수'나 '아파트실거래가격지수'를 소개하고 있다. 무언가 과학적이거나 학문적인 근거가 있는 해명 같고, 그럴싸하기까지 하다.

하지만 소비자물가지수(CPI)의 원조라고 할 수 있는 미국의 경우 우리나라가 조사하는 품목(500개 기준)보다 20배가 넘는 8,011개 물품을 조사하고, 여기에는 집값도 포함된다고 한다. 일본의 경우도 집값을 포함한 7,033개 품목을 조사한다고 한다. 1분만 인터넷을 검색해봐도 바로 알 수 있는 내용에 대해 통계청은 전혀 다른 해명을 하고 있는 것이다.

이런 식의 해명으로는 주택 "구입비용"인 집값은 지수품목에서 제외하면서 서비스비용인 전세, 월세만 지수품목에 포함시킨 이유를 설명하기 옹색할 수밖에 없다. 더욱이 지수품목에 포함된 전세, 월세가 단독주택인지, 아파트인지, 빌라나 오피스텔인지 그 범위가 구체적이지도 않고, 동일한 주택임대비용인 전세와 월세를, 둘 중 어느 하나로 치환하지 않고서 굳이 나눠 조사한 이유도 석연치 않다.

소득을 불문하고 전체 가구의 과반수를 넘는 57.9%(2020년 기준)가 자기 소유 주택에 거주하는 "자가"라는 통계청의 통계가 사실이라면, 집값은 물가 측정을 위해 반드시 포함되어야 할 지표일 것이다. 이미 한국부동산원에서도 집값 추이를 집계하고 있을 정도니 자료 입수가 매우 어려운 일도 아니다.

그래서 통계청의 소비자물가지수에 대해 물가 반영을 전혀 못하는 물가지표라는 비판이 그간 각계에서 지속되어 왔고, 코로나로 전 지구가 물가고에 신음하는 상황에서, 집값까지 저렇게 천정부지로 올라 있는데도 통계적으로 2~3%대의 저물가를 유지하는 기현상에 우리는 직면하고 있는 것이다.

이것은 가장 객관적이고 중립적이어야 할 국가통계로써 국민을 기만하는 것과 다르지 않다. 우리에게 필요한 것은 현실을 알려주는 객관적 자료이지, 마약이나 환상이 아니다.

하지만 이것은 통계청만의 잘못은 아니다. 소비자물가지수 산출에 포함되는 물품을 선정하는 권한은 한국은행이 갖고 있기 때문에 한국은행의 책임이 더 크다. 소비자물가지수를 조사하는 것은, 엄밀히 말해 국가중앙은행이 통화정책의 수립을 위한 기초자료로서 활용하기 위해서인데, 스스로 잘못된 자료의 생산을 사주 또는 방치하는 것과 다르지 않기 때문이다.

그런데 더 냉정히 말하자면, 역대 정부와 국회의 책임이 가장 크다.

통화정책을 수립하는 한국은행 스스로 그 핵심자료인 소비자물가지수를 작성하는 것과 다르지 않은 형국이고, 이는 물가 등의 추이에 따라 기준금리와 통화량을 정하는 한국은행의 기능을 무력화시키는 것과 다르지 않기 때문이다. 더욱이 생산자물가지수의 경우 한국은행이 직접 조사하고 있다. 즉, 소비자물가지수를 통해 국민에게 보여주는 대한민국의 현실과, 생산자물가지수 조사과정에서 한국은행이 직권으로 파악한 대한민국의 현실이 전혀 다를 수 있기 때문에 이러한 위험요소를 역대 정부와 국회에서 진즉에 바로잡았어야 했다.

밑돌이 빠져있는데, 아무도 알아채지 못했을 리 없다. 하지만 누구도 밑돌을 괴려고 하지 않았다.

그래서 대한민국에서 생산한 어떤 공식 자료로도 '시간에 따른 가치의 변화'를 알기 어렵다고 생각하고, 그렇기 때문에 물가 변동과 관련된 사항을 정책에 반영하기까지 극복해야 할 과정들(예: 통화정책 개혁, 국가통계 개혁)이 간단치 않다고 생각한다. 즉, 양도소득세 산정에 물가 변동 등 시간적 요소를 반영하는 자체가, 현재 시점에서는 불가능한 일이라고 할 수 있다. 다만 일부 권력층만 활용해온 비공식 자료라도 존재한다면 불가능한 일만도 아니겠지만, 설혹 이런 게 진짜 있더라도 이를 공식화하는 과정도 만만치 않을 것이다.

무엇보다도, 코로나가 걷힌 직후 그간 코로나에 가려졌던 우리 사회의 고름들이 한꺼번에 터져 나올 것이기 때문에 머뭇거릴 만큼 시간이 많지 않다. 부동산 사태조차도 어쩌면 빙산의 일각에 불과할 수 있다.

어디서부터 잘못됐고, 무엇부터 방비해야 하는가?

#10
물가·대출금리는 낮추면서 부동산가격은 높인 이유

앞의 9개 글에서 무언가 알아차린 사람이 아직 없을까? 그저 혼자서 분노하거나, 불필요한 갈등을 조장하는 글처럼 보이는가?

멀리서 다시 보라.

"주택을 비롯한 부동산의 가격은 이상하리만치 높아진 반면, 이를 반영해야 할 물가는 '의도적으로' 낮게 잡혀있다."

아마 이 워딩만으로도 금융권 종사자 중에는 바로 감이 온 사람이 있을 것이다.

이를 바꿔 말하면, "부동산의 담보가치는 높아진 반면, 대출이자는 낮아져 있다." 즉, 이러한 상황은 주택을 포함한 부동산의 담보대출을 용이하게 하는 조건이다.

하지만 주택의 경우 LTV, DTI 등의 금융규제를 받고 있기 때문에 이러한 조건에도 대출이 용이해지기 쉽지 않다. 그래서 이러한 대출

규제로 인한 부족자금을 전세자금대출을 통해 조달받아 온 것이다. 즉, 갭투기가 용이한 금융환경이 마련되었고, 정부에서는 다시 전세자금대출마저 규제하기 시작한 것이다.

그래서 주택의 경우 이러한 호재가 주택담보대출 증가로 반영되지는 않은 것이다. 그렇다 보니 부족자금은 전세보증금을 인상해 충당할 수밖에 없는데, 이자율이 낮다 보니 전세보증금을 인상하기보다는 월세로 전환해 월세를 인상하는 방향으로 갈 수밖에 없는 것이다.

결국 부자도, 서민도 아닌, 애매한 위치의 중산층인 전세입자는, 전세보증금을 통장에 넣어두고 월세를 내는 신세로 점점 내몰릴 수밖에 없게 될 것이다. 이자율이 낮으니 잘 알지도 못하는 주식이나 펀드, 가상화폐 투자로 눈 돌릴 수밖에 없고, 반평생을 모아온 전세보증금을 한순간에 날린 개인파산자들이 속출하게 될 것이다. 월세입자의 경우도 상대적으로 자본력 있는 전세입자들에게 밀려나 점점 외곽으로 떠돌게 될 것이다.

안타깝지만, 이것이 가까운 미래의 현실이다.

그렇다면 최근 몇 년간 지속된 이러한 상황이 누구에게 유리한가?

부동산을 많이 소유한 기업에 유리하고, 특히 부동산법인에 유리하다. 또한, 이자율이 낮으니 은행 예적금보다는 주식이나 펀드, 가상화폐로 돈이 몰리게 되니 금융투자업자에게 유리하다. 현 정부는 주식거래에 대해서도 양도소득세를 물리려고 했으니 정확히 말하자면 펀드나 가상화폐를 거래하는 금융투자업자나 가상화폐거래소에게 유리한 환경이 조성된 것이라고 말할 수 있다.

이런 투자를 조금이라도 해본 사람들은 이 글을 읽다가 "왜 최근 부동산법인, 펀드, 가상화폐가 핫 이슈가 될 수밖에 없었는지" 최근의 금융씬을 떠올리며 정신이 번쩍 들었을 것이다.

이것이 만약 의도된 것이었다면 '친서민'이 아니라 극소수의 신흥 자본가를 위한 "반서민", 아니 "반국민" 정책이라고 할 수 있을 정도이다.

그런데 높아진 부동산가격과 담보가치, 낮아진 물가와 대출금리에 딱 들어맞는 업종이 하나 더 있다.

바로 '부동산투자신탁', 이른바 "리츠"(REITs)다.

#11

리츠 자체가 사기는 아니지만

리츠(REITs)란, 엄밀히 말해 부동산투자회사와 부동산투자신탁으로 구분할 수 있다. 둘 다 부동산개발사업이나 임대사업, 주택저당채권 등에 투자해서 수익을 올리며, 설립 형태가 회사냐, 신탁이냐의 차이일 뿐, 일반인의 시각에서는 다른 점을 알기 어렵다.

나 역시 평범한 일반인일 뿐이어서 리츠를 잘 모른다. 부동산정책을 연구하는 과정에서 법적 구조와 운용원리 정도만 조금 알고 있을 뿐이다. 실물자산에 투자하니 가격이 안정적이고, 예금이나 채권보다 수익률이 높다는 것이 장점이라고 하는데, 높은 부동산가격과 낮은 물가의 수혜를 본 것은 맞지만, 리츠는 주로 상업용 부동산과 공공임대아파트에 투자하기 때문에 은행 이외의 '사업재원'이라는 측면에서 볼 때 나쁘게 볼 일만은 아닌 것도 맞다.

그런데 상업용 부동산에는 오피스텔도 포함되며, 오피스텔은 아파트처럼 선분양된다. 즉, 수분양자와 투자자, 양쪽에서 중복해서 수금을 하는 구조가 된다. 분양대금 중 일부를 '배당금'으로 투자자에게 넘기는 구조니 분양가에 거품이 낄 수밖에 없고, 잔금 받을 때까지 투자금으로 버틸 수 있으니 자금압박에 시달리지도 않는다. 분양대금 중 일부를 배당금 형식으로 비용처리해서 외부로 빼돌리는 모양새지만 종국에는 오피스텔 소유권을 수분양자에게 이전하게 되니 사기나 업무상 배임으로 의율하기 어려우며, 미분양 등에 따른 자금 리스크도 투자자가 부담하게 되지만 계약이 그러하니 사기라고 보기 어렵다.

그래서 준공 후 분양하는 후분양제가 원칙인 외국에서는 리츠가 유용한 자금조달 방법이지만, 선분양제가 관행인 우리나라와 리츠는 어울리지 않는다고 생각한다. 만일 선분양과 리츠를 동시에 추진하는 사업장이 있다면 분양가가 부풀려져 있거나, 높은 수익을 기대하기 어려울 것으로 예상되며, 사실상 '처벌되지 않는 합법적인 범죄'라고 생각한다.

하지만 현실에 있어서 일반인들은 리츠가 투자하는 오피스텔인지 여부에 관심이 없고, 애초에 오피스텔 자체에 자신이 살기 위해 청약하지 않는다. 오피스텔은 빌려쓰는 곳이란 인식이 강하고, 리츠가 운영하는 오피스텔이 오히려 젊은 세입자들에게 인기가 많다. 임대료와 관리비가 비싸도 세상물정 모르는 젊은 세대들이 플렉스(flex)하게 몰려든다.

더욱이 실질적으로 볼 때 '리츠의 투자자'도 투자자지만, '리츠'도 투자자이고, 리츠가 시행, 관리하는 오피스텔을 분양받은 '수분양자'도 임대사업을 할 투자자이기 때문에 이런 이해하기 어려운 3중 공생

관계가 가능한 것이 아닌가 싶다. 결국 임대료가 비싸졌긴 해도 그 누구도 피해자라고 함부로 단언할 수 없다.

이는 공공임대아파트의 경우도 유사하다.

공공임대아파트의 경우 의무임대기간이 종료되면 '분양전환' 시기를 맞을 수밖에 없는데, 임대아파트는 애초에 시세란 것이 없으니 '주변 시세의 80%'란 식으로 분양가가 정해진다. 그러다 보니 주변 아파트 시세가 올라갈수록 분양가가 비싸지지만, 세입자의 입장에서는 비싼 가격이 부담되면서도, 주변 아파트보다 저렴한 가격으로 구입할 수 있으니 한편으로는 로또 맞은 듯한 착각에 빠지게 된다. 대출이자가 싼 대신 시세차익은 크니 빚을 내서라도 분양받게 된다.

애초에 원가를 공개한 적이 없고 분양가도 존재하지 않으니 이 과정에서 건설원가, 공급원가나 감가상각 같은 것은 전혀 고려되지 않는다. 입주자(임대아파트 세입자)가 분양받지 않을 경우에는 '주변 시세'를 근거삼아 주변 시세보다 조금 싸게 일반분양할 수 있으니 임대사업자의 입장에서도 밑질 일도 없다.

결국 그 누구도 피해자가 아니다.

원 세입자도, 일반 수분양자도 객관적으로는 바가지 쓴 듯이 비싸게 샀지만, 당시의 시점에서는 시세보다 저렴하게 산 것이다. 이후로도 부동산가격은 계속 오르거나 유지됐으니 이들도 곧 부자가 될 것을 굳게 믿으며 대출금을 갚고 있을 것이다.

이 모두 부동산가격이 높아지고, 대출금리를 낮게 책정했기 때문에 가능했다. 그런데 앞으로 주택시장이 정상화된다면? 아니 시장이 정상화되지 않더라도 주택가격이 지금보다 큰 폭으로 떨어지거나, 대출금리가 인상되기 시작한다면?

아마도, 상상하기도 싫은 가혹한 현실을 마주하게 될 것이다.

그런데 국민 전체의 견지에서 볼 때는 리츠에 엮인 이들이 극소수에 불과하겠지만, 이들의 수가 결코 적지 않다. 그래서 새 정부가 주택가격을 2017년 수준으로 원상복구하려고 한다면 만만치 않은 저항에 직면할 수 있다고 생각한다.

하지만 냉정히 생각할 때 리츠 사업자나 투자자를 정부에서 굳이 보호할 이유가 없다. 수분양자들 역시 자금여력이 있거나 대출을 감당할 만하니까 분양을 결정한 만큼 자신의 선택을 스스로 감당할 수밖에 없다. 더욱이 대출이자에 대한 대책만 마련해줘도 일단 숨통은 트이고, 당장은 많이 밑질 것처럼 보여도 시장이 정상화되면 거래가 활성화되어 선택의 폭이 넓어지면서 다른 기회의 문도 열리게 된다.

그래서 리츠 때문에 굳이 부동산정책 개혁의 고삐를 늦출 필요가 없다고 생각한다.

다만 우리나라의 리츠 사업자 중 결코 함부로 버릴 수 없는, 아니 버려서는 안 되는 사업자가 있다. 부동산투자회사법이나 자본시장법의 적용은 받지 않지만 국민경제와 국민생활에 미치는 영향이 막대한, 우리나라에서 가장 큰 규모의 리츠 사업자이다.

이 사업자의 이름은 "○○○○○○"(이)라고 한다.

#12 국민연금기금에 1,000조원이 남아있는가?

리츠에 대한 이야기를 이어가려면 귀찮더라도 30년 전 1만원의 현재 가치에 대해 물었던 #1 글로 되돌아가야 한다. 대신 이번엔 문제를 바꿔본다.

"현재 '1만원'이 30년 후에는 현재 기준으로 얼마인가?"

물가변동의 추이를 모르는 한 계산할 수 없지만, #5 글에서 소개한 바와 같이 10년 단위로 화폐가치가 반토막 날 것을 전제로 한 나만의 어림짐작으로 계산해 보면, 대충 현재 기준으로 1,250원밖에 남지 않는다. 지난 30년의 결과와 비교할 때 이런 황당한 셈법도 현재의 상황과 대충 맞아떨어졌다. 그런데 #4 글에서 제시한 강남 아파트처럼 30년만에 60배가 뛰어버린다면, 지금의 1만원은 30년 후 167원의 가치에 불과하게 된다.

하지만 1,250원과 167원은 7.5배 가까이 차이가 난다. 계산이 정확해야 하는 부문에서 이 정도로 오차를 크게 계산한다면 큰 손실을 볼 수도 있다. 나 같은 어림짐작은 가당치도 않다.

특히 국가행정 중에서도 경제, 통화, 재정, 금융, 채권 등과 관련한 정책에 있어서는 물가변동의 추이는 '가치 변화'의 가장 중요한 기준이 되기 때문에 현재의 물가를 정확히 측정하는 일은 매우 중요하다. 차관급인 통계청이나 한국은행 정도에서 관리할 통계가 아니고, 더 무거운 책임을 가진 부처에서 관리할 필요가 있다. 미국, 일본, 영국과 같은 자본강국에서 물가측정을 위해 수천 개의 품목을 조사하는 것은, 돈이 남아돌아서가 아니라 그만큼의 가치와 필요가 있기 때문이다.

매우 간단한 예를 들어본다.

예컨대, 정부 차원에서 관리하는 자산이 1,000조원 정도가 있다고 하자. 자산증식을 위한 어떠한 조치도 취하지 않으면 지금의 1,000조원은 30년 후 125조원 수준으로 줄어든다. 아무 짓 안 해도 이럴 정도라서, 자산증식을 위해 노력했는데도 결과적으로 손해를 보면 거덜날 수도 있다. 돈이 많아 보여 약간의 돈을 빼내 써도 거덜날 수 있다.

이처럼 시간의 힘은, 마치 '너울'처럼 강력해 인간의 능력만으로 막아서기 매우 어렵기 때문에 남의 돈을 관리하는 펀드 매니저나 프라이빗 뱅커(private banker)들은 극심한 업무 스트레스에 시달릴 수밖에 없고, 제아무리 똑똑하더라도 단명할 수밖에 없는 것이다. 자산(또는 재산)을 현재 수준 이상으로 유지하기 위해서는 자산에서 부가가치(예: 임대료, 이자, 배당금)를 창출해내거나, 자산 이외에서 또 다른 수입(예: 근로소득)을 만들어내야 할 것인데, 선택의 여지 없이 자산에서만 부가가치를 만들어낼 수밖에 없는 펀드 매니저로서는 언젠가는 큰 손해에 직면할 수밖에 없기 때문에 '조기 퇴직'과 '손해 현실화 후 해고 및 파산' 중 하나를 선택할 수밖에 없는 운명이다. 멍청한 사람들은 선택할 수 없는 직업인 만큼, 현명한 펀드 매니저라면 짧고 굵게 벌고 일찍 은퇴하기 마련이다.

사실, #1 글부터 끊임없이 가치변화에 대해 설명해 온 이유가 있다. "1,000조원"이란 숫자에서 내가 말하려는 바를 알아챈 사람도 있을 것이다.

바로 '국민연금기금'이 올해(2022년)부터 1,000조원 시대를 맞이하기 때문이다.

그런데 "부동산가격이 지나치게 높아지고 물가가 지나치게 낮게 측정된 지금, 해고당할 염려 없는 공공기관 종사자들이 관리, 운용하는 국민연금기금에 과연 1,000조원이 실질적으로 남아있을까?"

이 1,000조원이란 금액은, 현금화를 마친 금액이 아니라 호가 수준의 평가액에 지나지 않기 때문에 이 점이 너무나도 궁금하다.

왜냐하면 국민은행의 자산 중 36.8%인 360조원 정도는 국내 채권에, 16.5%인 160조원 정도는 국내 주식에 투자되어 있고, 국내 부동산에 투자된 자산은 4%인 40조원 정도 수준에 불과하지만, ① 40조원 자체도 우리나라 1년 예산의 10%에 버금가는 큰 금액이고, ② 국내 채권의 특성상 대개는 부동산 담보채권일 것이며, ③ 주가에 영향을 미치는 기업자산의 상당수가 국내 기업의 특성상 부동산일 것이므로, 최근 몇 년간 부동산가격이 지나치게 높게 형성된 점을 감안할 때 기금평가액이 지나치게 과대평가되어 있을 가능성이 매우 높기 때문이다. 더욱이 금리가 낮으면 채권가격이 높게 유지될 수 있기 때문에 채권가격은 더욱 과대평가되어 있을 수 있다. 이 돈을 탐낸 정치세력들도 적지 않기 때문에 온전히 간수해 왔는지 자체도 의문이다.

누구나 늙고 병들게 되어 더 이상 일을 할 수 없고, 더 이상 (근로) 소득이 생기지 않는 시기에 직면할 수밖에 없다. 이러한 시기에 소득단절을 메꿔주는 것 중 하나가 '연금소득'인데, 연금가입을 개인의 선택에 맡기는 미국 등과 달리 우리나라는, 소득이 있는 국민이라면 누구나 의무적으로 가입해야 하는 공적 연금 제도로서 운영하고 있다. 더욱이 사적 연금에나 어울리는 적립식 제도를, 공적 연금인 국민연금에 채택했기 때문에 연금기금 운용의 성패는 국민들의 미래 또는 노후와 직결될 수밖에 없다.

그런데 의료기술 등의 발달로 인간수명이 연장되면서 우리나라도 초고령 사회에 급속히 진입하게 되었고, 출산율의 급격한 저하로 인해 작년(2021년)부터 총 인구수마저 감소 추세로 전환되었다. 그러다 보니 현재가치의 국민연금기금을 그대로 유지하더라도 2030년대~2040년대 사이에 연금기금이 고갈될 것이라는 경고음이 여기저기서 나오고 있다. 하지만 출산율이 현재 급감한다는 것은 연금고갈기의 경제활동인구도 급감해있을 것이라는 의미인 만큼, 부과식으로 전환한 유럽식의 대안도 채택하기 어려워진 상황이다.

매우 창의적이고 진취적인 대안이 개발되지 않는 한, 연금소득 이외의 대안이 없을 모든 고령 국민들은, 연금고갈기부터 손가락이나 빨고 있을 상황에 직면하게 된 것이다. 늙어보기 전에는 알지 못하겠지만, 늙은이에게 추위와 굶주림은 죽음과 직결된다.

그런데 국민연금기금의 투자패턴을 보면 바로 알 수 있겠지만, "국민연금기금"이 바로 #11에서 다룬 "리츠"라고 할 수 있다. 리츠의 근거법률인 부동산투자회사법과 자본시장법의 적용을 받지 않을 뿐이지 그 실질은 리츠에 가깝다.

그래서 주택시장을 정상화하고 기준금리와 물가통계를 바로잡으려 하면 국민연금기금이 쪽박만 남을 수 있고, 비정상적인 주택시장과 잘못된 기준금리, 물가통계 등을 지금처럼 내버려두면 서민과 전세입자가 죽어나게 된다.

진퇴양난의 상황이고, 하나라도 건져내야 할 상황이다.

우리들의 미래가 달린 매우 중요한 결정을 해야 하는 긴박한 상황이기 때문에 한 번 더 확인해 본다.

"국민연금기금에 정말 1,000조원이 남아있는가?"

#13 연금제도의 재설계가 시급하다

#12 글과 같은 이야기를 처음 접하는 사람들에게는 이런 얘기들이 황당무계한 음모론 같겠지만, 국민연금기금과 건강보험납부체계를 연구하던 2016년에도 국민연금의 미래는 이미 암담했다. 관련 법제의 기초분석만으로도 의사결정체계, 관리·운영체계, 감시·감독체계 등 전반적인 제도 설계가 허술했다. 그런데도 국정농단 사태가 불거진 2016년 말부터 국민의 시야에서 멀어졌고, 국민연금기금을 통제해야 할 국민연금 기금운영본부장도 2018년 10월까지 공석이었다.

그래서 그 2년간 어떤 일이 연기금 분야에서 있었을지 궁금한 거다. 또한, 부동산 가격급등 시기와 기금운영 공백기가 시기적으로도 맞물리다 보니 이들을 자꾸 돌아볼 수밖에 없는 거다.

물론, 7,000명이 넘는 기금운영본부 임직원의 역량과 노력을 무시해서 하는 말도 아니다. 세계대전과 대공황을 거치면서 적립식 공적연금 대부분이 파산하거나, 청년이 노인을 부양하는 부과식으로 전환했다는 사실을 알면서도, IMF를 극복하고, 제2의 IMF를 대비하기 위해 무리하게 전 국민을 대상으로 국민연금을 확대 실시하여 국민연금 기금이라는 "비상금"을 마련한 것이기 때문에 역대 정부가, 기금운영 본부가 어떻게 대응했건 피할 수 없는 현실일 뿐이다.

IMF를 이 비상금으로 극복한 것은 아니지만, 이 비상금으로 우리는 크고 작은 경제위기에 대응해 왔다. 인정해 줘야 할 부분이다. 국민연금기금의 역사적 역할은 이 정도로도 충분했다. 기금을 리츠처럼 운용했다고 할지라도 안정자산에 투자하려고 노력한 부분 역시 인정해 줘야 할 부분이다.

하지만 어차피 안 될 부분을 되게 하려고 더 이상 애쓸 필요는 없다.

그보다는 지금부터 정직하게 남은 돈을 세고, "연금제도의 미래를 재설계"해야 한다. 국가와 연금의 신용과 직결된 사안인 만큼 아직은 있는 그대로 드러낼 필요까지는 없겠지만, 대통령, 주무부처 장·차관 등 알아야 할 사람들만이라도 현실을 정확히 파악할 필요가 있다.

더욱이 이제부터는 정권교체기라 주택시장에 다시 매물이 나올 것인데, 2년 넘은 방역으로 돈줄이 막히거나, 끊긴 사람들은 어떻게든 집을 팔아내야 했기 때문에 집값은 떨어질 수밖에 없고, 부동산시장 전반에 영향을 미칠 것이다. 코로나로 전 세계가 고물가인 상황이 지속되는 상황에서 정부 역시도 언제까지 물가와 금리를 붙잡고 있지도 못할 것이다.

지체할 만큼 상황이 여유롭지 않고, 이미 연기금 분야에서는 경고음이 여기저기서 다시 터져 나오고 있을 것이다. 부동산시장의 상황이 급변하면서 이제는 리츠처럼 운용하기 쉽지 않을 것이고, 어쩌면 올해 1,000조원을 찍어보지도 못할 수도 있을 것이다.

연금개혁을 공약으로 세웠던 새 정부는 복안을 가지고 있을까? 연금소득만 다층화하면 해결될까?

#14

라떼는 말야

라떼는 말야.

나 어릴 때는 매년 이사 다녔다.

비 오는 날도 이사하고, 몇 달만에도 이사했다.

이사 와 짐도 못 푼 채 부모님이 우신 날도 있었다.

그런데 그날도 같았다.

설운 타향살이 15년만에 변두리라도 내 집으로 이사하던 날, 그날도 부모님은 우셨다.

웃고, 또 우셨다.

우리 국민들에게 집은 이런 의미였다.

집을 가진다는 게 존중되는 사회로 되돌리고 싶고, 국민들에게 '내 집'을 돌려주고 싶다.

나는 보잘것없는 관변학자다.

그렇다고 거짓 희망을 말하지 않는다.

대안 없는 비판도 하지 않는다

#15 문재인 정부 부동산정책을 비판했다던 국책연구원 보고서

페이스북에 2022년 3월 27일부터 4월 5일까지 올린 14개 글(#1~#14)들은, 국책연구원조차 현 정부의 부동산정책을 비판한 보고서라고 하면서 한때 언론 1면을 도배했던 “부동산 시장질서 확립을 위한 중점 대응전략”의 4쪽짜리 결론부 중 전반부를 이해시키기 위한 내용들이다. 이 글들을 읽고 나서 보고서를 다시 읽어보면 결론부의 단어 하나하나가 그냥 쓰인 게 아닌 것을 알 수 있을 것이다.

이 보고서 때문에 여야를 불문하고 정치권으로부터 꽤 많은 공격을 당했지만, 그때 이후 이 보고서를 공부하는 그룹들이 여러 분야에 꽤 많다는 것을 알게 됐고, 공약으로 쓸 수 있게 도와달라는 접촉도 —여야를 불문하고— 여러 정치세력으로부터 받았다. 하지만 정치화되면 정책화되지 못하고 고스란히 버려질 수 있어, 대선 후 인수위원회 인선까지 완료된 것을 확인한 후, 어느 정치세력이건 이 보고서를 편견 없이 검토할 수 있도록 이제야* 펼쳐놓는 것이다.

원래는 글 관리가 쉬운 개인 블로그**에 남겨두려 했는데, 쓸데없이 유능한 카피킬러 때문에 나중에 불필요한 자기표절 시비가 붙을 수 있어(보고서 433면 참조) 불가피하게 페이스북에 연재하고 있는데, 다행히 페이스북을 하는 사람들이 요즘 많지 않다 보니 방해받지 않아서 좋다.

다만 아직도 페이스북에 연재하고 있는 이 글을 블로그에도 전체공개로 공유하고 있는 것은, 대한민국에 지금 당장 필요한 이 내용들을 사장(死藏)시키기 싫어서이다.

아무튼, 앞으로 연재할 내용들의 교보재로서, 보고서 파일의 다운로드 링크***를 걸어둔다. 이 책의 프리퀄이니 이 책의 내용에 관심 있는 분들은 보고서를 찾아서 읽기 바란다. 참고로, 내가 집필한 내용만 찾아보기 쉽게 장별 저자 일람을 보고서 52면에 정리해 두었다.

---

* 페이스북은 2022년 3월 27일부터, 블로그는 4월 25일부터 연재를 시작했다.

** 개인 블로그(LongPLay턴테이블) 주소 : http://blog.naver.com/law39

*** 보고서 다운로드 링크

- ㅁ 강석구 외, 부동산 시장질서 확립을 위한 중점 추진전략, 경제·인문사회연구회, 2021.8.
- ㅁ https://www.nrc.re.kr/board.es?mid=a10301000000&bid=0008&list_no=0&act=view&otp_id=OTP_0000000000007457&fbclid=IwAR0C03iTfa9bkWfW8MQ1 FtaTiSy0FuDjDHIUsZd30ast21pU2g6xCG9YiV8

#16 프레임에 갇히지 말고 세상을 바로 보라

세상은 다채롭고, 끝을 알 수 없을 정도로 무한하다. 하지만 정책을 결정해야 하는 정치가나 공무원에게 이 세상은 단순하고, 명확해야 한다. 하나를 더할수록 일만 갑절로 늘어날 뿐이고, 돋보일수록 내쳐지기 쉽다.

그러다 보니 억지로 단순화해 놓은 것들까지 이유와 명분을 붙여놓고, 적당히 때웠을 수도 있다. 그런데 세월이 흐르면서 이들이 세워놓은 온갖 틀들을 믿는 사람들이 생겨났고, 믿는 사람과 믿지 않는 사람들을 갈라치는 사람들도 나타났다.

난 이러한 틀들을 "프레임"이라고 부른다.

나 역시 정책연구를 하면서 세상을 단순화시켜 보기 위해 노력하지만, 단순화에 앞서 세상을 "있는 그대로" 보기 위해 더 노력한다. 하지만 틀에 갇히면 세상의 단면밖에 보이지 않는다. 그러다 보니 남들이 당연시하는 프레임들을 나는 당연하게 받아들이지 않고, 일단 의

심부터 하는 습관이 들어있다.

이번 보고서에서도 가장 중점을 둔 것은, 세상을 최대한 있는 그대로 보는 것이었다. 그래서 수도권의 어지간한 신도시는 직접 밟아봤고, 현장에 뛰어들었고, 평범한 실수요자들의 목소리에 귀 기울였다.

반면, 현 정부를 비롯한 역대 정부의 프레임은 일단 의심했고, 그 배경과 연혁을 최대한 추적했다. 시대착오적인 낡은 프레임이나 국민을 기만해 온 나쁜 프레임을 최대한 찾아내 깨부수고자 했다.

다만 나는 빼어난 사람이 아니다. 남다른 면도 더러 있지만, 지극히 평범하다. 세상을 통찰할 깜냥도 아니고, 부동산 분야를 잘 알지도 못한다. 더욱이 무(無)에서 유(有)를 창조하는 건설업자나, 숫자에서 가치를 창출하는 금융업자 등, 이 분야에는 천재나 능력자가 수두룩하다. 내가 나설 이유가 없다.

주택시장이 어떻게 되건 나랑은 상관없고, 가만히 있으면 중간이라도 가게 될 것을 알지만, 한숨 속에 눈물 쏟는 사람들이, 부동산에 갇혀 쓸쓸히 죽어가는 사람들이 눈에 밟혀, 안 가도 될 길에 굳이 들어섰다.

이번 한 번뿐이다. 두 번은 가지 않는다.

기지개 한 번 크게 켜고, 다시 길을 나선다.

산이 가로막으면 무너뜨려 다시 세울 각오로 간다.

#17 부동산 투기대책 프레임의 탄생배경

나 어릴 적에도 부동산 투기가 문제였고, 복부인, 떴다방 등 투기를 상징하는 은어들도 친숙했다. 부동산 투기에 대해 50년 가까이 귀에 딱지 앉을 정도로 들었고, 정부마다 5년 내내 부동산투기를 근절하겠다는 엄포를 놓았다.

뿐만 아니라, 내놓는 투기 대책마다 그 대상은 주로 일반인들이다. 더욱이 투기 대책을 관장하는 기관은 변함없이 기획재정부였고, 그 기능 때문인지 부동산정책을 수립할 때마다 기획재정부는 늘 한자리를 꿰고 있다. 문재인 정부에서는 기획재정부가 아예 중심에 섰다.

지겨울 정도로 일상화된 투기, 투기, 투기.

그런데 이 '투기'라는 용어는 1950년에 제정된 은행법에도 나온다. 그 내용은 "투기 목적 자금 대출의 금지"다(제정 은행법 제27조 제3호). 자본 없이 투기할 수 없으니 마땅하고 필요한 규정이다.

1950년 한국은행법, 1957년 농업협동조합법, 1960년 외자도입촉진법, 1962년 보험업법, 1962년 증권거래법, 1962년 '장기결재방식에 의한 자본재도입에 관한 특별조치법' 등에서도 투기 목적 자금 조달을 방지하기 위한 법제를 엿볼 수 있다. 부동산투기를 방지하기 위한 목적도 아니었고, "금융기관의 자본 남용"을 방지하기 위한 목적이었다고 추정한다.

그런데 1967년부터 '부동산투기'라는 용어가 법률에 등장했다. 1967년에 제정된 '부동산투기 억제에 관한 특별조치세법'이 그것이고, 이 법은 "양도소득세"라는 이름으로 변형돼 1974년 소득세법에 흡수되었다.

당시에 나는 태어나지 않았거나, 꼬맹이라 이런 법과 제도들이 탄생한 배경을 알지 못한다. 하지만 이런 조치들이 필요했던 "특별한" 1967년부터 벌써 55년이나 지났다.

55년씩이나 지속되어야 할 특별조치는, 굳이 따져보지 않아도 무의미한 "헛발질"이거나, 기만적인 "거짓말"일 것이다. 그런데도 역대 정부는 묻지도, 따지지도 않고 이를 답습했고, 정치인과 공직자들은 전가의 보도처럼 '부동산투기 대책'을 떠받들어 왔다.

잠시 걸음을 멈추고 뒤돌아보라.

"이런 제도들이 국민들에게 기여한 것이 무엇인가? 세수 확대라도 기여했는가?"

더 멀리 보라.

"건국 초기부터 막기 위해 애써왔던 '금융기관 등의 자본 남용'에 대한 대책이, 지금은 제대로 마련되어 있는가?"

무엇이 더 본질적이고 중요한 문제인가?

#18 실제로 국민들 사이에 부동산투기가 횡행했었던가?

일반인의 시각에서 집은 매우 비싸다. 하지만 기업이나 대형 법인의 관점에서는 집은 물론이고 빌딩이나 공장조차도 그렇게까지 비싸지 않다. 그러다 보니 많은 집을 가진 개인은 흔하지 않지만, 많은 부동산을 가진 기업이나 법인은 흔하다. 넓고 좋은 집, 알짜배기 부동산의 상당수가 기업이나 법인의 소유다.

자본이 있으니 그럴 수밖에 없다. 이상한 게 아니라 지극히 당연한 거다.

그런데 기업 등 법인에게 물리는 세금은 개인에게 물리는 세금과 다르다. 특히 기업의 소득세는 법인세에 포함하여 과세한다. 당연히 양도소득에 대한 세금도 법인세에 흡수된다. 내가 아는 바로는 그렇다.

그런데 법인세는 함부로 중과할 수 없다.

이유는 간단하다.

애초에 기업은 자본과 사원의 결합체에 지나지 않고, 우리나라에서 사업하려니까 우리나라에 사업자등록 또는 회사설립등기를 한 것뿐이다. 그런데 기업의 관점에서 세금은 비용이니까 가급적이면 세금이 저렴한 나라에 사업체를 두고 싶어 할 뿐이고, 꼭 그 나라가 대한민국일 이유도 없다. 세금이 지나치면 직원과 사업장 내버려두고 다른 나라로 떠나면 된다.

그러다 보니 법인세 세계표준 비스름한 게 사실상 있다. 심지어 우량기업 유치를 위해 국가 간에 법인세 할인 경쟁을 한다. 우리나라도 예외는 아니다. 기업이 클수록 양도소득세 중과, 즉 징벌적 법인세란 생각하기 어렵고, 이런 건 이상한 것이 아니라 당연한 거다.

그런데 법인세는 각 사업연도 소득의 총합을 기준으로 계산한다. 인터넷에 보면 법인세 누진세율이 있으니 기업도 양도소득세를 사실상 물고 있다는 식의 글들도 있던데, 부동산을 매각한 금액만큼 다시 사들이면 비용으로 처리되어 소득이 발생하지 않는다. 비싼 금액으로 사고팔면 그만큼 재산도 늘고 기업가치도 올라간다. 부동산매매업을 하는 회사는 아예 이런 게 일이고, 자기들끼리 돌려 팔면 보유부동산 수를 늘리지 않고도 시세를 올릴 수 있다.

더욱이 법인세에 양도소득을 반영해봤자 양도소득을 포함한 법인소득 총합이 200억원, 3,000억원 하는 식으로 애초에 단위 자체가 다르고, 기본세율 20%에 2~5% 정도 더 덧붙이는 수준이니 애초에 개인에게 중과하는 70~85%까지 중과되는 경우는 상상할 수도 없다.

양도소득세를 제대로 못 물리는 대신 종합부동산세로써 법인에 중과하고 있다고 자화자찬하는 사람도 있던데, 세금회피용으로 위장법인을 설립한 개인에게나 통할 뿐이고, 기업이나 대형 법인에게는 통하지 않는다. 빠져나갈 구멍은 많다. 더욱이 현 정부를 비롯한 역대 정부들은, 대기업이나 대형 법인에 대한 세금은, 법률전문가나 회계전문가도 읽어내기 어려운 조세특례제한법에 따로 정해 감면해 왔다.

뿐만 아니라 무역으로 나라살림을 꾸려가고 있는 우리나라로서는 무역수입의 일부라도 우리나라에 떨궈줄 수 있는 우량기업의 유치가 매우 중요한데, 기업 소유 부동산에 중과하는 정책은 그런 기업을 우리나라에서 쫓아내는 자해행위에 가깝다고 볼 수 있다. 기업의 관점에서도, 디딜 땅에 인색한 나라에 오래 머물 이유가 없다. 그런 만큼 국민만 모를 뿐, 그 어떤 정부에서도 이런 정책을 함부로 도모하지 않았을 것이라고 추정한다.

이상한 게 아니라 지극히 당연한 거다.

그런데 투기는 자본 없이 할 수 없고, 작은 자본으로는 큰 자본을 이길 수 없다. 그런 만큼 만일 누군가 투기를 하고 있다면, 개인보다는 기업이나 법인이 하고 있을 가능성이 높다. 더욱이 기업들도 하지 않는 투기를, 개인들만 하고 있다면 영세한 가내수공업 수준에 지나지 않을 것이다. 즉, 단속 또는 규제의 실익이 크지 않다. 부패자산이나 불법자산에 기반한 투기도 있을 수 있는데, 제도권 밖의 불법에 대해 제도권의 세금정책은 무의미할 뿐이다.

그렇다면 부동산투기 대책은 어떠해야 할까?

실제로 부동산투기가 횡행한다면, 자본을 많이 가진 기업과 금융회사에 대한 대책부터 세워야 할 것이다.

그런데도 그간 우리나라는, 기업들과 대형 법인들은 놓치고, 개인(자연인)들만 옥죄어 온 것이다. 또한, 금융회사에 대한 규제보다 금융소비자에 대한 규제에 주력해왔다. 불법자본에 대한 대책은 없다고 해도 무방할 정도로 허술했다. 그러다 보니 실제로 부동산투기가 횡행했더라도 이런 대책은 전혀 효과가 없었을 것이다.

그런데 실제로 부동산투기가 지금 우리나라에서 횡행하고 있었을까? 투기가 횡행한다면서 거래는 왜 거의 없는가?

그런데 시장에서 주택 거래가 정말 없었나? 정말 그렇게 믿고 있나?

#19 선분양식 아파트 공급방식 자체가 투기다

'입도선매'(立稻先賣)라는 말이 있다. 벼가 익기도 전에 먼저 파는 것을 의미한다. '매점매석'(買占賣惜)이라는 말도 있다. 물자를 대량으로 사들였다가 가격이 올랐을 때 내다 팔아 폭리를 취하는 것을 의미한다.

모두 투기(投機)와 관련된 사자성어다.

이런 말들처럼, 만일 투기가 횡행했다면 가격이 올랐을 때 매물이 쏟아져 나왔어야 했다. 하지만 지난 몇 년간 주택가격 폭등기에도 시장에서는 '끊겼다'고 말해도 좋을 정도로 거래가 줄었다. 신고가를 찍었다는 곳들도 확인해 보면 법인의 가장거래로 의심되는 거래가 적지 않았고, 대개는 이런 가장거래조차 드물었다.

그런데 이런 '거래동결' 내지는 '매물잠김' 현상은 투기와 어울리지 않는다. 그래서 일반인들에 의한 부동산투기는 "없다"고 자신 있게 말할 수 있다.

하지만 시장에서 주택 거래가 정말 없었을까?

"전혀 아니다."

아파트, 빌라, 오피스텔, 타운하우스를 불문하고 분양시장은 매우 뜨거웠다. 높은 가격대에도 불구하고 서버가 다운될 수준으로 사람들이 몰렸고, 평소에 부동산에 관심 없던 사람들조차 눈이 시뻘개질 정도로 안달했다.

분양시장은 크게 보아 '신축주택 분양'과 '의무임대기간 만료 공공임대주택의 분양전환 및 일반분양'이란 두 경우로 나눌 수 있는데, 두 시장 모두 뜨거웠다.

하나는 신축 주택이고, 하나는 구축 주택인데, 이게 당연한 현상일까?

이제 "현장으로" 직접 들어가 본다.

갑자기 가격이 급등하고 있다고 해서 김포한강신도시 지역을 2020년 하반기에 2번 답사했었다. 그런데 김포골드라인 도보 10분 역세권에, 준공 후 고작 8년 된 신축급 아파트조차 가격이 오르지 않았다. 상권, 학군, 공원도 완비돼 있었으며, 전철뿐만 아니라 광역버스 교통망도 공고했지만, 60평대 대형 아파트조차 3억원 수준에 불과했다.

하지만 김포대수로를 리모델링한 라베니체 인접 신축급 아파트는 30평대가 4억~5억원 수준으로 시세가 형성되어 있었다. 유럽에 와 있는 듯이 아름다운 라베니체를 감안하더라도 가격 차이가 상당했다.

그런데 아직 입주도 완료되지 않은 역세권의 신축 아파트는, 경전철 외 대중교통망과 상권이 미비한데도 20평대조차 8억~9원대의 시세가 형성되어 있었다. 여기서 김포골드라인은, 접이식 자전거조차 휴대승차할 수 없는 비좁은 2량 경전철에 불과하다. 투자상식으로는 납득할 수 없는 가격대였다.

그래서 경기도 사정을 잘 아는 이재명 후보가 주택가격이 낮은 지역으로 김포를 언급한 것이 이해되는 대목이지만, 사실상 동일 지역에서 고작 연식 몇 년 차이로 시세 격차가 이렇게 큰 것은 전혀 이해할 수 없는 대목이다. 심지어 서울에서는 준공 후 10년 미만 아파트는 신축급으로 치부될 정도다. 그런데도 신축 아파트의 가격이 폭등했다는 이유만으로 김포 전 지역이 조정지역으로 지정됐고, 보존등기 이전의 신축 아파트 이외의 모든 아파트 거래가 사실상 잠겨버렸다.

물론, 김포 분양시장은 여전히 활짝 열려있고, 입주 중인 신축 아파트 시세보다 싸게 분양하니 청약 당첨되자마자 부자된다는 '로또 아파트'란 홍보도 이어졌다. 물론, 이는 김포에 한정된 현상이 아니라 수도권 전 지역에 공통된 현상이었고, 경쟁력 있는 서울 아파트의 경우만 신축, 구축 가릴 것 없이 높은 시세가 형성된 차이만 있을 뿐이었다. 이미 입주한 아파트, 즉 중고 아파트는 신축급이건, 구축이건 팔리지 않는 것은 마찬가지다.

이런 현장 상황만 보더라도 범인은 자명하다. 분양시장에 범인이 있는 거다. 더욱이 우리나라의 아파트 시장은 이른바 '선분양제'를 채택하고 있기 때문에 이제 막 선 벼를 내다 파는 '입도선매' 상황보다도

심하다. 벼도 심지 않은 채 내다 파는 것인 만큼, 애초에 투기적 판매 방식을 채택하고 있는 것이다.

즉, 투기꾼이 있다면, 바로 '선분양제 하의 신도시 설계자나 아파트 공급자'가 투기꾼일 것이다. 아니, "선분양식 아파트 공급 자체가 투기인 거다."

그런데도 현 정부를 포함한 역대 정부는 주택소비자만 옥죈 것이고, 전문가란 사람들이 오히려 "공급이 부족하니 신축 아파트를 서둘러 더 지으라"며 입 맞춰 노래하고 있다.

그런데 부동산 전문가란 사람들 말처럼 정말 주택 공급이 부족할까? 공급이 정말 그렇게 시급할까?

#20
주택수요를 제대로 파악하기 위해서는?

무턱대고 주택을 공급하면 일본처럼 '빈집' 천지가 되어버린다. 그래서 주택공급정책을 수립하기 위해서는 주택수요부터 제대로 파악할 필요가 있는데, 주택수요를 제대로 파악하기 위해서는 '생뚱맞게도' 아래 문제부터 답할 수 있어야 한다.

"한 사람이 사람답게 살기 위해선 무엇이 얼마나 언제까지 필요한가?"

우리는 어떤가? 생각이라도 해본 적이 있는가?

#21 인간답게 생활하기 위해선 무엇이 필요한가?

"한 사람이 사람답게 살기 위해선 무엇이 얼마나 언제까지 필요한가?"

주택공급 또는 주택수요와 관련해서 #20 글에 제시했던 문제다.

부동산에 대해 얘기하다가 낸 문제니까 다들 '무엇'을 '주택'이라고 단정하고, 주택을 제외한 나머지, 즉 '얼마'와 '언제'만을 생각했을 것이다. 하지만 '무엇' 중에 '주택'도 있을 수 있지만, 이렇게 풀게 되면 출제의도와 점점 멀어진다.

그래서 문제를 조금 바꿔서 다시 내본다.

(1) 한 사람이 생존(또는 연명)하기 위해선 무엇이 필요한가?

(2) 한 사람이 인간답게 생활하기 위해선 무엇이 필요한가?

문제 (1)과 문제 (2)는 같은 문제인가, 다른 문제인가?

#22 인간답게 생활하기 위해선 무엇이 가장 필요한가?

#21 글의 문제를 다시 생각해 본다.

> (1) 한 사람이 생존(또는 연명)하기 위해선 무엇이 필요한가?
>
> (2) 한 사람이 인간답게 생활하기 위해선 무엇이 필요한가?

아마도 필요한 '무엇'이 결코 하나가 아닐 것이다. 그 '무엇'들에 각각 '주택'(또는 '집')이 들어갈 수도 있을 것이고, 아닐 수도 있을 것이다. 그 '무엇'들 중에 '주택'도 포함된다고 생각하는 사람들 중에도 그 '주택'이 자가주택일지, 임대주택일지, 아니면 파고라 같은 임시처소일지, 심지어 넓이나 시설 등까지도 제각각 생각이 다를 수 있다.

무엇보다도, "가장 필요한 무엇"을 하나만 골라보라고 하면, 각자의 생각이 전혀 다를 수 있다.

이제 이 문제에 문항을 하나 덧붙여본다.

(1) 한 사람이 생존(또는 연명)하기 위해선 무엇이 필요한가?

(2) 한 사람이 인간답게 생활하기 위해선 무엇이 필요한가?

(3) 문제 (1)과 문제 (2)에서 '필요한 무엇'은, 각각 누가 마련해야 하는가? 그리고 그 비용은 각각 누가 지불해야 하는가?

생각이 이제 현실이 된다.

#23

인간다운 생활은 보장되고 있는가?

#21 글의 문제를 한 번 더 생각해 본다.

(1) 한 사람이 생존(또는 연명)하기 위해선 무엇이 필요한가?

(2) 한 사람이 인간답게 생활하기 위해선 무엇이 필요한가?

문제 (2)의 '인간답게 생활'이라는 대목에서 대부분의 법학자나 법률가들은 헌법 제34조 제1항이 규정하는 '인간다운 생활을 할 권리'를 떠올렸을 것이다.

맞다. 문제 (2)는 바로 '인간다운 생활을 할 권리'의 내용에 대해 묻고 있는 것이다.

헌법 제34조는 제1항에서 "모든 국민은 인간다운 생활을 할 권리를 가진다."고 규정하는 한편, 제2항에서 "국가는 사회보장·사회복지의 증진에 노력할 의무를 진다."고 규정하고 있어 '인간다운 생활을 할 권리'는 '사회보장' 및 '사회복지'의 근거이자 해석기준이 된다고 볼 수 있다. 즉, 사회권 분야에서는 가장 근본문제이자 하나의 목표라고 할 수 있다.

그런데 헌법학에서의 논의는 대체로 여기쯤에서 마무리된다. 구체적인 무언가가 없다.

그래서인지 헌법재판소도 "국가에 대해 '생존에 필요한 최소한의 물질적 급부'를 청구할 수 있는 권리가 인간다운 생활을 할 권리를 규정하고 있는 헌법조항으로부터 직접 도출된다." 정도로 얼버무리고 있다. 즉, 문제 (2)에 대해 아무런 답도 주지 않은 채, 문제 (1)로 되묻고 있는 격이다. 그렇다고 선문답도 아니고, 도돌이표 노래도 아니다. 심지어 문제 (1)에 대한 답이라도 준 건지조차 알 수 없다.

하지만 문제 (2)에 대한 답을 명확히 제시하지 못한 책임을, 사법기관인 헌법재판소를 물을 수는 없다. 그렇다고 해서 헌법학계를 탓할 수만도 없다.

바로 헌법 제34조 제1항의 규정에 따라 '인간다운 생활을 국민에게 보장할 책임'이 있는 대한민국에 책임을 물어야 하고, 그중 정부와 국회의 책임이 가장 무겁다고 할 수 있다.

그런데 여기서 이런 의문들도 생길 것이다.

헌법상 '인간다운 생활을 할 권리'와 주택공급(또는 주택수요)이 대체 무슨 상관이지?

문제 (2)나 문제 (1)은 표현만 다를 뿐, 같거나 비슷한 말 아닌가?

'생존에 필요한 최소한의 물질적 급부'가 현실적인 정답 아닌가? 현실적으로 볼 때 그 이상 보장하는 것은 무리 아닌가?

정말 그럴까?

#24
노예나 돼지가 아니라고 자신할 수 있는가?

'인간다움'이란 것이 무엇인가? 또는 '생활'이란 무엇인가?

간단한 질문 같지만, 누구라도 쉽게 답하기 어렵고, 사람마다 생각이 다를 수 있다. 어쩌면 5,000만 국민이 5,000만가지 다른 생각을 할 수도 있을 것이다. 그런 만큼, 그렇잖아도 어려운 '생활'이란 관념에 '인간다움'까지 합친 '인간다운 생활'이란 관념을 정의하는 일은 매우 어렵고, '인간다운 생활에 필요한 무언가'를 찾아내는 일은 결코 쉽지 않은 것이다.

반면, '생존'이란 삶과 죽음의 경계에 있음을 의미하는 관념이기 때문에 그것이 무엇이라고 명확히 정의하기는 어려워도 '인간다운 생활'보다는 구체적이다. 삶과 죽음의 경계에 있기 때문에 '생존에 필요한 무언가'를 '제때' '충분히' 충족시켜주지 않으면 죽음에 이를 수밖에 없다는 점도 분명하다. 그런 만큼, '생존에 필요한 무언가'는 "최소한"이 아니라 "반드시" 주어져야 하는 것이다. 다만 생존 관념 자체도 그다지

구체적이지는 않기 때문에 '생존에 필요한 무언가를 마련해줘야 하는 누군가'가 존재한다면 그 무언가를 "최대한" 마련해줘야 하는 것이다.

"최소한"이 아니다.

이러한 전제에서 #21 글의 문제 (1)을 다시 읽으면 새롭게 보일 것이다.

"(1) 한 사람이(가) 생존하기 위해선 무엇이 필요한가?"

더욱이 지문 속의 "사람"을 "○○"으로 바꿔 보면 전혀 다르게 읽힐 것이다.

예컨대, "○○"에 "노예"나 "돼지"를 넣어보라.

"○○"에 '사람'을 넣건, '노예'를 넣건, '돼지'를 넣건 간에 답은 크게 달라지지 않는다는 점을 바로 알 수 있을 것이다.

즉, #21 글의 문제 (1)과 문제 (2)는 전혀 다른 문제이고, '생존'과 '인간다운 생활'은 결코 같을 수 없다는 점도 바로 알 수 있을 것이다.

그렇기 때문에 '인간다운 생활'을 '생존'으로 좁혀 보거나, 그마저도 '최소한의 생존'으로 한정지어 보는 시각은 "국민을 노예나 돼지 수준으로 보는 시각"과 크게 다르지 않다고 생각한다. 그저 죽지 않을 정도로만 먹여주고 재워주면 국민에게 '인간다운 생활'을 하게 해주었다고 치부하는 격이다.

또한, 이러한 생각을 당연하다고 받아들이고 있다면 그 역시 '노예'

나 '돼지' 수준과 다르지 않은 사람일지도 모른다. 아마도 국민 대다수가 피지배계급인 상민과 천민이었던 조선 시대, 황국신민이라는 이름의 식민노예였던 일제강점기, 그리고 장기간의 독재정권을 겪으면서 어쩌면 우리 국민들 대다수가 기본적으로 노예 근성을 품고 있을지도 모른다.

국가를 경영하고 책임지는 사람들 입장에서도, 해주지 못할 것까지 무리하게 약속하는 것보다는, 해줄 수 있는 한도에서 약속하는 것이 훨씬 책임 있는 자세일 수도 있다. 어쩌면 마음만은 국민들에게 원하는 만큼 베풀고 싶지만, 그만큼의 세금을 더 거두기 부담되었을 수도 있다.

그럴 수 있다.

이런 전제에서 이제는 #21 글이 아니라 #22 글의 문제를 다시 풀어본다.

(1) 한 사람이 생존(또는 연명)하기 위해선 무엇이 필요한가?
(2) 한 사람이 인간답게 생활하기 위해선 무엇이 필요한가?
(3) 문제 (1)과 문제 (2)에서 '필요한 무엇'은, 각각 누가 마련해야 하는가? 그리고 그 비용은 각각 누가 지불해야 하는가?

문제 (3)의 답은 무엇인가?

여전히 당신은 '노예'나 '돼지'가 아니라고 자신할 수 있는가?

#25
내 삶의 주인은 누구인가?

"내 삶의 주인은 누구인가?"

매우 간단한 질문이고, 대부분 "나"라고 대답할 것으로 예상한다. 하지만 같은 질문을 500년 전의 유럽인에게 했다면 "왕" 또는 "영주"라고 답했을 것이고, 1,000년 전의 유럽인들에게 했다면 "하느님" 또는 "하나님"이라고 답했을 것이다. 동시대를 살아가는 우리 국민 중에서도 이 간단해 보이는 질문에, 전혀 다른 대답을 하는 사람들이 생각보다 적지 않을 것이다.

그런 만큼, '생존' 또는 '인간다운 생활'에 필요한 '무엇'이 무엇인지에 대해 사람들의 생각이 판이할 수 있을 뿐만 아니라 그 '무엇'을 누가 마련해야 하고, 그 비용을 누가 지불해야 되는지에 대해서도 사람들의 생각이 판이할 수 있다.

예컨대, 내 삶의 주인이 '나'라는 전제에서 현실을 극단적으로 단순화시켜서 접근해보면, 이 모든 것을 스스로 마련하고, 그 비용도 자신이 지불해야 하는 것을 당연하게 생각할 수도 있다. 또한, 자신의 힘만으로는 이 모든 것을 감당해낼 수 없다면, 헌법을 통해 이를 보장해 주기로 약속한 국가에 대해 '필요한 무엇'을 마련해줄 것을 요구하거나, 그 비용을 지불해달라고 요구할 수도 있을 것이다.

하지만 현실은 전혀 다르다.

일단 '생존'에 필요한 것이 무엇이고, '인간다운 생활'에 필요한 것이 무엇인지 대충이라도 아는 사람부터 "없다"고 예상한다. '인간다운 생활'이라는 관념 자체도 명확하지 않고, 인간다운 생활을 보장하기 위해 국가가 무엇을 해야 하는지 대충이라도 아는 사람도 없다고 본다. 사람마다 부족한(또는 결핍된) 것이 전혀 다르므로 각자에게 각각 무엇을 얼마나 언제까지 마련해줘야 하는지 대충이라도 아는 사람도 없다고 생각한다. 심지어 자기 스스로도 자신에게 무엇이 부족한지 모른다.

냉정히 말해, 인간다운 생활은커녕 온전히 스스로의 힘만으로 살아남을 수 있는 사람 자체가 현실적으로 존재하기 어렵다고 생각한다. 그래서 인류가 무리를 짓고 살아온 것인지도 모르지만, 이런 가정 자체도 솔직히 아무런 근거가 없다. 심지어 현대 민주주의의 근간이 된 사회계약론이란 착상 자체가, 서구식 민주주의를 추종하지 않는 자의 관점에서는 허무맹랑할 뿐이고, 사회계약론 자체도 홉스, 로크, 루소의 이론이 전혀 다르다.

이처럼 현실을 있는 대로 바라보건, 극단적으로 단순화해서 보건

간에 정답은 어디서도 찾을 수 없었다. 이것이 솔직한 내 대답이다. 심지어 대부분의 헌법 교과서에서 '인간다운 생활을 할 권리'에 대한 내용을 찾아보면, 공란이라고 보아도 될 정도로 그 내용이 공허하다.

그런데도 나는 왜 굳이 #20 글부터 답도 모르는 문제를 내고, 이 권리에 대해 집착하고 있는 것일까?

성가시겠지만, 포털에서 '인간다운 생활을 할 권리'를 찾아보라.

바이마르 헌법에서 유래했다는 사실과 동어반복형 정의만 나올 뿐, 그 내용은 사회적 기본권에 대한 내용으로 사실상 대체되어 있다. 여기서 '바이마르 헌법'이란 1919년에 제정된 독일공화국의 헌법으로서, 1933년 나치스 혁명으로 형해화되어버린 헌법을 말하는데, '인간다운 생활을 할 권리'는 이 헌법에만 규정되었을 뿐 이후 서독이나 통일독일의 기본법에는 남아있지 않다. 미국의 헌법에서도 찾을 수 없는 내용이다.

더욱이 '인간다운 생활을 할 권리'는 우리 국회에서 헌법에 도입한 권리가 아니다. 국회가 아니라 박정희 전 대통령이 의장이었던 '국가재건최고회의'에서 1962년 12월에 제안했던 1963년 헌법에 처음 도입된 권리이고, 1987년에 개정된 현행 헌법에도 존속한 권리이다.

헌법학계에서 이 권리에 대해 사실상 침묵해 온 배경과 이유를 충분히 짐작할 수 있는 대목이다.

하지만 '인간다운 생활을 할 권리'는 자유, 평등과 함께 어느 새 우리 국민들이 가장 좋아하는 가치 중의 하나가 되었다고 생각한다. 국민들이 어리석어서 이런 '달콤한 빈말'을 좋아할 수도 있지만, 그만큼 "인간답게 살고 싶은 범국민적 간절함"이 녹아있다고 생각한다. 더욱이 '인간다움' 역시 어느새 사회보장이나 사회복지의 영역에서는 중요한 목표이자 척도가 되어버렸다.

그래서 이제는 그 누구도 함부로 경시할 수 없는 기본권이 되었다고 생각한다.

그렇다면 헌법상 '인간다운 생활을 할 권리'를 공허한 내용으로 비워두지 말고, 이를 실천할 수 있는 구체적 방법을 이제라도 고민해야 할 필요가 있다고 생각한다.

국민이 주인인 나라라면 더더욱 그렇다.

#26 타워팰리스 주민의 50%가 가난할 수 있는가?

'인간다운 생활'을 구체화하고, 제대로 보장하는 방안을 모색하기 위해서는 다음과 같은 '매우 간단한' 문제부터 다시 고민해볼 필요가 있다.

"타워팰리스 주민의 50%는 부자이고, 50%는 가난하다.

이 명제는 참인가, 거짓인가?"

이와 유사한 명제로는 다음과 같은 것들이 있다.

"서울대학교 재학생의 50%는 똑똑하고, 50%는 멍청하다."

"20대 패션모델의 50%는 키가 크고, 50%는 키가 작다."

이들 명제는 참인가, 거짓인가?

고민해 볼 필요도 없이 답이 명확하지 않은가?

#27 대한민국 국민의 20%는 가난한가?

다음은 #26 글에서 제시한 명제들이다.

"타워팰리스 주민의 50%는 부자이고, 50%는 가난하다."

"서울대학교 재학생의 50%는 똑똑하고, 50%는 멍청하다."

"20대 패션모델의 50%는 키가 크고, 50%는 키가 작다."

그리고 믿기 힘들겠지만, 이 세 명제 모두 '참'일 수 있다. 특히, 세상이 '흑'과 '백'의 둘로만 보이는 사람들에게는 의심할 여지 없이 참인 명제라고 할 수 있다.

예컨대, 타워팰리스에 굶는 주민이 있을 수는 있지만, 타워팰리스에서 월세라도 살 수 있는 사람은, 적어도 대한민국에서는 부자일 가능성이 높다. 그런데 이 세상에 타워팰리스만 존재한다고 전제하게 되면, 주민 중 50%는 부자이고, 50%는 가난하다고 주장하더라도 일리는 있다. 하지만 아무리 이 세상에 타워팰리스만 존재한다고 전제하더라도 타워팰리스 주민 중 소득 하위 50%에 속하면서 월세 사는 주민은 인간다운 생활을 하지 못할 수 있다는 주장에는 선뜻 동의하지 못할 것이다.

이런 말들을 '궤변'이라고 한다. 그럴싸해도, 새빨간 거짓말이다. 그런데 이런 그럴싸한 거짓말들이 우리 사회에서는 매우 흔하다.

대표적인 것이, 대한민국 국민의 50%는 보수이고, 50%는 진보라는 주장이다. 그리고 그 증거랍시고 선거나 여론조사 결과를 제시한다. 우습지도 않은 선동이지만, 국민을 갈라치는 이런 흑백 논리들이 우리나라에서는 너무나도 흔하고, 안타까울 정도로 잘 통한다. 애초에 무논리 내지 비논리여서 그런지 합리나 상식은 먹혀들지 않는다.

이 말을 믿지 못한다면, #26 글에서 제시한 명제를 아래와 같이 조금만 바꿔서 생각해 보라.

"타워팰리스 주민의 20%는 가난하다."
"서울대학교 재학생의 20%는 멍청하다."
"20대 패션모델의 20%는 키가 작다."

이들 명제는 참인가, 거짓인가? 합리적 근거가 전혀 없더라도 '참'인 명제로 믿고 싶지 않은가?

그래서 비슷한 명제를 하나 더 내본다.

아시아 국가면서도 OECD에 가입했을 정도로 "부자나라"인 대한민국에 대한 문제이니 쉽게 맞출 것이라고 기대한다.

"대한민국 국민의 20%는 가난하다."

참인가, 거짓인가?

#28
국민 5명 중 1명은 가난한 나라?

"대한민국 국민의 20%는 가난하다."

참인가, 거짓인가?

#27 글 마지막에 제시했던 명제이다.

아마도 국민의 20%가 가난하다고 해도 많은 사람들은, 깊게 생각해볼 것도 없이 그럴 것으로 예상할 것이다. 누군가 그 정도는 가난해줘야 뭔가 현실에 부합할 것 같은 느낌도 든다. 실제로도, 국민의 17.4% 정도가, 보건복지부에서 국민기초생활보장법상 '빈곤층'으로 분류하는 "국민기초생활 수급권자"(이하 "기초수급자")와 '잠재적 빈곤층'으로 분류하는 "차상위계층"(이하 "차상위자")이며, 구체적으로는 9.0%가 기초수급자, 8.4%가 차상위자라고 한다.

이 정도 객관적 근거까지 제시됐으니 "대한민국 국민의 20%는 가난하다"는 명제는 어느 정도 '참'인 명제로 간주해도 무방할 것이다.

하지만 5,160만 국민의 17.4%면 900만명 정도 된다. 서울의 인구수가 950만명 정도이니 —정부 발표에 의하자면— 서울 인구만큼 많은 국민들이 가난한 거다. 대충 따져봐도 국민 5명 중 1명은 가난한 것으로 볼 수 있다.

만일, 북한의 김정은이 북한 주민들에게 "남조선 정부의 발표에 의하면 남조선 주민 중 900만명은 헐벗었다고 한다"라고 선전하는 것을 우리 국민들이 들었다면 어떻게 생각할까?

아마도 —기초수급자와 차상위자를 포함한— 어지간한 대한민국 국민들은 코웃음 치며, 불쾌하게 생각할 것이다. 하지만 이는 엄연히 정부의 공식 발표에 근거한 수치이고, 빈곤층인 기초수급자만도 460만명이나 된다. 부산광역시와 울산광역시를 합친 인구보다도 많다.

다수 국민들이 예상한 것보다 훨씬 많은 국민들이 가난에 신음하고 있고, 아시아 국가면서도 OECD까지 가입한 '부자나라'로 알고 있던 대한민국이, 실제로는 부의 양극화와 후진국형 빈곤에 신음하고 있을지도 모른다. 어쩌면 "이게 나라냐"는 말이 절로 나올 정도로 심각한 상황일 수도 있다.

그런데 정말 그럴까?

#29 가난의 국가기준, '기준 중위소득의 50%'

국민기초생활보장법에 '기준 중위소득'이란 개념이 있다.

> '기준 중위소득'이란 "국민 가구소득의 중위값"을 말하는데, 급여의 기준 등에 활용하기 위하여 중앙생활보장위원회의 심의.의결을 거쳐 보건복지부장관이 고시한다(법 제2조 제11호). 또한, 기준 중위소득은, 통계청이 공표하는 통계자료를 바탕으로 '가구 경상소득의 중간값'에 최근 가구소득 평균 증가율, 가구규모에 따른 소득수준의 차이 등을 반영하여 가구규모별로 산정하며, 가구규모별 소득수준 반영방법 등 필요한 사항은 중앙생활보장위원회에서 정한다(법 제6조의2). 여기서 '경상소득'이란 근로소득, 사업소득, 재산소득, 이전소득을 합산한 소득을 말한다(법 제6조의2 제1항).

즉, 통계청의 객관적인 통계자료를 바탕으로 경상소득을 정하되, 중앙생활보장위원회에서 현실을 반영하여 기준 중위소득을 산정하는 구조라고 할 수 있다.

그런데 "기준"이란 말에서 예상할 수 있듯이 '기준 중위소득'은 국민기초생활보장법상의 급여지급 대상자를 결정하는 기준이 된다.

실제로, 이 법은 '소득인정액이 대통령령으로 정하는 기준 이하인 계층', 즉 "차상위계층"을 결정할 때 '기준 중위소득의 50%'를 기준으로 삼고 있다(시행령 제3조). 예컨대, 기준 중위소득이 월 200만원이면, 소득인정액이 월 소득 100만원 이하인 사람은 차상위계층으로 결정된다.

그래서 이들 차상위계층 중 "각 급여별로 공표한 최저보장수준"에 미달하는 자를 이른바 "수급자"로 결정하는 구조이다.

참고로, 국민기초생활보장법상 '급여'에는 생계급여, 주거급여, 의료급여, 교육급여, 해산급여, 장제급여, 자활급여가 있고, 각 급여별 최저보장수준을 초과하더라도 차상위자의 가구별 생활여건을 고려하여 예산의 범위에서 차상위계층에게도 이들 급여를 실시할 수 있다(법 제7조).

그런 만큼, "기준 중위소득"은 사실상 우리나라 복지정책에서 가장 중요한 기준이라고 할 수 있고, —수급자 결정까지의 다단계 체계가 조금 어렵긴 하지만— "뭔지 몰라도" 우리나라 복지 제도들이 '인간다운 생활'을 국민에게 보장하기 위해 체계적이면서도 과학적으로 운영되고 있을 것처럼 보인다.

하지만 과연 그럴까? 이렇게 하면 경제적 위기에 빠진 국민을 찾아낼 수 있을까?

조금만 더 깊이 들여다보면 전혀 다른, 이상한 나라가 나타난다.

#30 가짜 중위소득으로 무엇을 숨기고 싶었을까?

"가처분소득"이란 말이 있다.

소득에서 세금, 사회보장부담금(국민연금, 건강보험료 등), 기부금 등을 제외한 '처분 가능 소득', 즉 "실제로 본인이 소비지출할 수 있는 소득"을 말한다.

그래서 한 사람의 생활수준을 파악할 때는, 세전소득과 같은 '명목소득'으로 파악하는 것이 아니라 실질소득인 '가처분소득'으로써 파악하게 된다. 참고로, 여기의 명목소득에는 근로소득과 같이 사적 영역에서 벌어들인 '시장소득'뿐만 아니라 정부보조금과 같은 '공적이전소득'까지 포함한다.

그러다 보니 가처분소득은 대개 다음 공식처럼 구해진다.

가처분소득 = 시장소득 + 공적이전소득 - 직접세(사회보장세 포함)

그런데 한 국가의 복지수준을 파악하기 위해서는 '중위소득', 즉 전 국민을 100명이라고 가정할 때 소득규모 순으로 50번째 사람의 소득을 정확히 파악해낼 필요가 있는데, 이때의 소득 역시 가처분소득으로써 파악한다. 표본이 100명 이상이면 무조건 중위값이 도출되기 때문에 도출 자체가 어렵지도 않다.

참고로, OECD에서도 국가 간 복지수준을 비교할 때 중위 가처분소득을 활용한다. 즉, 한 국가의 복지수준은 저소득층의 소득수준을 파악함으로써 알 수 있는 것이 아니라 각 나라 중산층의 소득수준을 파악하면 알 수 있고, ① 중산층의 시장소득 수준이 높고, ② 중산층에 대한 정부지원이 많으며, ③ 중산층의 조세부담이 적을수록 "복지수준이 높다"고 파악하고 있는 것이다.

또한, 국민총생산(GDP)이나 국민총소득(GNI)을 국민수로 나눈 1인당 GDP나 1인당 GNI로는 국민의 복지수준까지는 알 수 없기 때문에 각국의 중위소득을 파악하는 것이 중요한 것이다. 이때의 중위소득은 1인당 GDP나 1인당 GNI와 마찬가지로 개인 단위로 파악해야 정확한 비교가 가능하다.

그런데 국가 간의 복지수준을 비교하기 위한 수단인 '중위소득' 관념을, 우리나라는 '기준 중위소득'이란 관념으로 수정하여 복지행정의 기준값으로 활용하고 있다. 실제로, 보건복지부의 보도자료(2021.7.30.)에 의하면, 2022년 현재 기초생활보장제도를 비롯한 12개 부처 77개 복지사업의 수급자 선정기준 등으로 활용되고 있다고 한다.

그런데 '기준 중위소득'을 산출하기 위한 바탕이 되는 핵심 통계자료가 바로 "가계금융복지조사 통계원"이다.

"가계"라는 말에서 알 수 있듯이 개인별로 조사한 자료가 아니라 가구별로 조사한 자료이다. 가구별로 조사하다 보니 각 가구별 가구(구성)원 수에 차이가 있을 수밖에 없고, 가구간 소득수준을 적절히 비교하기 위해 통계청은, 가구소득을 가구원수의 제곱근으로 나누어 조정한 '가구균등화 소득'을 "가구중위소득"으로서 공표하고 있다.

이에 따라 2020년 현재 명목가구중위소득은 연 2,998만원이고, 실질가구중위소득은 연 2,844만원이라고 한다.*

간단하게 낼 수 있는 중위소득을 이렇게 어렵게 낼 수밖에 없는 것은, 우리나라 법체계가 개인보다는 '가구'와 '세대'에 맞춰져 있기 때문이겠지만, 가구 단위 중위소득으로는 가구별 복지수준이나, 개인별 복지수준을 알 길이 없다. 만일 가구별 복지수준이라도 제대로 파악하고자 했다면, 1인가구 중위소득, 2인가구 중위소득 등과 같이 가구원수별 중위소득을 각각 "있는 그대로" 제시하는 편이 보다 정확하다.

더욱이 통계청의 통계는 2020년의 통계이지만, 보건복지부(중앙생활보장위원회)의 기준 중위소득 발표는 2021년에 행해지고, 2021년의 기준 중위소득은 2022년에 반영된다. 통계조사 시기까지 감안할 때 시차가 이미 2년이 넘는다.

---

* https://www.index.go.kr/unify/idx-info.do?idxCd=4222 참조.

복지정책은 다른 어떤 사회정책보다도 적극적이고 선제적이어야 하는데, 부동산 가격 폭등, 코로나 위기, 러시아-우크라이나 전쟁 등의 내우외환이 겹친 요즘 같은 시기에는, 이런 "느린 복지정책"으로는 대응하기 어렵다.

무엇보다도, 명목가구중위소득과 실질가구중위소득 간의 금액 차이가 154만원에 불과하다. 월 단위로 환산하면, 12만 8천원 수준에 지나지 않는다. 즉, 월 250만원 월급을 받는 사람이 월 13만원도 되지 않는 세금과 국민연금, 건강보험료 등을 납부하고 있는 격이라고 볼 수 있다.

이걸 누가 믿겠는가?

#9 글에서 우리나라 물가통계가 "가짜 통계"라고 확인했던 것처럼, 우리나라 중위소득 통계 역시 "엉터리"라고 생각한다. 가구 단위의 통계 공표 형식부터가 이미 국민의 눈을 현혹하고 있고, 세금과 준조세를 제대로 반영하지 않은 가짜 통계로는, 복지정책은커녕 어떤 정책도 수립할 수 없을 것이다.

그간 우리나라를 경영해 왔던 사람들은 과연 무엇을 숨기고 싶었던 걸까? 가짜 통계도 잡아내지 못하는 통계청이 우리에게 왜 필요한 걸까?

#31

쓸 돈을 제대로 세고 있을까?

누군가의 생활수준을 파악할 때는 '실제로 소비지출할 수 있는 소득', 즉 "가처분소득"으로 파악해야 하는데, 우리나라 복지정책의 기준이 되는 "기준 중위소득" 산출과정에서 세금 등이 제대로 반영되지 않는 등, 정부에서 산출하는 중위 '가처분'소득이 실제로는 왜곡되어 있을 가능성에 대해 #30 글에서 다룬 바 있다.

그런데 기준 중위소득 산출과정에서 세금 등을 제대로 반영하지 않으면 기준 중위소득이 현실보다 높게 책정될 수밖에 없고, 기준이 높게 책정되면 국민 중 차상위계층의 범위가 그만큼 넓어질 수밖에 없다. 차상위계층의 범위가 왜곡되면 복지정책도 왜곡될 수밖에 없고, 복지재정은 엉뚱한 곳으로 새어 나갈 수밖에 없다.

경제선진국인 대한민국 국민의 17.4%가 차상위계층으로 분류되는 결과에 대해 회의할 수밖에 없는 이유이기도 하다. 더욱이 국민의 17.4%가 차상위계층으로 분류되다 보니 상대 빈곤율도 OECD 4위 수준이라고 한다.

그런데 더 이해하기 어려운 점은, —상대적 빈곤율이 높은 점뿐만 아니라— 중위소득을 과다 계상했음에도 불구하고 OECD 국가 사이에서 우리나라 중위수준 소득 수준 자체가 낮다는 점이다. 체코나 슬로베니아 같은 동유럽 국가 정도의 수준에 지나지 않는다. 즉, 최대한 부풀려 놨는데도 중위소득이 상대적으로 낮다는 것은, 우리나라의 중산층 복지수준이 다른 OECD 국가에 비해 그만큼 열악한 것을 의미한다.

그런데도 불구하고 한국은행은, 1인당 국민총소득(GNI)는 G7 국가인 이탈리아를 앞섰다고 작년 초에 발표했다.

이는 몇 가지 가능성을 제시한다.

국민들의 눈을 가리거나, 대외적으로 우리나라의 치부를 가리기 위해 의도적으로 현실을 왜곡하여 정부에서 발표했거나, 부의 편중 현상이 지나치거나, 지하경제로 은폐된 소득이 많을 가능성이 높을 수 있다.

특히, "반부패 연구자로서" 우리 경제의 불투명성에 대해 환기하지 않을 수 없고, 차상위계층으로 분류된 국민들 중 적지 않은 사람들은, 소득이 있는데도 이를 은폐하면서 차상위계층으로서의 복지혜택을 누리고 있을 가능성이 매우 높다고 생각한다.

대표적인 예가 바로 "황제노역"으로 상징되는 '명목상 무자력 자산가'들이다.

고급주택, 고급차, 명품으로 치장하고 대규모 사업을 벌이고 있는데도 막상 "외부에 드러나있는" 자기 소유 재산이나 소득이 거의 없거나, 명목상의 부채가 많다 보니 이들 중에는 기초수급자도 많다. 더욱이 윤리의식 자체를 기대할 수 없다 보니 받을 수 있는 복지혜택은 어떻게든 "알뜰하게" 받아내고 있을 가능성도 높고, 이들에게 새어나가는 복지재원만큼 국민들의 복지수준은 낮아질 수밖에 없는 것이다.

그런데 이런 부조리와 불합리가 횡행하는 나라라서 그런지 국민기초생활보장법에는, 다른 나라에서는 찾아보기 어려운, 매우 특이한 규정이 마련되어 있다.

바로 국민기초생활보장법 제6조의3에서 규정하는 "소득인정액 산정 등 소득평가" 제도이다.

#32 작은 차이가 핵심 빈곤층을 더욱 궁지로 몬다

국민기초생활보장법의 보장구조는 ① 기준 중위소득의 50% 이하 소득자를 '차상위계층'으로 결정한 뒤 ② 급여를 신청한 개별가구의 소득을 평가하여 ③ 그 소득수준이 미리 정해놓은 각각의 최저보장수준 이하인 경우 ④ 조건에 충족하는 급여를 지급하는 구조이다.

매우 합리적으로 보이는 논리구조이다.

다만 실제에 있어서는 ① OECD 가입국인 우리나라 중위소득의 50% 수준 이하 소득수준이라고 해서 무조건 절대적 빈곤 기준에 부합한다고 보기 어렵고, ② 세금 등의 과소반영으로 인해 기준 중위소득이 과다계상되어 차상위계층이 불필요하게 넓게 설정되었을 수 있으며, ③ 이른바 '명목적 무자력 자산가'와 같은 소득 은폐.누락자들이 기초수급자로 선정될 가능성이 적지 않다는 점은 이미 #31 글에서 설명하였다.

다만 복지재정의 낭비가 다소 있더라도 복지지원이 절실한 "핵심

(core) 빈곤층"에 대한 급여만 확실하다면, 이 정도의 재정 누수는 우리 사회가 감당할 수 있을 것이라고 생각한다.

그런데 문제는 개별 가구의 소득을 평가하는 '소득평가' 과정에서 발생한다.

#30 글에서 살펴본 바와 같이 누군가의 생활수준을 파악할 때는 '실제로 소비지출할 수 있는 소득', 즉 "가처분소득"을 파악하는 것이 매우 중요하다. 그리고 가처분소득은 대개 "시장소득 + 공적이전소득 – 직접세(사회보장세 포함)"의 공식에 따라 구해진다.

그런데 우리나라 국민기초생활보장법은 시장소득에 공적이전소득을 포함시키는 구조가 아니라 실제소득에서 공적이전소득을 제외시키는 구조이다(영 제5조의2). 즉, 장애인, 독립유공자, 직업재활사업 등의 다양한 사유로 지급받는 '공적이전소득'과 '시장소득'을 별개로 취급하게 되므로 '공적이전소득 대상자'는 '공적이전소득 대상자가 아닌 자'에 비해 소득이 현저히 과소평가되어 '상대적인 특혜'를 누리고 있는 것이다.

장애인 등을 두텁게 보호하고자 하는 취지에는 충분히 공감하지만, 국민기초생활보장제도는 국가 복지정책의 기준으로서의 역할을 수행하기 때문에 이 과정에서의 불필요한 특혜는 핵심 빈곤층을 찾는 데 장애요소가 될 수밖에 없다.

예컨대, —동일한 1인가구라는 전제에서— 근로소득 83만원과 장애인연금 38만원을 받는 A는 실제소득이 121만원이라 기준 중위소득

(2022년 1,827,831원)의 50% 수준을 초과하지만, 평가소득은 58.1만원(근로소득의 70%)이 되어 차상위계층으로도 인정되고 생활급여(2022년 583,444원) 대상자까지 된다. 반면, 근로소득 84만원만 받는 B는 평가소득 역시 58.8만원이 되어 차상위계층으로만 인정되고, 정작 절실한 생활급여 대상자에서는 배제되는 구조이다.

작은 차이로 보이지만, 이 구간에 속하는 사람들에게는 피눈물 나는 상황이 된다.

물론, 이렇게까지 할 수밖에 없는 이유도 잘 알고 있다. 근로소득은 매우 잘 드러나지만, 현금성 사업소득은 잘 드러나지 않기 때문에 이런 자들의 파렴치한 기초수급자 행세로부터 장애인 등 '이미 파악하고 있는 사회적 약자'들의 몫을 지켜내기 위한 불가피한 조치라는 점은 알고 있다. 하지만 장애인, 독립유공자 등은 객관적인 표지가 명확하여 찾아내기 쉽지만, 이런 특혜성 배려들이 오히려 "핵심 빈곤층"을 찾아내기 어렵게 만들어 핵심 빈곤층을 더욱 궁지로 몰아넣을 수 있다는 점도 성찰할 필요가 있다.

그런데 핵심 빈곤층을 더 좌절하게 하는 제도는 바로, 보유재산 가액을 소득으로 환산하여 실제소득에서 빼버리는 "소득인정액 산정" 제도라고 할 수 있다.

#33 생활급여 신청자는 잠재적 범죄자인가?

"핵심(core) 빈곤층"이 외부로 드러날 정도면 이미 국가 전반의 상황이 전쟁이나 재난 수준으로 심각한 상황일 수 있다. 대개의 핵심 빈곤층은 외부에 잘 드러나있지 않기 때문에 사회복지 제도를 제대로 설계하지 않으면 이들 핵심 빈곤층은 "아무도 모르게" 생활고에 시달리다 자살하거나, 굶어 죽게 된다.

우리나라도 마찬가지다. 2014년의 석촌동 세 모녀 자살사건, 2019년의 성북구 네 모녀 자살 사건과 탈북자 모자 아사 사건과 같이 복지 사각지대는 쉽게 사라지지 않고 있다.

그래서 한 나라의 복지정책이 성공하기 위해서는 핵심 빈곤층을 찾아내는 일이 중요하고, 이들 핵심 빈곤층이 중산층으로 나아갈 수 있는 "사다리"를 마련해주는 일이 중요하다.

특히 급여를 신청한 신청자들이 실제로 소비지출할 수 있는 '가처분소득'을 제대로 파악해야 복지지원의 우선순위를 판단하는 데 혼선이 생기지 않을 것이다. 응급실에 온 환자 중 암환자가 더 위급한 것이 아니라 다쳐서 출혈이 멈추지 않는 환자가 더 위급한 것과 같은 이치라고 할 수 있다. 각각의 대응법은 차별화되어야 한다.

그래서 실제소득에서 공적이전소득을 제외하는 방식의 '소득평가제도의 위험성'을 #32 글에서 지적한 것이다.

그런데 국민기초생활보장법은 소득평가의 일환으로 급여신청 가구의 재산, 즉 일반재산, 금융재산, 자동차 등의 재산가액을 소득으로 환산하는 '소득인정액 산정'까지 실시하고 있다. 이른바 '명목상 무자력 자산가'와 같이 실제 소득을 은폐·누락하여 '서류상의 극빈자' 행세를 하는 가짜들을 색출하기 위한 고육책이라고 할 수 있다.

하지만 이렇게 산정하는 방식은 '가처분소득'을 계산하는 방식이 아니다. 재산이 있으면 그것을 팔아서 소득으로 쓰라는 말과 다르지 않다.

물론, 소득인정액을 산정할 때에도, 기초생활의 유지에 필요하다고 보건복지부 장관이 정하여 고시한 '기본재산액'과 '부채'는 공제해준다고 한다. 무언가 합리성과 융통성이 반영되어 있는 것 같다.

하지만 실상을 들여다 보면 전혀 그렇지 않다.

'자동차의 재산가액 산정기준과 재산가액에서 차감하는 기본재산액 및 부채' 고시(2021.1.13.)에 의하면, 생계급여 신청 시 공제되는 기본재산액은 대도시 6,900만원, 중소도시 4,200만원, 농어촌 3,500만원에 불과하고, 부채 역시 고시에 설정한 요건을 "모두" 충족한 경우에 한하여 공제해 준다고 한다.

더욱이 여기의 대도시는 특별시, 광역시와 새로이 출범한 특례시(수원, 고양, 용인, 창원)를 말한다. 같은 신청자라도 용인이나 수원 살면 6,900만원을 공제해주는데, 성남이나 안산 살면 4,200만원밖에 공제해주지 않는다. 다만 어차피 도토리 키재기 수준일 뿐이고, 국민들이 가질 수 있는 재산은 이 정도에 지나지 않는다. 부채 인정도 예외적일 뿐이다.

하지만 집이건, 예금이건, 자동차건 급여신청자가 무언가 "드러난 재산"을 가지고 있으면 그 재산가액에서 기초공제액과 부채를 제외한 금액에, 보건복지부 장관이 정하여 고시한 소득환산율을 곱하여 소득으로 환산하게 된다.

그런데 그 소득환산율 역시 사악하다.

'국민기초생활 보장법상 재산의 소득환산율 고시'(2019.9.1.)에 의하면, 일반재산은 월 4.1%, 금융재산은 월 6.26%, 승용차는 월 100%로 소득환산율을 정하고 있다. 집을 가지고 있으면 무조건 월 4.1%의 임대소득이 생기고, 예금을 가지고 있으면 무조건 월 6.26%의 이자소득이 생긴다고 계산하고 있는 것이다. 또한, 승용차는, 장애인용 자동차를 제외하고는 무조건 사치품으로 취급하여 100%를 물린다.

물론, 주거용 주택은 가구별 1호(수급권자가 거주할 경우에 한함)에 한하여 소득환산율을 우대하여 월 1.0%로 산정해주지만, 소득환산율 자체를 면제해주지는 않는다. 물론 임대보증금까지 일반재산으로 보아 “악착같이” 소득으로 환산한다. 경기도 외곽에서 서울까지 고된 원격지 출근을 하더라도 경전철역까지라도 가기 위한 자동차는 그대로 소득이 된다.

지난 몇 년간 초저금리 시대를 겪으면서도 이런 “고리대 같은” 황당한 계산법이 횡행했고, 주민센터 직원과 급여신청자 간의 숨바꼭질 내지는 실랑이가 이어질 수밖에 없었다.

급여신청자의 입장에서는 주민센터 직원이 요구하는 서류를 완비하기 위해 여러 기관을 뺑뺑이 돌 수밖에 없고, 각 기관에 집어넣을 서류를 떼기 위한 수수료나 교통비 충당하느라 허리가 굽을 지경이다. 각각의 기관들이 코 앞에 있는 것도 아니고, 서류 발급이 인터넷이나 팩스로 처리되는 것이 아니라 직접 방문하여 본인 확인해야 발급해주는 것들이 적지 않다.

당장 먹고 살기 바쁜 사람들에게 왜 이런 시련까지 더해줘야 하는가?

심지어 복지현장에서 만나는 이른바 ‘담당자’들은 급여신청자들을 “잠재적 범죄자” 취급하며 갑질하거나, 급여신청자들에게 “사적으로 연락”하며 괴롭히는 경우도 적지 않다. 담당자 중에는 공무원이나 정규직원만 있는 것이 아니라 임시 계약직원이나 사회복무요원 등도 적지 않고, 이른바 ‘N번방 사건’과 같이 담당자들이 개인정보나 민감정보를 남용 또는 유출하여 또 다른 피해를 양산하는 경우도 적지 않다.

국민기초생활보장법이란, 은폐하거나 누락시킨 소득을 찾아내기 위한 법이 아니라 최소한의 기초생활이라도 반드시 보장되어야 할 "핵심 빈곤층"을 찾아내기 위한 법이다.

꼭 이렇게 제도를 설계해야만 했을까?

믿기 어렵겠지만, 이제껏 논의해 왔던 '기준 중위소득', '최저보장수준'이나 '소득인정액 산정' 규정이 정부입법이나 의원입법에서 도입된 것이 아니다. 박근혜 정부 당시인 2014년 12월에 국회 보건복지복지위원회에서 제안한 대안(의안번호 1912929)에 포함된 내용이지만, 대안의 원안인 유재중안(새누리당)이나 오제세안(더불어민주당)에는 없는 내용이다. 참고로, 이 대안의 명목상 제안자인 당시의 보건복지위원장은 김춘진 의원(더불어민주당)이었다.

어쩌면 지금 논의되는 이른바 '검수완박법'처럼 "충분한 숙의 없이" 국회 상임위원회에서 느닷없이 편입된 내용일 수 있다. 하지만 국민기초생활보장법은 그 이름과 달리, 장애인과 같은 '드러나 있는 사회적 약자'를 지원하기 위한 생색용 법률이 되었고, '드러나지 않은 핵심 빈곤층'은 쫓아내는 제도일 뿐만 아니라 이들이 '중산층으로 나아가기 위한 사다리'까지 걷어차고 있다고 생각한다.

무엇보다도, 최근 코로나 사태로 인해 소득 자체가 단절되거나 급감했지만, 부동산가격 급등에 따른 거래동결 및 전월세 폭등 사태까지 겪게 된 "드러나지 않은 빈곤층"들은 자살(自殺)과 아사(餓死) 사이에서 일생일대의 생사 위기를 마주하고 있을 것이다.

무엇이 중한가?

이런 제도면, 강남의 그늘에서 죽음을 선택한 석촌동 세 모녀가 살아남을 수 있었을까?

잠시라도 굶주려 봤다면, 아니 그 1%만이라도 공감한다면 어찌 이럴 수 있나?

#34 디테일에서 무너진 기초복지시스템

'기준 중위소득', '최저보장수준', '소득인정액 산정' 등의 제도가 2014년 12월에 갑자기 국회 보건복지위원회에서 제안되었다고 해서 딱히 놀랄 일도 아니다. 국민기초생활보장법이 제정된 것은 김대중 정부 당시인 1999년 9월이었고, 이때부터 이미 급여신청자에 대한 '소득평가'와 '재산의 소득환산'이 행해졌었기 때문이다. 물론, 이때도 보건복지위원회 대안(의안번호 152053)으로서 제정안이 성안되었었다.

다만 당시 구상했던 보장구조는 지금과 달랐다.

IMF 사태라는 국가적인 경제위기에 직면한 저소득 국민, 영세 도시빈민, 실업자 등을 긴급 지원하기 위하여 인구학적인 상대적 생활보장 기준을 철폐함으로써 "소득인정액이 최저생계비 이하인 국민 누구나" 국가로부터 지원을 받을 수 있도록 했고, 빈곤의 장기화를 방지하기 위하여 빈곤가구별로 "자활지원" 계획을 수립하고 이에 맞는 자활급여를 실시하고자 했던 것이었다.

또한, '최저생계비'를 "국민이 건강하고 문화적인 생활을 유지하기 위하여 소요되는 최소한의 비용"으로 정의하였고(제정법 제2조 제6호), 보건복지부에 두는 중앙생활보장위원회에서 최저생계비를 결정하도록 하였다(제정법 제20조 제2항 제4호). '차상위계층'이란 의미도 실제소득이 최저생계비의 100분의 120 미만인 자 정도의 의미로 이해했고(제정령 제36조), 근로유인을 위하여 소득평가액 산정에 있어 '근로를 유인하기 위한 요소'를 반영하도록 하였다(제정법 제2조 제8호).

구상은 좋았다. 하지만 디테일에서 무너졌다.

#33 글에서 확인한 바와 같이 소득을 평가한다면서 재산까지 소득으로 환산하여 평가하는 악수를 둠에 따라(제정법 제2조 제9호) "실제가처분소득"을 파악할 수 없었던 것이다. 더욱이 재산가액을, 공시가격 수준도 아닌 "시가"로 산정하는 악수까지 두었고(제정규칙 제3조 제3항), 법률의 근거 없이 실제소득에서 공적이전소득을 차감하는 악수도 두었다(제정규칙 제2조).

남아있지도 않은 돈을, 남아있다고 우기는 것과 다르지 않은 것이고, 최저생계비 지원을 받으려면 집부터 팔라는 말과 다르지 않은 것이다.

이 말을 빈곤층의 입장에서 바꿔보면, 정부의 지원을 받아 입에 풀칠이라도 하려면 길바닥에 나와앉으란 말과 다르지 않은 것이다. 가족들의 애환이 담긴 집을 팔고 나면, 그 돈으로 갈 곳 없어 정든 동네를 떠나 낯선 동네를 떠돌아야 하는 만큼 쉽게 결정할 수 있는 일도 아니고, 주택을 거래하는 자체가 평범한 소시민들에게는 매우 두려운 일이다.

그런데도 위정자들은, 이런 모질고 잔인한 상황을 알지 못한다. 애초에 공감하지 않으려 한다. 그러니 유사한 악수를 15년 뒤에 다시 반복할 수밖에 없었던 것이라고 생각한다.

물론, 이른바 '명목상 무자력 자산가'들이, 또는 파렴치한 일부 중산층들이, 빈곤층에 돌아가야 할 최저생계비를 자신이 타 먹겠다고 소득과 재산을 은폐하는 일을 미연에 방지하는 조치가 필요할 수 있다. 형사정책가로서 이 점에 대해서도 충분히 공감하고 있고, 이들에게 분노한다.

하지만 자격이 되지 않는 자들이 어떻게든 자격을 만들어보겠다고 덤벼드는 걸 정부 차원에서 막아낼 방도가 없다. 하물며 이른바 '보장기관'인 주민센터 직원 수준으로는 막아낼 재간이 없고, 더욱이 주민센터의 실제 업무는 한시임기제 공무원, 계약직원, 사회복무요원 등 책임 없는 사람들에게 떠넘겨져 있다. 즉, 막을 수 있는 사람이 현장에 없다.

사실, 기초수급자가 되려면 복잡하게 소득환산하고 있을 이유가 없고, '부채 신고' 몇 방이면 끝난다.

법원에 의해 부채확인을 받는 방법은 너무나도 쉽고, 법인 등 제3자를 가공해내는 일도 너무나도 쉽다. 빚이 몇십억, 몇백억 원이라면서도 기사 딸린 고급차에, 고급 주택에서 배우자 아닌 배우자와 "남의 이름으로" 행복하게 살아가는 지역유지들을, 주변에서 너무나도 흔하게 본다. 대형병원에서 근무하는 분들은 매우 잘 알겠지만, 이런 분들은 건강보험 기초수급자라 병원비도 안 낸다. 특히 국회의원 등 선출직으로 일하다 선거비 다 털리고 낙선한 분들 중에서 이런 분들을 종종 본다.

막아낼 수 없다. 적어도 현 시스템으로는 막아낼 수 없다.

그런데도 이런 방식을 계속 고집한다면 "겉으로 드러나지 않은" 핵심(core) 빈곤층을 복지현장에서 쫓아낼 뿐이고, 이들을 자살과 아사의 경계로 밀어넣을 뿐이다.

가난해 본 사람은 안다. 끊임없이 남은 돈을 세게 되고, 희망과 허탈, 그리고 절망을 넘나든다. 그런데 기초생활을 보장하기 위한 소득평가 제도라는 것이, 이들에게 희망마저 뺏는 결과로 이어질 뿐만 아니라 소득평가 기준에 자신의 삶을 맞추게 되면 빈곤이 고착화될 뿐이다. 기초수급자가 정부의 지원을 끊고 중산층으로 나아가기 위해서는 이제 "정부지원 신청을 끊을 용기"가 필요할 정도이다.

즉, 이런 제도로는 핵심 빈곤층을 찾아낼 수도 없고, 찾아낸다 한들 이들을 안정적인 중산층으로 이끌 수 없다.

정말 다른 방법은 없을까?

#35

남은 돈이라도 제대로 셀 수 있을까?

이제라도 "남은 돈"을 제대로 세어보자.

"돈"을 제대로 세기 위해서는 '지금 세고 있는 돈의 가치'를 제대로 알아야 하고, 이를 위해서는 "시간의 경과에 따른 화폐가치의 변화"부터 이해해야 한다.

#1 글부터 #5 글에서 다뤘던 내용이니 성가시더라도 다시 읽어보라. 10년 단위로 화폐가치가 반토막 난다고 셈하는, 황당한 내 어림짐작보다도 부동산 가액이 몇 배로 더 뛰어오른 점도 상기하자.

이제 '시간의 경과에 따라 변화된 화폐가치'에 대해 충분히 이해했는가?

그렇다면 다음 문제도 풀어보라.

IMF 경제위기를 겪고난 지 5년 후인 2002년 당시 국내 기업들의 대졸 초임 평균연봉은 2,200만원 정도였고, 금융권의 경우 2,800만원 정도였다고 한다. 20년 후인 2022년 현재에도 2002년 당시와 동일한 수준으로 대졸 신입사원의 연봉을 책정하고자 한다면, 얼마로 정해야 적정한가?

#36
부자나라의 이상한 급여기준들

질문보다도, 대졸 신입사원 평균 연봉이 20년 전인 2002년에 이미 2,200만원 수준이었다는 #35 글의 전제에 다들 깜짝 놀랐을 거다. 이 전제는 대기업뿐만 아니라 중소기업까지 합한 평균값이고, IMF의 그늘이 아직 걷히지 않은 불황기의 임금 수준이었다.

만일 20년이 지난 2022년에도 대졸 신입사원에게 동일한 수준의 대우를 해주고자 한다면 아마도 연 9,000만원 내외의 수준이 적정할 것이고, 금융권의 경우 초임부터 억대 연봉이 당연할 것이다.

그런데 지금 우리나라의 현실이 정말 그런가?

20년이 지났지만, 고용노동부 발표에 의하면 2021년 대졸 신입사원의 평균 연봉은 2002년과 비교해서 고작 60% 정도 증액된 3,500만원 수준에 불과하다. 대기업 평균 연봉은 5,300만원 수준으로 전체 평균보다 격차가 크지만, 20년 전과 비교할 때 기대 수준의 절반 정도에 지나지 않는다.

뿐만 아니라 2022년 최저임금인 시간당 9,160원을 연봉(주 40시간 기준)으로 환산해 봐도 연 1,900만원 수준에 불과하다. 더욱이 이는 전일제 고용의 경우에 한정한 가정일 뿐이고, 고용 형태도 다양해진 요즘은 매일 2~3시간만 근로하는 시간선택제 근로자도 적지 않다. #32 글에서 예시한 생활급여 수준 정도의 월소득밖에 벌지 못하는 근로자도 적지 않다.

극단적인 가정이 아니라 잔인한 현실이다.

실제로 내 지인 중에서도 20년 전인 2002년 대졸 신입사원의 평균 연봉 수준도 벌지 못하는 지인들이 적지 않다. 이런 상황이지만, 설립한 지 몇 년 되지도 않는 가상화폐 거래소 직원의 평균 연봉이 4억원에 육박한다는 뉴스까지 들려 한편으로는 씁쓸하다.

사실, 카카오의 직원 평균 연봉이 작년(2021년)에 이미 1억 7천만원을 넘어섰고, 공사를 불문하고 직원 평균 연봉이 억대를 넘어선 기업들이 생각보다 많아졌다. 1997년 IMF 이전부터 대기업과 벤처기업에서 억대 연봉자들이 속출했을 정도니 이들을 고액 연봉자라고 함부로 단정할 수 없고, 20년 전인 2002년과 비교할 때 지극히 정상적인 변화라고 생각한다.

즉, 직원 평균 연봉이 아직도 억대에 미치지 못하는 직장들이 이상한 것이고, OECD 내에서도 부자나라로 손꼽히는 대한민국이 아직도 저렇게 낮은 최저임금 기준을 유지하고 있는 것이 이상한 것이다.

참고로, 최저임금을 월급으로 환산해 보면 1,914,440원(월 209시간 기준)이 된다. 1인가구 583,444원, 4인가구 1,536,323원이라는 2022년 생계급여 기준이 실제로 어느 정도 수준인지도 대충 짐작될 것이다.

그리고 전체 국민의 4.5% 정도인 230만명 정도가 생계급여 수급자이다. 대구광역시 인구 정도 된다.

내가 살고 있는 이 나라가 정말 부자나라이고, 내가 살고 있는 이 시대가 진짜 2022년일까?

#37 비정상적으로 낮은 생활수준과 소득수준

'억대 연봉'이 대단한 것 같아도 #36 글에서 보듯이 20년 전인 2002년 당시의 대졸 신입사원 평균 연봉 수준과 크게 다르지 않다. 억대 연봉이 아직도 고소득인 것처럼 보이는 것은, 우리나라 화폐 단위가 워낙 크다 보니 생긴 착시일 수 있다.

하지만 최저임금의 경우 월급으로 환산하더라도 1,914,440원(월 209시간 기준) 정도에 불과하고, —실제로는 얼마가 지급되는지는 몰라도— 생계급여 기준은 1인가구 583,444원, 4인가구 1,536,323원 수준에 불과하다. 그리고 무려 대구광역시 인구 정도 되는 230만명(전체 국민의 4.5%) 정도가 생계급여 수급자인데도 생계급여 신청에서 탈락한 빈곤층이 여전히 수두룩하다고 한다.

무언가 많이 이상한 상황인 거다. 계층 간에 소득격차가 너무 큰 것도 이상하고, 기초수급자가 이렇게 많은데도 아무런 지원도 받지 못하는 빈곤층이 여전히 많은 것도 이상하다.

그런데 이와 관련하여 세계 23위인 우리나라의 1인당 국내총생산(GDP) 수준이 31,637달러, 즉 연 4,018만원(1달러=1,270원 기준) 수준인 점을 감안하면, 억대 연봉이 실제로도 매우 높은 수준의 임금이라는 반론도 있을 수 있다. 1인당 GDP가 연 4,000만원 수준이라면 연 2,000만원에 조금 못 미치는 최저임금 수준이 오히려 과다하게 책정된 것으로 보일 수도 있다.

즉, 주택가격의 폭등에도 불구하고 지난 20년 간 물가 상승 수준이 내가 어림짐작한 수준에 한참 못 미쳤을 수 있다.

그럴 수 있다.

1인당 GDP라는 공인된 수치를 근거로 한 이런 가정이 훨씬 설득력도 있다. 실제로도 우리 사회에서 '억대 연봉'이 넘사벽의 영역에 속하는 것도 맞다.

하지만 만 15세 이상의 경제활동인구가 전체 인구의 55% 정도인 2,862만명 수준에 불과하고, 실업률이 3.4%인 점을 감안한다면, 1인당 GDP가 4,018만원 수준일 경우 취업자의 평균 연봉도 8,000만원을 훨씬 넘어서야 정상적인 임금수준이라고 볼 수 있다.

즉, 20년 전 과거의 임금수준과 비교하건, 현재의 1인당 국내총생산(GDP)과 비교하건 간에 "억대 연봉자는 사실상 '평균소득자' 수준에 지나지 않는다"는 결론은 크게 다르지 않았다.

그래서 평균소득자 수준에 불과한 억대 연봉자를 고액연봉자 취급하는, 이른바 '갈라치기'도 경계하지만, —맞벌이를 하지 않는 한— 중산층 대부분이 억대 연봉과 거리가 먼 "중산층의 빈약한 현실"도 환기하고자 한다.

#30 글에서도 설명했지만, OECD에서는 각국의 중위소득 수준을 통해서 각국의 복지수준을 파악한다. 이 말은 현대국가의 복지수준을 가늠함에 있어, 저소득자의 생활수준뿐만 아니라 중산층의 소득수준도 매우 중요함을 의미한다.

그런데도 우리나라는 저소득자의 생활수준과 중산층의 소득수준 모두 비정상적으로 낮다. 더욱이 세금과 사회보장부담금까지 제대로 감액하면 중산층의 소득수준은 훨씬 더 낮아질 수 있다.

어디서부터 잘못된 걸까?

역대 정부들이 주장해온 것처럼 복지예산 또는 복지재정이 너무 작아서일까? 아니면, 빈곤층 행세를 하는 가짜들이 정부를 속이는 걸까?

무엇이 레알 현실일까?

#38

복지에 실마리가 있다

30년 전 1만원의 현재 가치로 시작했던 이야기가 양도소득세의 부당성, 물가통계의 허구성, 국민연금기금의 위기상황, 개인과세와 법인과세의 불공정성, 공공 주도 주택공급의 투기성, 인간다운 삶의 공허성 등 다양한 담론들을 거쳐 기초생활보장 문제까지 이어지고 있다. 부동산가격 폭등에 대응한 부동산정책을 이야기한다면서 #20 글부터는 아예 사회복지 문제를 주로 다루고 있다.

뜬금없게 보일 것은 안다.

하지만 부동산정책에서 가장 중요한 것은 주택공급대책도, 부동산조세대책도, 부동산금융대책도, 부동산형사정책도 아니다. 그런 말단적인 사항에 집중하게 되면 말단적인 문제만 해결할 수 있다고 생각한다.

가장 중요한 무언가는 부동산정책의 대상이 되는 "사람들의 삶"에서 찾을 수 있다. 현대 사회정책의 중심에도 복지정책이 있고, 나 역시 "사람들의 삶"에서 답을 찾고자 한다.

이를 위한 끊임없는 물음을 통해 나는 "OECD 선진국이라는 우리나라에서 '저소득자의 생활수준'과 '중산층의 소득수준'이 여전히 낮다"는, 받아들이기 어려운 현실을 마주하게 되었다.

그렇다면 그간 대한민국에서 창출한 부와 자본은 누구에게, 또는 어디에 있는가? 만일 그것이 극소수의 국민 또는 기업에게 집중되어 있다면, 이를 빼앗아 다수 국민끼리 공평하게 나누면 해결될까?

나쁜 짓 해서 부자가 된 것이 아닌 부자들을 도적질해서 그 장물과 전리품을 공평하게 나누는 것을, "복지"라고 말해도 될까? 그런데 부자라는 이유만으로 약탈의 대상이 되는 나라에서 누가 부자가 되고 싶을까?

더 나아가, 어느 정도 가진 것을 부자라고 할 수 있는가? 삼시세끼 먹으며 집 한 채 가지고 있으면 이들도 부자 아닌가? 무엇이라도 가진 다수 국민에게 '가진 자'라는 낙인을 찍고, 이들을 약탈해서 극소수의 가난한 국민에게 나누는 것을, "복지"라고 말해도 될까?

심지어, '가진 자'와 '가지지 않은 자'는 어떻게 가려낼 수 있는가? 국민기초생활보장법으로 했던 것처럼 조사하면 다 나오던가?

풀리지 않는 질문들 속으로 다시 빠져든다.

무엇이 옳고, 무엇이 그른가? 아니, 지금 우리는 무엇부터 해야 하는가?

#39
선진국형 복지정책과 후진국형 복지정책의 차이

내가 생각하는 "복지"는 이렇다.

누구도 자신의 인생을 대신 살아줄 수 없다. 그렇다면 스스로가 자신의 인생을 책임지고 이끌어가는 게 가장 중요하다. 이것을 "자활" 또는 "자립"이라고 하자.

하지만 누구나 온전히 자신의 인생을 혼자 감당하기란 쉽지 않다. 가족의 도움이 필요할 수도 있고, 이웃의 도움이 필요할 수도 있다. 이것을 "공조" 또는 "공생"이라고 하자.

그런데 누구에게나 가족 또는 이웃의 도움이 닿을 수 있는 것이 아니다. 이럴 때 공공 또는 국가가 버팀목이 되어줄 필요가 있다. 이것은 아직 적당한 이름을 찾지 못했다.

즉, "스스로"를 중심에 놓고, 가족, 이웃, 공공, 국가로써 공고한 "복지의 둥지"를 둘러쌓는 것이다. 이 둥지에서 "자립적 인간"을 길러

내고, 스스로의 삶을 감당하게 된 사람이 다시 다른 사람의 둥지가 되어주는 선순환 구조를 만들어내는 것이다.

그런데 여기서 주의할 점이 있다.

후진국의 경우 국가와 국민 모두가 가난하기 때문에 가난한 국민 모두를 도와주기 어렵지만, 선진국의 경우 가난한 국민이 일부 있을 수 있어도 국가는 넉넉하기 때문에 '가난한 국민'뿐만 아니라 '도움이 필요한 국민 모두'에게 필요한 도움을 줄 수 있다. 그런 만큼, '선진국형 복지정책'과 '후진국형 복지정책'은 애초에 관점 자체가 다를 수밖에 없다고 생각한다.

무엇보다도, 선진국의 경우 가난한 계층 자체가 많지 않기 때문에 중산층을 강력하게 보호하고, 중산층의 저변을 넓혀가는 쪽에 복지정책의 중심을 두고 있다고 생각한다. OECD에서 국가별 복지수준을 비교할 때 '중위소득'에 주목하는 것도 이러한 이유 때문이라고 생각한다.

그럼, OECD 선진국인 대한민국의 복지 제도는 어떠할까?

사회복지 분야의 전문가가 아니기 때문에 정확히는 알지 못한다. 다만 국민기초생활보장 제도의 경우 급여를 신청한 국민의 소득과 재산 상태를 평가하여 기준에 부합한 "일부 국민"에 대해서만 기초생활을 보장하고, 수급권자로 선정되지 못한 국민은 급여를 신청했더라도 필요한 지원을 받지 못하는 구조라고 생각한다.

국민의 4.5%가 260만명 정도가 기초수급자라는 것을 보면 복지정책의 직접적 수혜자가 매우 많은 것이 분명한데도 무언가 "그들만의 성벽"이 둘러쳐져 있다는 인상을 지울 수 없고, 그 성 안에 누가 있는지 궁금할 정도이다. 무엇보다도, #20 글부터 다룬 내용들을 돌이켜 볼 때 대한민국이 OECD 선진국이라면서도 그 복지정책은 "넉넉함" 또는 "베품"과는 매우 거리가 있어 보인다.

즉, 어떻게 봐도 우리나라의 국민기초생활보장 제도는 후진국형 복지정책이라는 인상을 지울 수 없다. 더욱이 우리나라 자체가 아직 후진국인지 의심될 정도로 기초수급자가 많기도 하다.

그런데 우리나라가 후진국형 복지정책을 답습하고 있다는 사실은, 우리나라 복지정책의 역사에서도 확인할 수 있다.

사실, 우리나라에 기초생활보장 제도가 최초로 도입된 것은, 아이러니하게도 태평양전쟁 말기의 조선총독부가 1944년 3월에 제정한 '조선구호령'이었다.

조선구호령에 의하면, 빈곤으로 인해 생활이 불가능한 자를 부윤 또는 읍면장이 일단 구호하도록 하고(제3조), 구호대상자의 부양의무자가 부양할 수 있는 때에도 급박한 사정이 있다면 구호하도록 하였다(제2조 단서). 그런 연후에 여러 사정을 고려하여 시설 등에 수용 위탁하거나(제13조), 작업을 부과할 수도 있고(제15조), 구호를 위한 경비도 구호대상자의 자력 등 여러 사정을 사후에 판단하여 부읍면, 도, 조선총독 등이 분담하거나, 구호를 받은 자 또는 부양의무자로부터

징수하도록 하는 구조이다. 심지어 구호를 받은 자에게 자력이 생긴 경우에 사후 상환하도록 하는 규정도 있다.

일본제국주의에 대한 선입견을 거두고 보면, 현행 제도보다 합리적인 부분이 적지 않다. 하지만 기본적으로 조선인에 대한 무상 지원 대책이 아니라 "선 지원, 후 구상"의 유상 지원 대책이라는 한계는 있었다.

그런데 우리나라에서 우리만의 복지정책을 최초로 법제화한 법률 역시 "아이러니하게도" 1961년 12월에 국가재건최고회의에서 제정한 "생활보호법"이었다.

이 당시에도 연령 65세 이상 노쇠자, 연령 18세 미만 아동, 임산부, 장애로 인해 근로능력이 없는 자, 보호기관에서 보호필요성을 인정하는 자 등 '보호대상자 자격요건'에 해당하는 이상(제3조 제1항), '임시 급박한 사유'만 있으면 보호를 개시했다. 부양의무자가 일시부양하지 못할 경우에도 일단 보호했다. 요보호자의 실태를 시장·군수 등이 사후에 조사하기는 했지만(제17조), 요보호자 등의 보호신청이 있거나, 조사결과 요보호자가 발견된 경우에는 시장 등이 "지체없이" 보호 여부를 결정하도록 하였다(제21조).

이 역시 군사쿠테타 정부에 대한 선입견을 버리고 보면, 현행 제도보다 합리적인 부분이 적지 않다. 심지어 헌법상 '인간다운 생활을 할 권리' 역시 —의회가 아닌— 국가재건최고회의에서 헌법에 도입한 것이었다. 하지만 다른 법령에 따른 보호를 받고 있는 경우 생활보호 대상에서 배제했다는 점에서(제3조 제3항) 역시 근본적인 한계를 가지고 있다.

국가 자체가 워낙 가난할 때였기 때문에 저 정도 해줄 수 있는 것 자체가 당시에는 쉽지 않았을 것이다.

그래서 김대중 정부 당시인 1999년에 생활보호법을 폐지하고 국민기본생활보장법을 제정하면서 '빈곤층 줄세우기'처럼 제도가 변질된 점이 아쉬울 수밖에 없다. 왜냐하면 김대중 정부 초기인 1997년 8월에는, 다른 법령에 따른 보호를 받고 있는 경우에도 생활보호 대상에 포함시키는 등 보호가 필요한 국민들이 모두 보호받을 수 있도록 생활보호법을 개정했었기 때문이다.

하지만 1997년 11월에 IMF 외환 위기에 직면하면서 복지재원이 고갈된 김대중 정부로서는, 불가피하게 '모든 국민'을 대상으로 한 무차별적 복지정책이 아니라 '일부 극빈층에 한정한' 후진국형 복지정책으로 전환할 수밖에 없었을 것으로 생각한다.

그런 만큼 국민기초생활보장법은 '진보'가 아니라 '불가피한 반동'이었는데도 IMF를 극복한 이후의 정부들조차 이런 후진국형 복지정책을 당연하게 받아들인 부분은 이해하기 어렵다고 할 수 있다. 특히 더불어민주당이 국회 보건복지위원회를 맡았던 2014년에도, 부동산 가격 폭등으로 인한 흑자재정을 누렸던 현 정부에서도 이를 시정하지 않은 점은 매우 이해하기 어렵다.

장담컨대, 기초수급자의 성벽 안은 '가난한 빈곤층'이 아니라 다른 법률에 의해 이미 상당한 보호를 받고 있는 '가난하지 않은 특권층'들이 차지하고 있을 것이다.

'가난'이 복지의 절대 기준은 아니겠지만, 공감하는 부분이 조금이라도 있다면 이런 부조리들부터 정상화시켜 달라. 당신들이 팔자 좋게 다투고 있을 동안, 지금도 죽음을 고민하는, 아니 삶을 갈망하는 이들이 우리 곁에 가까이 있다.

#40 지금은 한국전쟁 직후의 1950년대가 아니다

우선 "숲"부터 보자.

그간 우리나라 복지정책은 '저소득자' 복지정책에 무게중심을 두고 있었다.

반드시 필요하고, 매우 중요한 일이다.

저소득자의 관점에서는 매우 긴급한 일이기도 하다.

하지만 지금은 한국전쟁 직후 헐벗은 시절이 아니다. "라떼는 말야"라는 유행어로 상징되는 '보릿고개'를 50대인 나조차 겪어본 적이 없다. 굶주린 때는 있었어도 보릿고개 때문은 아니었고, 70년 전 보릿고개를 전제로 지금의 대한민국을 판단할 수 없다. 도시빈민은 몰라도 농촌 빈민은 찾아보기 힘든 시대가 어느새 되었다.

그래서 1950년대의 보편적 빈곤 상태를 전제로 설계했던 국가 복지정책의 "틀"을, 이제는 현재와 미래의 대한민국에 들어맞는 방향으로 바꿨으면 한다.

'소득'은 긴급 생활자금 지원이 필요한 요보호자에 대한 지원기준 중 하나에 지나지 않는다. 저마다 아프고 힘든 부분이 달라 국민 개개인마다 도움이 필요한 사항 역시 "서로 다른" 만큼, 모든 국민이 국가로부터 차별 없이 공평하게 필요한 도움을 받을 수 있도록 복지정책의 기본 방향을 전환했으면 한다.

다시 말하지만, 저소득자 복지정책은 반드시 필요하고, 매우 중요하다. 또한, 저소득자에게는 매우 긴급한 일이기도 하다.

하지만 소득과 재산이 투명하게 공개되지 않는 우리 사회에서 저소득자를 가려내는 일은 매우 어려운 일이고, "드러난 재산상황"만으로 저소득자를 판별하다 보니 정작 도움이 필요한 저소득자를 찾아내기도 매우 어려운 상황이 되어버렸다.

즉, 수혜자가 매우 많은데도 불구하고 '저소득자 중심 복지정책'은 성공하지 못했다고 생각한다. 오히려 서류상의 저소득자와 사기꾼들만 늘렸다고 생각한다.

그래서 나는 중위소득을 기준으로 일정한 범위 내에 속하는 국민을 "중산층"이라고 정의하고, 중산층을 늘려 중산층을 두텁게 형성해가는 "중산층 지향적 복지정책"으로 국가 복지정책의 방향을 전환할 것을 제안한다.

이것이 내가 생각하는 "숲"이다.

사회적 합의가 필요한 사항이고, 아직은 나만의 생각에 지나지 않는다. 사회복지 분야에서 잔뼈가 굵은 활동가들의 눈에는, 이른바 '유산자 계급' 또는 '가진 자'를 지향하는 이런 관점과 생각이 불편할 수도 있다는 점도 알고 있다.

다만 부동산 가격 급등 등 물가 상승, 코로나 팬데믹 등으로 인해 곧 들이닥칠지 모를 경제위기에서 우리를 지켜내기 위해서는 경제정책 못지않게 복지정책이 중요하다는 생각이 바탕에 깔려있기 때문에 계속 국민들을 설득해 보고자 한다. 우리 사회의 건강한 미래를 위해서도, 대한민국을 중심으로 세계질서를 재편하기 위해서라도 이 관점은 중요하다.

이제는 "나무"를 말한다.

#41 재산상황 조사는 상담의 보조수단일 뿐이다

이제 나무들을 찬찬히 살펴보자.

"저소득자 중심 복지정책"에서는 복지재원을 마련하는 '모금'과 재화 또는 서비스를 복지수요자에게 나누는 '활동'이 정책의 중심에 설 수밖에 없다. "중산층 지향적 복지정책"을 실시하더라도 '모금'과 '활동'은 여전히 중요할 것이라고 생각한다.

다만 "중산층 지향적 복지정책"은 사람마다 다른, 매우 다양한 복지수요를 전제로 하고 있기 때문에 '도움이 필요한 사람', 즉 복지 또는 보호 신청자에게 필요한 도움을 주는 것이 가장 중요하고, 그런 만큼 신청자를 "상담"하는 과정이 가장 중요하다고 생각한다.

즉, 신청자가 하는 말을 귀기울여 들어주고, 이를 통해 신청자의 상황을 공감해주는 동시에, 신청자에게 필요한 도움을 알아내어 필요한 도움을 받을 수 있는 방법과 절차를 알려주고, 그러한 도움을 바탕으로 그가 해야 할 일을 설계해주는 과정이 바로 "상담"의 과정이라고 생각하기 때문이다. 또한, 복지기관의 관점에서 '상담'은 필요한 복지 수요를 파악하여 복지계획을 수립하고, 맞춤형 복지상품을 개발하며, 관련 정보를 공유하고 확산하기 위한 과정이라고도 생각한다.

그런 만큼 신청자의 재산상황을 신청자에게 묻거나 관련 기관에 알아보는 것도, 신청자의 자격을 심사하기 위해서가 아니라 신청자가 어떤 상황에 놓여있고, 어떤 도움이 필요한지 알아내기 위해서 하는 조사과정에 지나지 않는다고 생각한다. 즉, 재산상황 조사는 상담의 보조수단일 뿐이다.

이러한 관점에서는 국민기초생활보장법에 등장한 "소득평가"라는 말 자체가 황당할 수밖에 없고, 보조수단에 불과한 과정이 안방을 차지하고 있으니 일이 될 리가 없다. 복지정책을 수립하거나, 복지업무를 수행하는 공무원들에게 복지 역시, 그저 '일상적인 인허가 과정'의 일환에 지나지 않았을 수도 있다.

만일 신청자에게 "복지나 보호를 신청할 경우 신청자의 재산과 소득 상황을 알 수 있는 소정의 개인정보를, 정해진 복지기관에서 조사하는 것에 동의한다"는 취지의 약속을 받아두고, "조사 결과 지원요건에 미달할 경우 지원하지 않을 수 있고, 거짓으로 지원을 받은 경우에는 향후 일정 기간 지원을 제한하거나, 형사처벌될 수 있다"는 취지를 신청자에게 고지한다면, 애써 조사하여 굳이 평가하지 않더라도 허위 신청이 최소화될 수 있을 것이다. 그런 만큼, 소득평가 과정에 "과잉" 투입되어온 인력과 시간, 예산들을, 상담 과정에 투입하자고 제안하고 싶다.

나아가, 상담 과정에서 가장 중요한 것은 “경청”이라고 생각한다. 누군가 자신의 말에 귀 기울여 들어주고, 함께 기억해 준다는 것만으로도 누군가에게는 큰 힘이 될 수 있다.

#42 모든 국민을 대상으로 한 지원금 지급도 가능하다

코로나 사태 당시의 재난지원금 지급 과정을 통해 우리 국민들이 학습한 것이 있다. 재난을 당한 사람들을 대상으로 자격을 따질 필요가 없으며, 모든 국민들을 대상으로 한 지원금 지급도 가능하다는 점이다.

저소득자 복지정책도 이렇게 할 수 있다.

저소득자 여부는 오로지 "당장 쓸 수 있는 소득", 즉 '가처분소득'으로 판단하면 충분하고, 가처분소득이 일정한 기준에 미달할 경우 "일단" 지급하고, 자격 검증이나 구상, 허위신청자의 책임 문제 등은 "사후에" 판단해도 충분할 것이라고 생각한다.

다만 이 과정에서 유의해야 할 사항이 몇 가지 있다. 지면상, 이 중 3가지만 먼저 살핀다.

첫째, 신청자가 '신청내용 그대로' 저소득자라는 사실을 신뢰한 전제에서 지급해야 하고, 신청자 전원이 허위신청자라고 할지라도 "일단 모두 지급한다"는 전제에서 제도를 운영해야 한다는 점이다. 즉, 리스크를 감수한 상태에서 제도를 운영해야지 조금도 손해를 보지 않겠다는 전제에서 "야박하게" 운영해서는 안 된다는 점이다.

둘째, 저소득자에 대한 대책인 만큼 지원 여부 결정을 위해 "소득 이외의 사항"(예: 재산)을 함부로 재단하지 말아야 한다는 점이다. 호황인 경우에는 재산을 매각하여 현금화하는 것이 용이할 수 있지만, 불황인 경우에는 재산이 있어도 매각할 수 없기 때문에 현금화가 어렵다. 저소득자에 대한 대책이 불황 또는 불경기에 더 필요하다는 점을 감안할 때, 현금화를 전제로 재산을 소득으로 환산하여 평가하는 데 신중할 필요가 있다.

셋째, 저소득자에 대한 대책인 만큼 소득 자체에 대한 사항만큼은 정확히 파악할 필요가 있고, 저소득자 지원을 위한 소득은 "반드시 가처분소득으로 파악"해야 한다는 점이다. 특히 #31 글부터 #33 글까지 지적한 바와 같이 공적이전소득도 실제소득에 포함시키는 한편, 직접세와 사회보장세(예: 국민연금보험료, 국민건강보험료 등)는 실제소득에서 제외시켜야 신청자의 실제소득을 정확히 파악할 수 있고, 모든 국민에게 공평한 기회를 제공할 수 있을 것이다.

이와 관련해서 공직사회에 환기하고 싶은 사항이 하나 있다.

국민연금, 국민건강보험, 산재보험 등 4대 사회보험을 국민건강보험공단에서 일괄 징수하고 있으니 근로소득과 등기·등록재산을 파악하는 데 가장 용이한 수단이 '건강보험납부확인서'이다. 그러다 보니 복지 현장에서 담당자들은, 각종 복지 신청자의 재산상태를 확인한답시고 건강보험납부확인서를 제출하도록 한다.

그런데 '소득금액에 비해 국민연금보험료, 국민건강보험료를 이렇게나 많이 내고 있으니 형편이 쪼들릴 수 있다'는 생각은 전혀 하지 않고, '국민건강보험료를 이렇게나 많이 내고 있는 부자이니 복지 지원을 해줄 수 없다'는 황당한 소리를 하며 복지 신청을 단칼에 거절한다.

하지만 실무에 있어서 건강보험납부확인서는 복지 신청을 거절하기 위한 수단으로 사용돼서는 안 된다고 생각한다. 오히려 소득계산에 있어 '이미 소비한 비용'으로 계산되었어야 할 사회보장세 납부내역을, 우리 공직사회에서는 그간 정반대의 목적을 위해 거꾸로 활용해왔고, 공직사회에 뿌리내린 이런 황당한 프레임이, 실제 도움이 필요한 사람들을 그간 자살 내지 아사의 길로 내몰아왔던 것이다.

복지정책을 설계하는 정치인 및 공직자들의 안이한 관점과 자세를 엿볼 수 있는 대목이다.

#43 시대착오적 주민등록제와 세대 단위 복지정책

복지에 대해 더 깊이 논의하기 전에 짚고 넘어가야 할 관념이 있다. 그것은 '세대'(世帶) 또는 '가구'(家口)라는 관념이다.

예전 우리 사회는 '호주'(戶主)를 정점으로 하는 대가족 사회였다. 하지만 점점 핵가족화하면서 '가구주'(가장) 또는 '세대주'가 호주의 역할을 대신하기 시작했고, 2008년에 호주제가 폐지되면서 이런 관념들 자체가 퇴색해버렸다. 조선시대의 5가작통법의 잔재인 통·반장 제도도 도시에서는 찾아보기 어려워졌다. 이제는 1인세대 비율이 매우 빠른 속도로 증가하고 있다.

그런데도 우리나라 복지정책은 주로 '세대 단위'로 행해진다. 그리고 그 바탕에는 "주민등록 제도"라는 거주지 등록제도이자 개인식별 카드 제도가 있다. 그것도 전국 단위의 신분번호를 부여하고 있다.

믿기 어렵겠지만, 이런 제도를 시행하는 국가는 전 세계에서 거의 찾아볼 수 없다. 적어도, 내가 아는 한은 없다.

그런데 주민등록 제도는 제2차 세계대전 이후 조선총독부가 조선인에 대한 감시와 통제를 강화하고 징병·징용에 더 많은 조선인을 동원하기 위해 1942년 9월에 제정한 "조선기류령"에서 유래한 제도이며, 조선기류령 자체가 일본 국적을 갖지 않은 자의 거주지 등록을 강제하기 위해 제정한 것이기 때문에 일본 국민들에게는 적용되지 않는 제령(制令)이었다.

그런데도 광복 후 미 군정은 조선기류령을 폐지하지 않고 기류계에 의한 벌칙만 제헌국회 구성일까지 일시정지한 채로 존속시켰고, 대한민국 정부 수립 후에도 조선기류령은 일본강점기 당시의 규정 그대로 존속하였다. 이 조선기류령 폐지를 명분으로 하여 조선기류령보다 더 강력한 거주지 등록제도를 자국민에게 강제한 법률이, 바로 1962년 4월에 국가재건최고회의에서 제정한 "주민등록법"인 것이다.

그런 만큼, 주민등록 제도는 식민노예나 수형자에게나 어울릴 제도라고 할 수 있지만, 국민을 손쉽게 관리하고 통제할 수 있는 편리함 때문에 역대 정부들이 안보를 구실 삼아 현재까지도 계승하고 있는 제도이기도 하다. 더욱이 신분등록 제도임에도 불구하고 법무부에서 관리하지 않고, 내무부(현 행정안전부)에서 관리하고 있어 정보경찰과 연계가 용이한 제도라고도 할 수 있다. 어떤 통치자건 폐지하고 싶지 않은 제도인 것이다.

더욱이 우리나라의 상당수 정책이 주민등록제도를 전제로 재편되어 있다. 특히, 재산, 소득, 금융, 통신과 관련된 제도들이 대부분 주민등록번호를 기반으로 설계되어 있다.

그러다 보니 주민등록번호 자체의 재산적 가치가 높을 수밖에 없고, 이를 노린 전 세계 해커들의 공격 대상이 될 수밖에 없는 것이다. 우리나라 정보보안 기술이 전 지구적으로 최고 수준은 아닌 만큼, 언젠가는 국가와 국민의 금융자산과 등록자산이 "전산적 0 미만"으로 초기화될 위험성도 매우 높다고 할 수 있다.

이런 상황인데도 역대 정부들은, 국민 통제의 '편리함'과 IT 기술 및 주민등록번호를 기반으로 한 정보사회의 '달콤함'에 빠져 주민등록 제도를 여전히 폐지하지 못하고 있는 것이다.

물론, 일종의 위치추적 제도인 거주지 등록제로 인해 '거주 이전의 자유'를 사실상 제약받는데도 그 편리함과 달콤함에 빠져 벗어나지 못하는 것은 국민도 마찬가지다. 그리고 그 편리함과 달콤함에는 주민등록제도에 기반한 '세대 단위 복지정책'도 있다.

예컨대, 2022년 생활급여 선정기준의 경우 1인세대는 583,444원이지만, 4인세대는 1,536,324원으로 책정되어 있고, 4인세대의 경우 1인당 384,081원이 되므로 1인세대에 비해 선정에 현저히 유리할 것처럼 보인다. 하지만 실제 급여도 딱 이 수준에 맞춰 지급되기 때문에 반드시 유리하지만은 않다.

뿐만 아니라 세대원수에 따라 선정기준을 달리 하기 때문에 사람들의 이목이 "세대원수에 따라 차등지급되는 금액의 상대적 가치"에 집중될 뿐이고, 생계급여 자체가 생계 유지에 적정한 수준으로 지급되는지 그 "절대적 가치"에는 둔감해질 수밖에 없다.

더욱이 세대원 중 실업자인 경제활동인구가 많을수록 다인세대가 현저히 불리해지며, 세대원 전원이 실업 상태가 아닌 한 실업 현황 파악이 어려울 수 있다. 정부의 입장에서는 실업 현황을 축소하거나, 은폐하기 용이하게 된다.

무엇보다도, 이혼가정의 자녀와 같이 부모의 어느 쪽이 실제로 동거하거나, 부양하고 있는지 알기 어려운 경우가 늘어났고, 주민등록상 세대만 같이 하고 있을 뿐 가족을 방치하는 경우도 흔하며, 세대는 달라도 경제공동체인 경우도 적지 않다. 동성 가정의 경우 법적으로 남일 뿐이다.

그런데도 다인세대가 아무래도 다수이고, 다인세대에게 상대적으로 목돈이 주어지니 더 많은 지원을 받은 착각에 빠져 침묵하게 된다. 다수인 다인세대가 불평하지 않으니 소수인 1인세대 등은 소외받을 수밖에 없는 것이다.

어차피 아파트 분양 청약 자격을 얻거나, 절세하기 위해 어지간한 사람들은 이미 세대 분리를 해두었고, 이혼이나 졸혼, 동거나 사실혼이 일상화될 정도로 세태가 달라졌다. 남편이나 장남자가 무조건 '가장', 즉 '가구주'가 되는 시대도 아니다.

그런 만큼, 현실적인 필요성 때문에 주민등록번호 제도를 불가피하게 유지한다고 할지라도 이 시대의 우리 사회와 어울리지 않는 '세대' 관념이나, 이를 대체한 '가구' 관념만은 이제라도 폐기했으면 한다.

이는, 복지정책에만 해당되는 말이 아니다. "청약"과 같은 주택정책, 양도소득세나 종합부동산세와 같은 부동산조세정책 등도 마찬가지다. 우리 사회 전반에서, 반자유적이며 시대착오적인 '주민등록에 기반한 세대' 관념을 없앴으면 한다.

지문을 등록하고, 번호로 자신의 존재를 알리며, 거주지를 매번 등록하면서도 이 나라가 자유민주국가이며, 스스로가 주권자인 자유민이라 말하기가 이제는 부끄럽지 않은가?

하루를 살더라도 당당한 대한민국의 국민으로 제대로 살고 싶다.

#44
최저임금은 국가조차도 탐내지 않아야 한다

전두환 정부 당시인 1986년 12월, 근로자 임금의 최저수준을 국가가 법적으로 보장한다는 취지 아래 최저임금법이 제정되었다. 이에 따라 노동부 산하 최저임금심의위원회가 심의·의결한 최저임금안에 따라 노동부장관이 매년 최저임금을 결정하도록 하는 한편(법 제8조 제1항), 최저임금액 미만의 임금을 근로자에게 지급한 사용자에게는 3년 이하의 징역 또는 1천만원 이하의 벌금을 처하거나, 이를 병과할 수 있도록 하였다(법 제6조 제1항 및 제28조).

36년 전인 1986년의 1천만원의 현재가치가 대략 1억원 정도로 추정되는 만큼 위반자에 대한 처벌 자체가 강력했고, 이런 강렬한 인상 때문인지 그 이후의 정부들도 전두환 정부에서 만든 최저임금법의 틀을 크게 바꾸지 않은 채 유지·계승해 오고 있다. 최저임금위원회의 최저임금안에 노동부장관이 구속받지 않는 정도만 다르다.

그런데 근로자 임금의 최저수준을 국가가 보장하는 취지라면, 사용자만 형사처벌할 것이 아니라 국가도 최저임금을 탐내지 않는 것이 맞을 것이다. 즉, 최저임금에는 세금과 준조세를 부과하지 않아야 제도의 취지에 부합한다.

이런 의미에서 매우 뻔한 질문을 해본다.

(1) 최저임금에 대해 국가는 근로소득세를 징수하고 있을까, 아닐까?

(2) 최저임금 근로자의 국민연금보험료, 건강보험료, 장기요양보험료, 고용보험료 등은 누가 내고 있을까?

#45
최저임금 근로자에게도 10% 넘는 세금을 걷는 나라

믿기 어렵겠지만, 근로자 임금의 최저수준을 법적으로 보장하겠다던 '최저임금'에 대해서도 역대정부는 이제껏 세금을 징수해 왔다.

2022년 최저시급인 9,160원을 월 급여로 환산하면 1,914,440원(월 209시간 기준)이 되는데, 1인가구 17,390원, 2인가구 12,890원, 3인가구 4,810원, 4인가구 1,440원 하는 식으로 부양가족 수에 따라 근로소득세를 책정하는 방식으로 최저임금에 대해서도 과세하고 있다.

뿐만 아니라 소득의 4.5%는 국민연금보험료, 3.495%는 건강보험료, 0.8%는 고용보험료 등 4대보험료 명목으로 공제되기 때문에 최저임금 근로자의 실수령액(1인기준)은 1,720,650원 정도라고 한다. 연봉으로 환산할 경우 세전 22,973,280원이고, 세후 20,647,800원 정도라고 한다.

장기구직자 또는 실업자의 눈에는 저런 직장이라도 있는 게 부러울 수 있고, 평범한 사람들의 눈에는 고작 월 193,790원밖에 안 되는 세금 등이 "매우 적은 금액"으로 보일 수 있다. 1만원에 육박하는 시급과, 세후 2,000만원대의 연봉 자체도 적지 않은 보수로 보일 수도 있다.

이 말도 일부 맞다.

최저임금 제도 시행 첫해였던 1989년의 최저시급이 600원에 불과했던 점을 감안하면 33년 간의 물가 등을 고려해도 시급 7,000원대, 월 150만원대, 연 1,700만원대가 적정 최저임금일 수 있고, 문재인 대통령이 공약했던 '최저시급 1만원'은 포퓰리즘 공약일 수 있다.

하지만 현재의 최저임금이 결코 넉넉한 금액이 아니다.

#36 글과 #37 글에서 살펴봤던 것처럼 1인당 GDP가 4,000만원대일 경우 취업자의 평균연봉도 8,000만원을 훨씬 넘어서야 정상적인 임금수준이라고 볼 수 있는데, 현재의 최저임금 수준은 기대 평균임금의 4분의 1 수준에 불과한 금액이다.

더욱이 근로자 임금의 최저수준을 법적으로 보장하겠다던 최저임금 제도의 취지와는 달리 국가는 소득세와 사회보장세의 명목으로 최저임금의 10%가 넘는 금액을 원천징수하고 있는 것이다.

문제는, 최저시급은 보장받지만 월 209시간 미만 근무로 계약함에 따라 실질적으로 최저임금에 현저히 못 미치는 소액의 월급만 받는 근로자도 수두룩하다는 점이다. 이런 근로자들의 경우 1주당 휴가 1시간만 써도 주휴수당을 못 받기 때문에 몸이 아파도 병가나 월차휴가 한 번 못 쓰고 출근해야 하는 경우도 적지 않다.

이런 한계상황에 처한 저임금 근로자들에게까지 정부는 악착같이 세금을 걷고 있다. 반면, 전직 대통령의 연금소득이나 국회의원의 입법활동비 등에 대해서는 소득세를 면제해주고 있다.

이런 것이 국민으로서 헌법상 납세의 의무를 이행하는 것인가?

개인과 기업에게는 희생을 강요하면서 국가와 공공 부문은 아무런 희생도 감수하지 않을 것인가?

#46
사회보장·복지 정책을 기초부터 제대로 설계하자

부동산에 대해 말한다더니 #20 글부터 사회보장 또는 사회복지와 관련해서만 얘기해 왔다. 이 과정에서 사회보장 제도의 핵심 중 하나인 '최저임금'이나 사회복지 제도의 핵심 중 하나인 '생계급여'과 관련한 제도들이, 겉만 번지르르한 "엉터리"라는 사실을 체감할 수 있었을 것이다. 핵심적인 제도들조차 이 모양이면, 그 나머지는 굳이 확인해 볼 필요도 없을 정도로 엉터리일 것이다.

이렇게 된 이유는 간단하다.

사회보장 제도와 사회복지 제도의 기초설계부터가 잘못된 것이다.

예컨대, '사회보장'이라는 말은 영어로 social security이다.

즉, 우리말로 국가안보, 즉 국가안전보장인 national security에 대비되는 관념으로서, 사회안전망 구축과 연결된다.

영어로 표현하면 간단히 구별할 수 있는 관념이지만, 이를 번역한

말이 서로 다르다 보니 서로 혼동이 생길 수밖에 없던 것인데, 혼동을 최소화하자면 '국가안전보장'과 '사회안전보장'으로 표현하는 편이 나을 수 있다.

아무튼, 사회안전망 구축이라고 하니 우리나라에서는 '범죄로부터의 안전'부터 강조하려는 경향이 강한데, 치안은 national security라는 전통적 안전 영역에 속하는 문제이지 social security와는 거리가 있다.

social security를 위한 국가의 첫 번째 임무는 '빈곤으로부터의 안전보장'이라고 할 수 있고, 이는 "소득의 보장"을 통하여 달성된다.

다만 '소득의 보장'을 위한 핵심 정책은 '복지정책'이라기보다는 엄밀히 말해 "고용정책"이며, 양질의 일자리를 창출하기 위해서는 산업을 활성화시켜야 하므로 "고용정책"과 "산업정책"은 동전의 양면과 같은 관계라고 할 수 있다. 즉, 산업을 억누르면서 고용을 늘릴 수는 없다.

나아가, 안정적인 생활이 가능할 정도의 소득을 보장하기 위하여 '최저임금'과 같은 "소득보장의 최소 기준"이 필요한 것이다. 물론, 여기의 소득에는 근로소득만 해당하는 것이 아니라 사업소득, 연금소득, 이자소득, 임대소득, 배당소득 등 개인의 노력과 활동에 기한 모든 소득이 포함된다.

만일 개인의 노력과 활동으로도 "소득보장의 최소 기준"을 달성하지 못한다면 국가나 사회에서 모자란 부분을 채워줄 것도 필요하다. 이는 사회복지, 즉 social welfare와도 연결되며, 이런 보완적인 것들을 제도화하여 실천하는 과정이 '복지정책'이라고 이해할 수 있다.

'보건'을 소관하는 부처에서, 즉 의사들이 '복지'를 관장해 온 우리나라와 달리, 많은 선진국들이 '노동'을 소관하는 부처에서 '복지'를 관장하게 해온 것(예: 미국 노동부, 영국 노동연금부, 독일 노동사회부, 일본 후생노동성 등)도 이러한 맥락에서 이해할 수 있다.

하지만 우리는 그간 이런 부분들에 대한 충분한 고민도, 사회적 합의도 없었다고 생각한다. 그냥 높으신 분들이 정해주면 따랐을 뿐이다. 일제강점기와 한국전쟁 후 초토화된 이 땅에서, 입에 풀칠이라도 하게 해주면 고마웠을 뿐이고, 급속한 경제성장으로 인해 OECD 선진국이 된 것만으로도 이미 사회안전이 보장된 것과 체감상 다르지 않았을 것이다.

하지만 최근 대다수 국민들의 소득수준으로는 감당할 수 없을 정도로 부동산 가격이 폭등하면서 이제는 대다수 국민들에게도 '사회안전보장' 문제가 현실 문제로 다가오기 시작했다. 부동산 가격이 고착되는 것도, 하락하는 것도 모두 악몽이 되는 순간이 다가오고 있고, 부동산 가격과 연동한 물가, 금리, 환율 등의 변동까지 뒤따르면 "실질소득의 보장"이 우리 사회의 핵심 과제로 대두하게 될 것이다.

그래서 건국 당시부터 잘못 설계된, 아니 제대로 설계한 적 없는 사회보장 및 사회복지 제도를 이제라도 제대로 설계해보자고 제안하는 것이다. 앞으로도 계속 설명하게 되겠지만, 사회보장 및 사회복지와 관련한 개혁이, 부동산 대책으로서도 가장 중요하다고 생각하기 때문이기도 하다.

다만 이 과정에서 미리 경계해둘 것이 있다.

'사회안전보장'이 매우 중요하기는 하지만, 여기에 매몰되어서는 안 된다는 점이다. 즉, '사회안전'이 ALL이 되어서는 안 된다.

국가가 보장해야 할 '매우 중요한 것들'에는 '사회안전'만 있는 것이 아니라 "국가안전"도 있고, "개인이 가지는 불가침의 기본적 인권"(헌법 제10조)도 있다. 또한, '소득'뿐만 아니라 "국민의 재산권"(헌법 제23조 제1항)도 보장해야 한다.

국가와 사회의 자원이 한정된 만큼, 일을 도모함에 있어 본말(本末)과 주종(主從), 경중(輕重)과 선후(先後)를 제대로 분별하지 못한다면, 하지 않은 것보다 못할 수 있다.

#47 최소한의 소득보장으로서 권리소득 제도를 제안한다

내가 사회보장이나 사회복지 분야의 전문가는 아니다. 그래서 내가 그린 설계도가 잘못되거나, 황당무계할 수 있음도 미리 밝혀둔다. 어쩌면 사회보장 및 사회복지에 대해 나처럼 접근하는 시도가, 인류 최초일 수도 있다. 그럴 가능성이 있는데도 굳이 사회보장 및 사회복지 분야를 재설계해보는 것은 '진짜 전문가'들에게 영감(inspiration)을 주기 위해서이다.

#46 글에서 이미 밝혔듯이, 사회보장, 즉 사회안전보장(sicial security)을 위한 국가의 첫 번째 임무는 '빈곤으로부터의 안전 보장'이며, 이는 '소득의 보장'을 통해 달성된다는 전제에서 이야기를 다시 진행한다. 물론, '소득의 보장'을 위해서는 "고용정책"과 "산업정책"이 조화롭게 추진되어야 한다는 점도 이미 밝힌 바 있다.

그런데 '소득'을 보장하기 위해서는 "실질적으로 어느 정도 금액의 소득을 보장해야 할까?", 즉 "실질소득의 보장" 문제에 직면할 수밖에 없고, 그간 우리나라는 이를 '최저임금', '최저생계비', '생계급여' 등의 관념을 도입하여 풀어왔다.

하지만 최저임금과 최저생계비, 최저임금과 생계급여 간에는 특별한 연동이 없었다.

최저임금 위반 사용자를 제재한다고는 해도, 근로자가 받지 못한 부족분을 누가 대신 채워주는 것도 아니고, 실업 상태라고 해서 일정 기간 실업수당은 주지만 실업이 장기화된다고 해서 누가 최저임금만큼 생활비를 지속적으로 대주는 것도 아니다. 생계급여를 최저임금만큼 받는 것도 아니고, 그렇다고 최저생계비만큼 받는 것도 아니다.

더욱이 #45 글에서 살펴본 것처럼 최저임금 근로자조차도 근로소득세와 사회보장세를 따박따박 징수하고 있고, 연소득이 100만원이 되지 않는 저소득 세대조차도 건강보험료 최저보험료 명목의 금원(14,380원+@)을 납부해야 한다. 주택, 자동차 등 드러난 재산이 있는 경우에는, 소득은커녕 당장 쓸 돈조차 없더라도 이런 지원 자체를 아예 받을 수 없다.

세월을 거치면서 나름 개선된 제도겠지만, 실제 운영사례를 살펴보면 "최저 소득을 보장하기 위한 노력"과는 다소 괴리가 있다. 그보다는 "최소한의 세수라도 근로소득에서 확보하기 위한 악착같은 노력"처럼 보인다. 단지 사람마다, 또는 계층마다 대우가 달라지는 경계선만을 그어두었을 뿐이고, 그마저도 사안마다 제각각이다.

만일 '최저임금', '최저생계비', '생계급여' 등의 명목으로 결정된 금액이 "소득 보장의 최저 기준"이 맞다면, 세금이나 4대보험 등 사회보장세로 징수함이 없이 "결정금액 그대로" 대상자에게 지급되거나 대상자가 온전히 가질 수 있어야 제도의 취지에 부합할 것이다. 만약 그런 것이 아니라면, "소득 보장의 최저 기준"은 애초에 우리 사회에 존재하지 않았던 것이라고 봐도 무방하다고 생각한다.

빈곤에 당면한 사람들이 제대로 보호받기 어려운 구조이고, 돈은 돈대로 쓰면서 칭찬받기 어려운 구조이기도 하다. 더욱이 생색은 정부가 내면서도 부담은 사회와 기업에 전가시키는 방식이기도 하다.

그래서 "소득 보장의 최저 기준"을 설정하고, 이를 활용하는 방식을 재설계할 것을 제안한다.

이를 위해 '(세금과 준조세 없이 온전히) 국가가 법률로써 국민에게 보장하는 최소한의 소득'을 가칭 "권리소득"(또는 "기본소득", "기초소득")이라고 명명하자.

그리고 차기년도 권리소득금액을 매년 국회에서 결정하도록 하고, 권리소득 또는 그 금액을 모든 국가정책에 있어 '소득 보장의 최소 기준'으로 삼자.

나아가 권리소득의 범위에 한해서는 공사를 불문하고 불가침 또는 불가탈의 영역으로 삼자.

이것이 내가 생각하는 복지개혁의 첫 단추다.

#48

권리소득 제도의 원리와 기본 구조

'국가가 법률로써 국민에게 보장하는 최소한의 소득'인 가칭 "권리소득" 제도를 도입하자고 #47 글에서 제안한 바 있다.

그런데 내가 제안한 '권리소득'은 '가질 수 있는 소득'이란 의미가 아니라 "쓸 수 있는 소득"이란 의미이다. 어쩌면 '가처분소득'이란 용어와 일맥상통할 수 있는 관념이라고 할 수 있지만, 가처분소득의 의미를 정확히 알지 못해 그 차이를 굳이 여기서 설명하지는 않겠다.

중요한 것은, 소유권, 사용권 등 권리의무관계를 불문하고 "쓸 수 있는 소득", 즉 "소비할 수 있는 소득"이란 점이다.

그런 만큼, 권리소득이 충족되었는가를 확인하기 위해서는 세금과 준조세를 공제한 '순소득'으로 파악하여야 하고, 공적 이전 소득을 합산한 '실질소득'으로 파악하여야 할 것이다. 또한, 권리소득 범위 내의 소득은 '공적인' 세금, 준조세뿐만 아니라 '사적인' 담보물권이나 강제집행, 파산 등으로부터도 자유로워야 한다.

또한, 권리소득금액은 세대 단위나 가구 단위로 산출되는 금액기준이 아니라 개인 단위로 산출되는 금액기준이며, 모든 국민을 대상으로 산출되는 기준이어야 한다.

다만 민법상 미성년자와 제한능력자에 대한 권리소득은 본인의 의사에 반하지 않는 범위에서 민법상 법정대리인 또는 후견인이 대신 수령·관리하도록 하는 한편, 민법상 성년자여도 이른바 '협의부양' 관계에 있는 경우에는 피부양자 본인이 원할 경우 그가 지정한 부양자가 그가 지정한 범위에서 권리소득을 대신 수령·관리할 수 있어야 할 것이다.

나아가, 권리소득금액기준은 국고 등 재정상태를 바탕으로 결정할 성격의 것이 아니라 국민의 경제상황을 바탕으로 "오로지 국민만 바라보고" 결정해야 할 성격의 것이기 때문에 정부가 아니라 국회에서 매년 결정하도록 한 것이다. 예컨대, {[매년 공포되는 국민총생산 또는 국민총소득을 총 인구수로 나눈 몫]에 [물가 등을 반영한 예상변동율을 곱한 값]의 일정 비율(정율)에 해당하는 금액}을 차기년도 권리소득금액으로 정하는 방식도 생각해 볼 수 있다.

원칙과 기준, 그리고 산식(算式)이 명확하면 할수록 공평성에 시비가 붙지 않을 것이다. 또한, 개인별 보장방식이 정착할 경우 가족구성원 수가 많을수록 궁핍해지는 것이 아니라 가족구성원 수가 많을수록 규모의 경제가 실현되며, 이른바 '협의부양' 제도까지 도입될 경우 민법상 가족 또는 법적 부양관계가 아니더라도 동거인 또는 동지 간에

서로 의지하며 살아갈 수 있는 새로운 경제공동체 문화가 확산될 수 있을 것이라고 생각한다.

국민 절반이 늙거나, 병든 초고령화 사회로 이미 접어들고 있고, 1인 가구가 폭증하는 오늘날, 사회보장 또는 사회안전보장 분야에도 발상의 전환이 필요하다고 생각한다.

#49 권리소득 지원절차의 기본 구조

내가 #47 글부터 주장해온 "권리소득"은 권리소득금액만큼 실제로 주어지거나, 가지게 되는 소득이라는 의미가 아니다. 권리소득금액만큼의 소득을 자신에게 보장해달라고 국가에 요구할 수 있는 권리이고, 자신의 소득이 권리소득금액에 비해 불충분하다고 생각할 경우 자신의 경제상황을 살펴봐 달라고 국가에 요청할 수 있는 권리일 뿐이다.

즉, '인간의 존엄성'처럼 대한민국 국민이라면 누구에게나 당연히 보장되는 소득이라는 의미이기 때문에 자신이 권리소득금액만큼의 소득이 당장 없다고 해서 권리소득금액만큼의 지원금이 당연히 주어지지는 않는다. 권리소득을 근거로 한 지원을, 지원신청 과정을 통해 스스로 국가에 요청해야 비로소 권리소득금액만큼의 금전 등을 국가가 지원하게 되는 구조라고 할 수 있다.

그런 만큼, 권리소득 지원신청 시에는 신청자 본인이, 권리소득금액 이내의 범위에서 필요금액을 정하여 신청할 수 있도록 하고, 신청이 있는 경우 이른바 '보장기관'이 "지체없이" 신청금액을 신청자(또는 지원대상자) 본인에게 지원할 수 있도록 제도를 설계해야 할 것이다. 또한, 지원을 지속하는 것이 필요한지에 대한 의사를 신청자가 분기(또는 반기) 단위로 밝히는 것을 전제로 지원을 갱신하되, 지원금은 신청자의 원에 따라 일시지급, 월 단위 또는 주 단위로 선택할 수 있도록 할 필요도 있다.

다만 권리소득 지원을 받기 위해서는 본인 여부, 중복지원 여부 및 본인의 소득 등과 관련된 정보들을 보장기관에서 '조사'하여 그 정보 및 지원사실 등을 필요한 기관 간에 제공·공유하는 것에 동의하는 것을 전제로 하되, 본인 여부 및 중복지원 여부가 확인된 즉시, 본인의 소득 등과 관련된 다른 사항을 조사하기 전에 지체없이 지원할 수 있도록 제도를 설계할 필요가 있다. 즉, 선 지원, 후 조사의 구조라고 할 수 있다.

이때 조사하게 되는 정보 및 제공하거나 공유하는 정보의 내용은 명확하고 구체적이어야 한다. 또한, 동의 범위를 초과한 정보 남용 및 유출은 허용되지 않아야 한다. 또한, 이때의 정보들은 지원결정을 위한 자료로 활용하는 데 그치지 않고, 어떤 지원이 "더" 필요한지, 또는 "다른 지원"이 필요한지를 판단하기 위한 자료로서 활용되어야 할 것이다.

그런데 조사 동의를 전제로 한 점에 대해 불편한 시각이 있을 수도 있지만, '신청'과 '동의'는 사회계약의 한 과정일 뿐이다. 스스로 결정하고 스스로 책임지는 구조라고 할 수 있고, 국가와 국민이 직접 "사회보장계약"을 체결하는 과정일 뿐이다.

예컨대, 지원신청 금액을 포함한 지원대상자의 소득이 권리소득금액의 범위를 초과하거나, 보장기관에서 과오 지원한 경우에는 그 차액만큼 지원을 축소 내지 중단하거나, 수령자가 보장기관에 반환하도록 할 필요가 있다. 또한, 권리소득금액을 현저히 초과하는 소득이 이미 있는데도 신청자 또는 지원대상자가 이를 알면서도, 또는 은폐하여 권리소득 지원을 신청한 사실이 사후에 밝혀진 경우에는 일정 기간 권리소득의 행사 또는 보장을 제한할 필요도 있고, 정도가 심한 경우에는 위계에 의한 공무집행방해죄, 국고손실죄 등으로 처벌할 필요도 있을 수 있다.

다만 이 과정에서도 유의할 것은, 위반에 따른 제재 등이 있는 경우라도 지원대상자가 실제로 궁핍해진 경우에는 권리소득을 지원받을 기회를 박탈해서는 안 된다는 점이다. 반면, 범죄로 인한 책임을 이행하기 위해 교도소 등에 수용된 경우 권리소득의 행사 역시 그 기간 동안 제한될 수 있다는 점이다.

이처럼 권리소득 제도의 설계와 운용에는 디테일이 매우 중요한데, 지금까지의 내용만으로는 종래의 국민기초생활보장제도나 생활보호제도와 크게 다르지 않은 것처럼 보일 수 있다.

하지만 권리소득 제도는 가난한 국민을 지원하기 위한 제도가 아니다. 가난한 국민을 지원하기도 하지만, 국민 대부분을 중산층 이상의 소득자로 끌어올리기 위한 제도이며, 이는 "국민이 어떻게 행사하느냐?"가 아니라 —다음 글들에서 다루게 될— "국가가 어떻게 보장하느냐"에서 제도의 성패가 달라질 수 있다.

#50
이 제도가 구현될 가능성이 낮더라도 글로 남겨둔다

내가 #47 글부터 제안하고 있는 "권리소득" 제도는 일방적인 지원제도가 아니다. 그렇다고 해서 국민기초생활보장제도나 생활보호제도처럼 장래의 근로 이행을 조건으로 붙이지도 않는다.

그냥 국가와 국민 간의 "매우 간단한" 계약을 전제로 할 뿐이고, 국민은 '하고픈 일 하면서 국가로부터 권리소득금액만큼만 받아서 근근이 먹고 살 것인지', 아니면 '고된 노동과 높은 세금이 예정되어 있더라도 권리소득금액을 초과하는 소득을 벌면서 폼나게 살 것인지' 가운데 하나만 선택하면 될 뿐이다.

이른바 권리소득 제도와는 전혀 다르지만, 우리 국민들이 동경해온 북유럽식 복지제도도 바로 이런 식의 패러다임에서 출발한다.

다만 이를 위해서는 국민들 "스스로" 자신의 소득을 투명하게 밝혀야 하고, 국가는 "권리소득금액 이하의 모든 소득"에 대한 과세를 애초에 단념해야 한다.

또한, 최소생계비나 생계급여 수준으로 권리소득금액을 결정해서는 안 되고, "인간다운 생활이 가능한 수준"에서 결정해야 한다. 그렇기 때문에 지출과 세금을 담당하는 정부에서 결정해서는 안 되고, 국회에서 결정해야 하는 것이다.

이런 부분에 대한 국민적 합의만 이뤄낼 수 있다면, 이른바 권리소득 제도와 관련한 논의는 현재의 경제위기를 벗어날 계기도 될 수 있지만, 우리나라를 미래 인류의 중심으로 세울 수 있는 역사적 변곡점도 될 수 있을 것이라고 기대한다.

다만 이를 위해서는 천지개벽에 가까울 정도로 조세정책도 달라져야 한다.

일제강점기 이래 수탈적 내지는 약탈적 조세정책을 지속해온 우리나라에서 복지정책 수준의 조세정책이 가능할지도 의문이지만, 자유와 권리를 속박당하는 것에 둔감한 다수 국민들이 이를 수용할 수 있을지도 의문이다.

그래서 일단 글로 남겨둔다. 기록된 생각에는 힘이 있다.

#51 투명하게 소득을 공개하려는 의지와 노력도 필요하다

#47 글에서 "권리소득" 제도를 제안하면서 권리소득 또는 그 금액을 모든 국가정책에 있어 '소득 보장의 최소 기준'으로 삼는 한편, 권리소득의 범위에 한해서는 공사를 불문하고 불가침 또는 불가탈의 영역으로 삼고 제안한 바 있다.

여기서 '공적 보장'이란, 국민의 시각에서는 바로 "조세 및 준조세(사회보장세)로부터의 일정한 자유"를 뜻한다.

즉, 근로소득을 비롯하여 개인의 총 소득금액 중 권리소득금액 이내의 범위에서는 과세하거나, 사회보장을 이유로 부담을 주어서는 안 된다는 원칙이다. 대신 개인의 총소득 중 권리소득금액을 초과하는 부분에는 소득구간에 따라 차별적으로 적용되는 세율 및 요율에 따라 세금과 준조세를 부담시키게 된다.

따라서 소득이 없거나 권리소득금액 이내의 저소득자일 경우 소득 또는 소득수준에 상응한 세금 등이 면제되는 반면, 고소득자일수록 상대적으로 높은 세금을 부담하게 되는 구조라고 할 수 있다.

또한, 가구나 세대 등 특별한 '묶음'을 전제로 과세하는 것이 아니라 철저히 개별 과세하므로 저소득 구성원 수가 많으면 많을수록 가계에서도 규모의 경제가 실현될 수 있다. 세대분리 등 다양한 편법시도 필요성을 최소화할 수 있는 동시에, 개인만 개별적으로 관리하면 되므로 과세당국의 행정부담도 적어질 수 있다.

세금 면제 구간이 넓다 보니 국민의 "납세의 의무"에 저촉될 수 있다는 반론도 가능한데, 납세의무는 국민 스스로 국가의 재정력을 형성한다는 적극적 성격뿐만 아니라 국가의 자의적 과세로부터 재산권을 침해당하지 않을 소극적 성격도 가지고 있기 때문에 특별히 문제될 것이 없다고 본다.

더욱이 권리소득을 근거로 한 세금 면제는 소득세, 사회보장세 등 일부 세금에 한정된 문제일 뿐이다. 소득이 적다고 권리소득 지원을 한 후 거기서 국가가 세금을 징수하는 것도, 사회안전보장을 위해 권리소득 지원을 한 후 거기서 보장기관이 사회보장세를 징수하는 것도 모두 적절치 않기 때문이다.

다만 인두세 성격으로 개인별로 부과되는 정액의 주민세는 예외이다. 거주지 등록까지는 아니더라도 국내 거주사실 갱신 및 본인 확인을 위해서라도 매년 3천원~5천원 정도의 주민세 납부는 필요하다고 생각한다. 물론, 이 역시 세대 단위가 아니라 개인 단위여야 한다.

나아가, 이러한 과정에서 중요한 것은, 권리소득 제도의 정착을 위한 국민 스스로의 노력이고, 그중 가장 중요한 것이 바로 "모든 소득의 투명한 공개"이다.

'보장기관 및 세무기관에 대해 모든 소득을 빠짐없이 공개하겠다'는 취지의 "동의"를 전제로 권리소득을 지원하거나 보장하여야 하고, 이러한 동의에는 "권리소득금액을 초과한 소득이 있는데도 불구하고 이를 은닉하거나, 누락된 것을 알면서 권리소득을 지원받거나 보장받은 경우 '그 범위에서' 그간 지원받거나 보장받아온 권리소득 초과합산분, 감면세액 합산분 및 그 이자를 국가에 배상하겠다"는 취지의 동의가 포함된다.

물론, 동의하지 않은 경우에는 권리소득 지원을 받을 수도 없지만, 권리소득금액의 범위만큼 보장해주기로 했던 세금과 준조세 감면도 받을 수 없다.

또한, 권리소득 초과합산분 등에 대한 이자는 시간의 경과를 반영한 '복리'로 계산하여야 하고, 공개 대상인 소득에는 합법적인 소득뿐만 아니라 범죄수익이나 뇌물과 같은 불법적인 소득도 포함되어야 한다.

#52 무소득 고령자에게는 대체소득을 보장할 필요가 있다

대개의 사람들은 인생에서 최소 2번의 "무소득 시기"를 겪는다. 그 중 한 번은 10~20대에, 한 번은 50~60대에 겪는다. 그나마 20대에는 부모나 주변의 도움이 가능하지만, 자식이 없거나 아직 어린 50대에 퇴직, 폐업 등을 이유로 실업에 직면하게 되면 근로소득 이외에 특별한 수입이 없는 한, 졸지에 생계가 막막해질 수밖에 없다.

재취업을 하자니 인건비 낮은 초고령 구직자들에 밀려 직장 잡기도 쉽지 않고, 해오던 일을 바닥부터 다시 시작하자니 후배들 보기 창피하다. 자격증이라도 따려고 하니 과정도 어려운데 시력과 체력마저 따르지 않고, 창업을 하자니 식당 외에는 딱히 할 만한 일도, 자신도 없다. 이 와중에 자식들마저 진학이나 취업이 뜻대로 안 돼 온 가족이 예민하고, 병원비와 약값은 빠른 속도로 늘어만 간다.

더욱이 공무원연금이나 사학연금이 아닌 한, 국민연금으로는 50만원 받기도 쉽지 않다. 국민연금이랍시고 20만원 정도밖에 못 받는 노인들도 수두룩하고, 집이나 자동차라도 가지고 있으면 기초노령연금조차 받기 어렵다. 그나마 이런 연금소득은 65세 이후에나 수령할 수 있다. 즉, 용돈 수준도 되지 않는다는 비난을 받는, 이런 연금이라도 받기 시작하려면 아직 10년 내외의 기간을 더 기다려야 한다.

그래도 집이라도 있으면 노후걱정이 조금이라도 덜할 텐데, 집조차 없는 고령 무소득자에게는 오갈 곳 없는 "악몽 같은 노년"이 기다리고 있다. 수입 한 푼 없는데도 건강보험이 지역보험으로 전환되면서 집이나 자동차를 가진 것만으로도 적지 않은 보험료를 내야 해서 여생을 즐길 여유조차 없다. 친절하게 웃으면서 다가오는 젊은이가 무서워지기 시작하고, 계약서의 작은 글씨 하나 놓치면 전 재산을 날리게 되는 허망한 나이가 되어간다.

이것이, 대한민국 50~60대 국민들의 현실이다. 젊고 건강해야 받을 수 있는 '근로소득'은, 점점 남의 이야기가 되어간다.

그래서 이 연령대의 고령자들에게는 대체소득원의 마련이 매우 중요하고, 퇴직 이전부터 충분히 대비해야 한다.

이 대체소득 중 대표적인 것이 바로 예적금을 기반으로 한 "이자소득"과 임대료를 기반으로 한 "임대소득"이다.

그런데 저금리로 인해 최근 몇 년 간 이자소득으로는 연 1%대의 이자도 벌기 쉽지 않았고, 5,000만원 이내의 범위에서 정한 비과세 상품이 아닌 한 얼마 되지 않는 이자에서 5.9%~15.4% 정도의 이자소득세까지 납부해야 했다.

그래서 많은 국민들은, 노후대책으로 그간 임대소득을 도모해 왔다. #12 글에서 다뤘던 것처럼, 세계적인 거대 연기금인 국민연금기금조차도 부동산과 관련된 손쉬운 투자에 매몰되어 있을 정도이니 고령자들에게도 임대소득이 매력적으로 보일 수밖에 없다.

하지만 강남이 아닌 한, 집 한 채 세놓아서 50만원 이상 월세 받기가 생각보다 쉽지 않고, 100만원 이상 월세 받기란 매우 어렵다. 더욱이 그 어렵다는 월세 100만원 받아봤자 최저임금보다 현저히 적은 연 1,200만원의 수입밖에 되지 않기 때문에 임대소득을 도모할 경우에는 여러 채를 구입해서 세놓을 수밖에 없다.

그런데 임대용 주택은 '자신이 거주할 집'이 아니기 때문에 임대소득자는 1가구 1주택 혜택을 받을 수 없고, 이를 우회하기 위해서는, 자신은 전세에 살면서 자기 소유의 주택은 임대를 내놓을 수밖에 없다. 그런데 한 채만 임대할 경우에는 제세공과금, 중개수수료, 건강보험료 증가분, 대출이자, 수선비, 공실비용 등 비용 측면을 고려할 때 전혀 수지가 맞지 않고, 최소 2~3호는 임대해야 최저임금 수준의 소득이라도 벌 수 있다. 노후 빌라의 경우 10호를 임대해도 연 2,000만원의 임대소득을 올리기 어려운 경우도 적지 않다.

하지만 문재인 정부 들어 기획재정부(장관 김동연)는, 그간 세금이 면제되었던, 임대소득이 연 2,000만원 이하인 임대소득자에게도 임대소득세를 과세하는 내용의 소득세법 개정안을 2018년 8월에 국회에 제출하였고, 국회 기획재정위원회(위원장 정성호)의 대안에 반영되어 입법되었다. 시장의 원리와 노후의 실상을 조금이라도 알면 결코 내놓을 수 없는 방안이었고, 다주택자에 대한 재산세 및 종합부동산세 중과세와 맞물려 고령자의 대체소득원을 철저히 차단하는 효과만 거두었다.

즉, 임대소득으로 연 2,000만원을 번다고 해도 그만큼을 다시 세금으로 내야 하는 비정상적 과세구조를 만들어버린 것이다. 임대소득 이외의 무소득 상황에 직면한 고령 임대소득자의 입장에서는 생계급여 수준이라도 벌려면 임대료를 상향시키지 않을 수 없는 상황으로 내몰릴 수밖에 없었고, 그간 없던 세금이 갑자기 발생한 만큼 부동산 가격 및 임대료 상승으로 이어질 수밖에 없었을 것으로 추정한다.

그래서 나는 이 당시를, "문재인 정부 및 제20대 국회 최악의 순간 중 하나"라고 생각하고, 매우 반민중적이고 반복지적이면서도 수탈적인 법률이라고 평가하고 싶다. 등록 임대사업자에 대한 과세특례들과 비교할 때 공평하지도 않았다고 생각한다.

그런 만큼 문재인 정부의 부동산정책 중에서 현 정부에서 가장 시급하게 원상복구해야 할 부분은 바로 이 대목이라고 생각한다.

만일 권리소득 제도를 도입했다면, 오히려 권리소득금액만큼 이자소득세나 임대소득세를 면제했을 부분이고, 70대 이하 고령자의 대체소득원 마련을 위해서도 매우 중요한 대목이다.

국가에서 무소득 고령자에게 대체소득을 마련해줄 것이 아니라면 훼방은 놓지 말아달라.

#53 대한민국은 그 국민들의 새로운 주인이 아니다

소득이란 게 근로소득만 있는 게 아니다.

연금소득도 있고, 임대소득도 있고, 이자소득도 있다. 재화를 팔고 남은 양도소득도 있고, 주식 등 배당소득도 있다. 축의금, 조의금도 소득이고, 심지어 국가유공자 보훈급여금 같은 공적이전소득도 소득이다. 인간활동의 다양성만큼 소득원도 다양하다.

그런데도 세상은 근로소득을 중심으로 돌아간다.

우리나라 국교가, 노동을 신성시하는 청교도나 묵가가 아닌데도 "근로" 또는 "노동"은 당연한 듯, 민주주의원칙까지 결부시켜 헌법상 국민의 의무(헌법 제32조 제2항)가 되어 있다. 뿐만 아니라 근로활동을 통한 수입, 즉 근로소득은 이른바 '유리지갑'이라고 불려도 좋을 정도로 투명하게 드러나야 하고, 저소득 근로자들의 얼마 되지도 않는 소득까지도 국가는 악착같이 소득세를 떼어간다.

그러면서 기초생활은 보장해 주겠단다.

이게 당연한가?

그러면서 근로소득에 준하여 모든 소득은 투명해야 하고, "소득 있는 곳에 세금 있다"면서 한푼이라도 소득이 있다면 악착같이 추적해서 세금 내라고 한다. 심지어 자신조차 기억하지 못하는 소득까지 찾아내 알려주고, 세무서에서 정한 요건 또는 산식에 포함되지 않는 비용 측면은 일체 고려해주지 않는다. 함부로 도망치지 못하도록 지문도 등록하고, 살고 있는 곳도 등록하란다. 부모를 모두 특정해 출생신고하지 않으면 교육도 못 받는 나라였다.

그러면서 기초생활은 보장해 주겠단다. 인간으로 대우받고 있다는 사실을, 국민이 주인이라는 사실을 느끼게 해주겠단다.

이게 당연한가?

마치 국민은 노예이고, 국가는 주인인 듯한, 이런 모양새가 당연한가?

나는, 아니 우리는 노예로 태어났던가?

어찌 이런 시스템이 21세기의 대한민국에서, OECD 선진국이라는 대한민국에서 아직도 당연할 수 있는가?

#54
수탈의 잔재부터 바로잡아야 대한민국이 바로 선다

영국의 대헌장과 권리장전, 미국의 독립운동, 프랑스혁명을 굳이 예로 들지 않더라도 민주주의 혁명과 조세 저항은 불가분의 관계이다. 네이버만 검색해봐도 역사적 기록과 증언들이 줄줄이 나온다.

그래서 나는 조세정책에 대한 민감성 없이 수탈적 세금을 무비판적으로 수용하는 국민은 민주주의를 향유할 자격이 없다고 생각한다. 그런 만큼, 일부 국민들의 안이한 생각에 대해서는, "자유민"에 대비한 관념인 "노예"란 표현도 서슴지 않는다.

사실, 우리의 민주주의는, 국민들이 선택한 것이 아니라 미국 등 국제사회에 의해 이식된 것이었다. 민주주의를 제대로 학습할 기회도 없었지만, 일제강점기의 전체주의적 식민 문화와 제도를 청산할 기회도 제대로 갖지 못했다.

일본제국주의의 앞잡이로 유명했던 "순사"와 "면장"들에 대해서는 국민들이 기억하고 있었지만, 수탈적 징세에 앞장섰던 조선총독부의 세무서 직원들에 대해서는 잘 알지 못한다. 조선수탈의 선봉에 섰던 면제(1917년), 세무감독국과 세무서(1934년), 재무국(1943년) 등의 역사는 제대로 기록되지 않았고, 친일경찰 대다수가 그대로 대한민국의 경찰이 되었듯이 이들도 아무런 검증 없이 국가재정과 조세행정이 주축이 되었을 것이라고 추측한다.

그도 그럴 것이 경찰사(史)에서는 일제강점기의 경찰행정에 대한 반성들이 어느 정도 남아있지만, 일제강점기의 '세무감독국'과 관련한 기록들에는 "징세행정을 독립된 세정전담기구로 분리시켜 근대적인 조세행정기반이 마련되었다"는 찬사만이 남아있다. 아마도 친일파 세무직원 또는 재무공무원들이 광복 후에 학자로 둔갑해 직접 기록한 평가였을지도 모른다.

또한, 세법 전문가가 아니라서 그런지는 몰라도 소득세법 제정의 연혁과 배경을 아무리 찾아봐도 메이지 시대인 1888년부터 이미 제정하여 일본에서 시행하고 있던 일본 소득세법을, 일본의 식민지였던 조선과 대만에는 적용하지 않은 이유를 찾을 수 없다(1920년 소득세법 시행에 관한 법률 제1조 참조). '법인'과 '법인 아닌 자'를 구분하여 과세해온 일본 소득세법과 달리 1926년에 제정한 조선소득세령에 법인 과세 규정만 둔 이유도 알 수 없다. 메이지 시대 제정한 소득세법을 폐지하고 전쟁 패망 후 1947년에 새롭게 제정한 일본 소득세법을, 1949년에 우리 소득세법을 제정하면서 거의 그대로 모방한 이유도 알기 어렵다.

무엇보다도, 한일합병 이전인 1900년 당시의 일본 소득세법 개정과 정부터 일본 의회와 관련 학회에서 현재까지도 지속적으로 논의되고 있는 '소득세 계산 시 법인 이외의 자의 소득에 대한 생계비 또는 필요비 공제'나 '과세 최저한도 배려' 등과 관련한 다양한 내용을, "명목상 독립국가이면서도 사실상 일본 소득세법을 의용한 우리나라" 국민들은 전혀 알지 못하는 이유도 알기 어렵다.

아마도 친일 세무직원들을 청산하지 못했던 것처럼, 건국 초기의 혼란과 한국전쟁 등을 거치면서 제국주의 일본이 조선의 식민노예들을 수탈하던 제도와 관행 역시, 우리 국민들 스스로 청산할 기회를 전혀 갖지 못했기 때문일 것이라고 추정한다.

하지만 우리에게도 수탈의 역사를 바로잡을 기회가 여러 차례 있었다.

대표적인 사건이, 이른바 "부마민주항쟁"이었다.

유신정부 말기였던 1979년에 물가폭등, 부동산투기 과열, 부가가치세 도입 등에 부산, 마산 지역의 하층민들이 항거한 부마민주항쟁은 유신정권을 무너뜨린 결정적인 계기가 되었었다. 하지만 박정희 전 대통령이 피살된 이후 정국의 수습을 국민 스스로, 또는 국민이 선출한 정부와 국회가 한 것이 아니라 전두환 전 대통령을 중심으로 한 국가보위비상대책위원회와 통일주체국민회의에서 하게 되면서 기회는 사라졌다.

이제라도 우리는 수탈의 역사를 바로잡아야 한다. 아니, 대한민국의 새로운 미래를 우리 스스로 다시 설계해야 한다. 그래야 대한민국이 바로 설 수 있고, 세계와 미래를 향해 제대로 도약할 수 있다.

그 걸음 중 하나로서 나는, 복지 분야뿐만 아니라 조세행정 분야에도 권리소득보장제도를 도입할 것을 제안한다.

#55 전문가도 아닌 전문가들에게 속지 말라

한 가지 사실은 "확실히" 짚어두고, 다음 이야기로 넘어갈까 한다.

이 글을 연재하는 과정에서 반복해서 환기하고 있지만, 나는 이런 분야의 전문가가 아니다. 형법학과 형사정책학을 전공했고, 그중에서 반부패, 자금세탁, 수사구조, 범죄피해자 보호 등의 영역을 주로 연구해온, "다른 분야의 전문가"일 뿐이다.

그럼에도 불구하고 부동산정책이나 복지정책, 더 나아가 조세정책까지 이야기하고 있는 것은, 오늘날의 부동산 사태를 해결할 수 있는 수준의 전문가가 이들 분야에서 매우 드물 것으로 판단했기 때문이다.

이렇게 생각한 이유는 간단했다. 정책현장에 사기꾼들만 드글드글하다 보니 함께 대책을 모색할 전문가를 찾기 어려웠기 때문이다. 2020년부터 "부동산 시장질서 교란의 구조와 대책"에 관한 연구를 기획하고, 그 일환으로 "부동산 시장질서 확립을 위한 중점 대응전략" 연구를 수행하면서 개인과 법인에 대한 부동산 관련 세제를 "구별하여" 간단히 정리해줄 수 있는 수준의 전문가조차 찾지 못했다.

그럴 수밖에 없는 것이, 이른바 부동산정책 분야는 인간생활을 망라할 정도로 광범위한 분야이면서도 종합적이고 입체적인 시각이 필요하고, 그러면서도 시간과 공간, 그리고 인간을 모두 통찰할 수 있어야 하기 때문이다. 즉, 어느 한 분야의 전문가라고 해서 부동산정책의 전문가라고 말하기 어려운 것이다.

하지만 조세정책 분야의 국책연구기관인 한국조세재정연구원에서도 부동산조세정책을 다룰 수 있는 전문연구자를 찾지 못했다. 한 명 추천받기는 했는데, 종합부동산세를 연구한 지 이제 고작 2년째가 됐다며 손사레를 쳤다. 그래서 더 알아보니 세법 연구는 법학연구자가 아니라 공인회계사나 경영학 전공자들이 주로 하고 있었고, 지엽적인 세무 절차는 상세히 알아도 전체적인 구도를 설명하지 못했다. 일단 "법을 다루면서도" 법학적 접근과는 너무 달랐다.

뿐만 아니라 이 과정에서 국토계획 분야의 국책연구기관인 국토연구원에서 의외로 부동산조세정책 연구를 꽤 해왔다는 것도 알게 됐다. 그런데 실제로 이들과 함께 해보니 전공 간의 괴리가 너무 커서인지 조세제도 자체에 대한 이해의 폭이 매우 좁았고, 잘 알고 있을 것으로 기대했던 부동산산업정책 분야마저도 전문성을 찾기 어려웠다.

이들을 비하하는 것이 아니라 현실이 그러했다. 이런 분야에 전문가그룹이 없다 보니 이들이라도 이런 분야를 연구해 왔던 것이었다.

나도 마찬가지다.

만일 이 글이 정부예산의 지원을 받는 연구과제였다면 해당 분야의 전문가들을 중심으로 토론회를 개최하여 각 분야의 논의를 활성화하고, 그들 스스로 답을 찾아내게 했을 것이지만, 그렇지도 않다. 그러다 보니 관련 분야의 “일반적인” 전문가들에게 영감이라도 주기 위해서 전문가도 아닌 내가, 부득이 홀로 생각을 정리하고 있는 것이다.

어쩌면 “부동산복지정책”이라는 전혀 새로운 연구분야를 개척하고 있는 중일 수도 있다. 인류가 더 나은 방향으로 나아가는 데 이런 생각들이 조금이라도 소용될 수 있기를 바라는 기대가 있음도 부인할 수 없지만, 아무도 시키지 않은 내 역할을, 필요한 수준까지만 마무리하고 나면, 가던 길로 나는 다시 떠날 것이다.

내게 너무 많은 것을 기대하지 말라. 나도 크게 기대하지 않는다. 본 게 있으니 본 만큼만 남겨둘 뿐이다.

#56

작은 먹이에 노예처럼 길들지 말라

노예를 길들이는 방법은 간단하다. 일단 매질부터 가하고, 말 잘 듣는 노예부터 매질을 멈추면 된다. 끼니 역시 굶어 죽지 않을 정도만 주되, 말 잘 듣는 노예부터 밥을 먹이면 된다. 잘 길든 노예의 관점에서는, 매질만 없으면 밥만 제때 주더라도 행복하다. 그럴 정도인데, 주인이 상처를 어루만져 주고, 남들보다 뭐라도 하나 더 챙겨주면 주인을 위해 목숨도 내걸게 된다.

이런 방식을, 한때 한반도를 식민통치했던 일본인들은 "문화정치"라고 불렀다.

그 전의 식민통치 방식이 대놓고 우리 민족을 힘으로 탄압하는 방식이었다면, 이때의 식민통치 방식은 겉으로는 우리 민족을 달래는 척했지만, 실제로는 민족을 분열시키는 한편, 조선인에 대한 감시를 강화시켜 더 가혹하게 탄압했었다.

당시의 대표적인 정책이 1919년 8월에 단행한 보통경찰제의 도입이었다. 겉으로는 헌병, 즉 군인이 아니라 경찰이 조선의 치안을 담당하게 했다지만, 실제로는 경찰서의 수를 확대하고 경찰관의 수도 대폭 증가시켜서 조선인에 대한 감시망을 확대한 것이었다.

또한, 일본은 한일합병 직후인 1910년 11월부터 조선총독부 법무국 행형과에 지문계를 설치하여 수형자의 지문을 채취, 보관해왔는데, 1931년 7월부터는 경기도 경찰부 형사과에 지문계를 신설하여 수형자는 물론이고, 경범자의 지문까지도 채취, 보관하여 신원조회에 활용하였다.

여기서 '경범자'란 조선총독부에서 항일의병과 독립운동가 등을 색출하기 위하여 1912년 4월에 제정한 "경찰범처벌규칙" 위반자를 의미하는데, 조선인들이 저촉하지 않으면서 생활하기 어려울 정도로 많은, 82종의 경찰범죄가 경찰범처벌규칙에 규정되어 있었기 때문에 경찰을 활용해 조선인 상당수의 지문을 채취할 수 있었다.

하지만 우리 국민들은 광복에 대한 열망과 일본제국주의에 대한 적개심만 가졌을 뿐, 식민노예 상태를 만드는 이런 제도들에 대해서는 무관심했다.

조선총독부의 보통경찰제는, 노태우 정부 당시인 1991년 '경찰법' 제정을 통해 화려하게 부활했고, 경찰범처벌규칙은, 이승만 정부 당시인 1954년 '경범죄처벌법' 제정을 통해 다시 국민들의 일상을 속박했다. 지문채취 업무는, 미 군정 당시인 1946년 '관방청직제' 개정에 따라 내무부 경무국(현 경찰청)에 통합되었고, 유신정부 당시인 1975

년 8월의 '주민등록법 시행령' 개정에 따라 지문채취의 대상은 범죄자뿐만 아니라 17세 이상의 전 국민을 대상으로 확대되었다.

어리석은 역사는 쉽게 바뀌지 않고, 끊임없이 반복된다. 이 글을 쓰고 있는 2022년 현재에도 크게 달라지지 않았다.

근본은 그대로 두고, 무늬만 바꾸는 개혁을, 우리는 개혁이라고 말하지 않는다. 그래서 나는, 보통경찰을 더욱 강력한 국가경찰제로 심화시킨 문재인 정부의 검찰개혁과 경찰개혁을, 개혁이라고 말하지 않는다. 경찰의 수사권을 보통경찰 수준으로 온전히 되살려놓은 것 이외에는 개혁을 위한 그 어떤 교두보도 마련해놓지 못했다.

문재인 정부를 지지했던, 많은 사람들이 불편해할 수 있고, 정치적으로 편파적일 수 있다는 오해를 받을 수 있는데도 내가 굳이 이런 이야기를 꺼내는 것은, 친일경찰에 대해 온 국민이 주목했는데도 불구하고, 문재인 정부가 해묵은 적폐를 청산해보겠다고 장담했는데도 불구하고 일본제국주의의 망령들은 여전히 국민들을 지배해 왔고, 여전히 달라지지 않았다는 사실을 환기하기 위해서이다.

우리가 청산하기 위해 노력해 왔던 경찰 쪽도 이럴 정도인데, —우리는 전혀 알아채지 못했던— 음지에서 수탈과 착취에 앞장서 왔던 친일 세무관리들과 식민 조세행정이 오늘날 어떻게 둔갑해 있을지도 의문이다.

한일합병하자마자 1911년 3월에 '우편저금규칙'을 제정하여 우편저금에 대한 소득세 징수부터 도모했던(제54조 제3항) 일본이, '소득세법의 시행에 관한 법률'을 1920년에 7월 제정하여 조선, 대만 등에서는 —메이지 시대부터 일본에서 시행해 온— 소득세법을 시행하지 않기로 한 이유가 궁금하지 않은가?

일본에서 시행해 온 소득세법을 조선 등에 대해서는 시행하지 않기로 했다면서 같은 날, '조선소득세령'을 제정하여 법인의 초과소득, 유보소득, 배당소득, 청산소득 등 법인소득에 대해서만 소득세를 징수하기 시작한 이유가 궁금하지 않은가?

왜 조선총독부는 1927년에 '조선자본이자세령'과 '조선영업세령'(1944년 조선사업세령으로 변경)을 제정했는지 그 이유가 궁금하지 않은가?

조세행정 분야의 전문가가 아니기 때문에 나 역시 그 이유를 잘 모른다.

다만 문화정치 당시인 1920년부터는 일본인과 조선인이 서로 다른 소득세법을 적용받게 되었다는 사실 정도는 안다. 조선 농민 대부분을 황실의 소작농으로 전환시킨 '황제 지주제'를 확립한 대한제국의 삘짓으로 인해 일제강점기의 조선 농민들도 대부분 조선총독부와 일부 지주의 소작농이 되었기 때문에 농민들에게 굳이 소득세를 징수하지 않아도 되었다는 사실 정도도 안다.

소작료를 징수하는 조합 등의 수입에 대해서 '조선자본이자세령'에 따라 자본이자를 "원천징수"하는 한편, 지주에게는 1914년에 제정한 '지세령'에 따른 지세를 정액 징수하고, 상인에게는 '조선영업세령'에 따른 과세표준액을 초과하는 매출 또는 수입에 대해 정율의 영업세를 징수하는 정도면 충분했다는 사실 정도는, 당시의 조문 내용을 근거로 어느 정도 짐작할 수 있다.

하지만 식민시대의 이런 망령들이 오늘날 어떻게 둔갑하여 우리를 구속하고 있는지는 전혀 알지 못한다. 어쩌면 '토지공개념'이란 그럴싸한 논리도, '황제 지주제' 또는 '식민지 지주제'식 논리의 부활일지도 모른다.

이제부터라도 경계해야 하고, 관련 전문가들도 일제강점기의 식민 조세제도와 독재정권의 수탈적 조세제도에 대해 제대로 연구해야 한다. 우리 국민들이 다시 노예로 전락하지 않기 위해서는 전문가들부터 깨어나야 하고, 국민들도 이제 현실을 깨달아야 한다.

이제는 이 나라의 주인인 국민이, 국가를 길들여야 한다. 생활급여나 재난지원금처럼 국가가 던져주는 작은 먹이에 길들지 말고, 국가에게 먹이를 던져주는 주인이 되기를 소망한다.

#57 기본공제와 정산 없는 이자소득세 등 원천징수

우리나라에서 원천징수 제도가 처음 시행된 것은, 일제강점기인 1927년에 조선총독부가 '조선자본이자세령'을 제정한 때부터라고 한다. 벌써 100년 가까이 되어가는 제도이다.

그렇다고 해서 원천징수(withholding) 제도 자체가 식민 조세제도라는 의미는 아니다. 전 세계가 해왔고, 탈세를 최소화하는 동시에, 세무절차를 간이화해 주는 이점도 있다. 전자납세시스템이 보편화된 오늘날, 이런 이점들은 더욱 부각되고 있다. 즉, 나쁜 제도만은 아니다.

하지만 이 제도는 "사전납부"라는 의미를 갖고 있기 때문에 "정산" 과정이 매우 중요하고, 그 요건과 절차가 명확해야 한다. 그리고 이러한 정산은 소득의 전반을 아울러서 행해져야 한다. 또한, 정산에 있어서는 "공제"도 매우 중요하다.

그런데 우리나라의 원천징수 제도가 '자본이자세'에서 출발했듯이, 원천징수되는 대표적인 소득 역시 "이자소득"이다(소득세법 제127

조 제1항 제1호). 금융회사 예적금을 가입하지 않은 성인은 드물 것이므로 성인인 우리나라 국민 대부분이 이자소득자에 해당한다. 심지어 미성년자조차 이자소득자가 많다.

그래서 대한민국 국민 대부분의 이해와 맞물리는 "금융회사 예적금의 이자소득"을 전제로 원천징수 제도의 적정성을 검증해 볼 필요가 있다.

일단 이자소득의 원천징수세율은 연 14%이다(소득세법 제129조 제1항 제1호 라목).

특별한 절세상품에 가입해있으면 이자소득세가 감경되거나 면제되지만, 대개 그 가입한도는 —10년 이상 장기 저축형 보험이 아닌 이상— 기껏해야 1,000만원~3,000만원 정도에 불과하다. 최근 1% 내외의 금리일 때 이들 상품의 이자율이 연 2% 정도였으니 고작 연 20만원~60만원의 이자소득에 대해 세금을 감면해준 정도에 불과하다.

그러니 이자소득에 대한 세금 감면 혜택은 전혀 없다고 보아도 무방하다.

대신 이자소득이 연 2,000만원 이하이고 원천징수되었을 경우 종합소득과세표준을 계산할 때 합산하지 않는 특혜(?)를 준다(소득세법 제14조 제3항 제6호). 즉, 2,000만원 이하의 이자소득의 경우 연 14%의 원천징수세만 납부하면 그걸로 끝인 거다.

구간별로 가중되는 소득세율을 감안할 때(소득세법 제55조) 2,000만원 이하의 이자소득을 분리과세해주는 것이 고소득자들에게는 나름 특혜인 것은 맞지만, 종합소득계산에서 이자소득을 분리과세할 경우 소득세법 제50조부터 규정된 종합소득공제도 받지 못한다.

그래서 이자소득에는 금액의 다소를 불문하고 무조건 연 14%의 세금이 붙는다고 생각하면 된다.

그런데 이게 당연한가? 소득이 이자소득밖에 없는 사람은 어떻게 해야 하나?

간단한 예를 들어보자.

연 1%의 금리일 때 10억원의 예금을 가진 사람이 받는 이자소득은 연 1,000만원, 월 83만원 수준에 불과하다. 최저임금에도 현저히 못 미치는 수준이다. 그런데도 연 140만원, 월 11만 7천원 상당의 이자소득세를 납부해야 한다. 이 사람에게 이자소득밖에 수입이 없을 경우 이 사람의 연 소득은 860만원, 월 71만원 수준에 불과하게 된다.

이에 대해 예금을 빼서 쓰면 되지 않냐고 말할 수도 있다. 하지만 다른 소득 없는 이 사람에게 10억원의 예금은 "살림밑천"이기 때문에 원금을 빼서 쓰면 쓸수록 미래가 불안정하게 된다.

어쩌면 매우 극단적인 사례일 것이다. 10억원의 예금을 가진 경우도 흔치 않을 것이고, 설혹 이런 사람이 있다손 치더라도 예금이자가 유일한 소득원인 사람도 흔치 않을 것이다.

하지만 이것은 매우 평범한 사람들의 시각이다. 또한, 안정적인 공무원연금이 보장된 팔자 편한 공무원들의 시각이다.

왜냐하면 이런 사람들이 생각보다 많기 때문이다. 예컨대, 이혼한 전업주부의 상당수가 이 경우에 해당한다.

이들은, 오랜 경력단절로 인해 재취업이 어려울 뿐만 아니라 자녀 양육 부담으로 정규직 취업 자체도 곤란하다. 분할한 재산권으로는 생계가 어려워 전 남편과 재산을 공유하기보다는 현금청산하는 경우가 많고, 목돈을 내준 전 남편이 양육비를 보내주지 않는 경우도 허다하다. 당장 거주할 곳이 필요하니 이혼과정에서 받은 현금의 많은 부분을 임대보증금으로 쓸 수밖에 없고, 당장 먹고 살 이자소득이라도 벌려면 임대보증금에 다 부을 수도 없다. 자녀를 맡긴 동안의 2~3시간 알바자리나 자녀가 잠든 동안의 심야 알바자리조차 구하기 쉽지 않으니 이들에게는 쥐꼬리만한 예금이자도 매우 중요한 소득원이 될 수밖에 없다.

그런데 올해를 제외한 최근 몇 년간 예금이자는 1% 내외에 불과했고, 전세는 폭등했다. 심야 알바의 대표격인 노래방은 코로나로 인해 개점도 못 했고, 자영업 위기에 따라 단시간 알바자리는 씨가 말랐다.

이들이 최근 어떤 삶을 살았을지 짐작은 되는가?

퇴직한 퇴직자의 상당수도 이 경우에 해당한다.

늙고 병들어 더 이상 일하기는 힘들고, 개업이나 투자는 더욱 무섭다. 쥐꼬리만한 연금소득에서도 기대할 것이 없기 때문에 집 한 채가 전 재산인 퇴직자들 상당수는 이자소득만 바라보고 살 수밖에 없다. 자녀들은 아직 독립하지 못했고, 아프기라도 하면 눈앞이 캄캄해질 상황이다.

그런데 10억원의 예금에 연 2%의 이자를 받아봤자 이자소득은 최저임금 수준의 고작 연 2,000만원에 지나지 않는다. 실제로는 그 반의 반도 갖기 어렵다. 그런데도 국가는 그 알량한 이자소득에 대해 연 14%의 이자소득세를 원천징수하고 있는 것이다. 그리고 정산도, 공제도 제대로 해주지 않는다.

이들이 앞으로 어떤 삶을 살게 될지 짐작은 되는가? 실제로 이들에게 남은 분할재산이나 퇴직금이 많지도 않은데, 이들에게 남은 돈 까먹으면서 살라고 말하고 싶은가?

무엇보다도 은행예적금은 국민 대부분이 이용하고 있고, 대부분 이자소득 자체가 많지 않다. 그래서 낙전을 가져가듯이 세금을 떼가도 국민들은 잘 모르고, 일제강점기부터 이어져온 이런 세금징수 방식에 사람들은 둔감하다. 아마도 대부분의 사람들은, 일제강점기부터 이어져온 이런 방식이 당연하다고 생각할 수 있고, 이를 문제삼는 내가 이상하다고 생각할 수 있다.

하지만 초고령 사회로, 개인 중심 사회로 급속히 이전함에 따라 근로소득 이외의 다양한 소득원 마련이 절실해진 오늘날의 현실을 감안할 때 이런 세금징수 방식은 더 이상 적정하지 않다고 생각한다. 그래서 이자소득에 대해서도 제안한다.

연간 권리소득금액(1인 기준) 이하 금액의 이자소득만 발생할 것으로 예상되는 경우에는, 예금자 본인이 원할 경우를 제외하고는 애초에 원천징수하지 말 것을 제안한다. 또한, 원천징수한 이자소득은 반드시 정산할 것을 제안한다. 어차피 대부분의 금융정보가 전산화된 오늘날, 이자소득은 애초에 투명할 수밖에 없고, 권리소득금액 이하의 이자소득을 원천징수하지 않는다고 해서 종합소득 계산이 어려울 이유가 전혀 없다.

나아가, 종합소득 계산에 있어서도 "가족구성원 수만큼의 권리소득금액"을 기본 공제할 것을 제안한다.

다른 소득의 경우도 마찬가지다.

연간 권리소득금액(1인 기준) 이하의 소득만 예상되는 경우에는 소득의 종류를 불문하고 원천징수하지 말고, 원천징수한 소득의 경우에는 허투루 계산하지 말라고 제안한다.

#58 가칭 권리소득 제도의 설계원리와 도입 필요성

권리소득제도 설계의 원리는 간단하다.

권리소득은 복지의 기준인 동시에, 납세의 기준이 된다.

소득이 권리소득기준금액에 못 미치면 부족분을 국가에서 지원하고, 소득이 권리소득기준금액을 넘어서면 그 초과분에 대해 소득세를 납부하는 구조이다.

다만 여기서의 소득에는 공적이전소득도 포함하되, 조세 등 공적부담은 제외하여 소득을 계산한다. 또한, 소득을 계산함에 있어 소득이 발생하는 과정에서 특별하게 수반되는 비용도 제외한다.

나아가, 권리소득 지원신청 여부나 소득발생 신고는 원칙적으로 당사자의 자율에 맡기되, 그로 인한 책임도 당사자가 부담한다.

누구나 쉽게 이해할 수 있는 매우 단순명료한 구조이다.

하지만 이러한 방향의 개혁은 우리나라 조세법제를 모두 갈아엎어야 하기 때문에 결코 간단하지 않을 것이라고 생각한다.

박정희 정부가 1965년에 '조세감면규제법'이란 이름으로 제정하여 친정권 기업과 단체 등에 조세 특혜를 주기 위한 부패장부로서 역대 정부들이 알뜰하게 활용해 온 "조세특례제한법"을 폐지하는 것조차 안 해온 우리나라 위정자들과 세무공무원들이, 이런 차원의 개혁에 동참할 것이라고는 기대하지는 않는다.

하지만 자본주의 국가의, 아니 자유민주주의 국가의 정치인이고 공무원이라면 국민이 가지는 것을 죄악시하지 말고, 국민이 잘 사는 것을 배 아파하지 말라.

그보다는 국민이 하나라도 더 갖고, 함께 잘 살 수 있는 방안을 더 고민해달라.

99.9%의 국민들이 내 말을 알아듣지 못하더라도 당신들은 내 제안의 의미들을 알고 있지 않은가? 마음만 있다면 어렵지 않은 일인 것도 알고 있지 않은가?

부동산 조세제도의 변혁을 위해서는 반드시 필요한 제도이니 지금부터라도 고민해 달라.

#59 고령 임대소득자는 규제대상이 아니라 보호대상이다

요즘에는 사업수익을 뇌물로 나눠주는 조건으로 수천억~수조 원대 대형 사업 자체를 뇌물전달책들에게 떼주는 경우나, 고수익 펀드에 계좌를 내주는 경우까지 생긴 모양이지만, 20년 전쯤부터 오늘날까지 가장 핫한 뇌물은 역시 "퇴직 후 직장 보장"이다.

더욱이 퇴직 후 직장이 보장된 그룹들은, 퇴직 후가 오히려 인생의 정점으로 볼 수 있을 정도로 장기간 고수익이 보장될 뿐만 아니라 그들만의 엘리트 부패 카르텔의 일원으로 편입되어 공직과 자유직을 오가며 배후의 권력을 만끽한다. 이들만 퇴직 후 직장이 보장되는 것이 아니라 이들의 가족들 역시 직장이 보장되며, 오랜 공직이나 교직에 기반한 이들에게는 안정적인 공무원연금(또는 사학연금)뿐만 아니라 각종 공적이전소득까지 암암리에 주어진다.

나라 곳간의 열쇠까지 쥐고 있는 이들은 어느 정권이건 중용될 수밖에 없고, 이들에게 쏟아지는 합법적인 후원금은, 재단화하여 후대까지 영속한다. 뇌물을 몰래 받거나, 부정한 처사를 적극적으로 해주는 것이 아니라 골프 치면서 병풍을 서준 정도로도 이런 호사가 기다린다.

그런데 퇴직 후 직장을 보장받은, 이런 사람들이 우리나라 금융정책, 산업정책, 조세정책, 주택정책, 복지정책 등 기간(基幹) 정책을 결정하게 된다. 누군가의 생계, 누군가의 노후, 누군가의 미래 따위는 관심이 없을 수밖에 없다.

하지만 평범한 사람들에게 노후는 끔찍한 현실이다.

매일 다니던 직장이 사라지고, 수입도 끊긴다. 국민연금은 기대할 것도 없고, 언제나 받게 될지 까마득하다. 퇴직금에 붙은 이자는 쥐꼬리만하고, 사업이나 투자를 하자니 모두 사기꾼 같아 보여 두렵다. 직장이 있을 땐 그렇게 잘 내주던 대출도 퇴직 후엔 하늘의 별따기고, 사실상 소득이 없거나, 충분치 않은데도 건강보험료와 공과금은 귀신같이 따라온다. 가만히 있자니 거지가 절로 될 것만 같은데, 취직 못한 자식까지 지갑과 통장을 넘본다. 고령자가 접근하기에 주식이나 펀드, 가상화폐 등은 너무 복잡하고 어렵다.

그러다 보니 평범한 사람들이 생각할 수 있는, 노년의 안정된 소득원이라고는 연금소득, 이자소득, 임대소득이 고작이다.

하지만 지금도 20~50만원 정도밖에 안 주는 연금을, 연금이 고갈된 미래에 현재 수준이라도 줄지 의문이고, 이자소득은 애초에 연 14%의 세금을 에누리 없이 빼간다.

그나마 기대할 수 있는 게 임대소득인데, 연 2,000만원 이하의 임대소득에 대해서도 2019년부터 소득세를 내라고 한다. 소유자 명의만 가졌을 뿐 손에 쥔 적도 없는 전세보증금도 이자소득으로 환산되어 세금이 붙고, 노후주택 몇 채 가진 다주택자라고 재산세와 종합부동산세까지 중과한다. 세금은 세금대로 받으면서도 세 놓겠다고 들인 중개수수료, 수선비용, 도배장판비, 공실비용(공실 기간 중 관리비, 난방비 등) 등을 비용으로 인정해 주거나, 보전해 주지도 않는다.

남들 보기에 재산이 많아 보일지 몰라도 다른 고령자들과 마찬가지로 돈줄이 막힌 고령자이다. 임대소득 이외에 특별한 대안도 없고, 집값이 얼마건 집 자체가 팔리지 않는데도 정부는 "다주택자 투기" 운운하며 세금폭탄을 때린다. 당장 쓸 돈도 태부족인데, 죄인 다루듯, 매질하듯 세금을 때린다.

부동산 투기를 일삼는 "주택과다보유자"들은 따로 있다. 이들 고령 임대소득자들이 아니다. 이들 고령 임대소득자들은 오히려 "생활보호 차원에서" 정부로부터 임대소득을 보호받아야 할 사람들이고, 이들에게 주택은 '밑천'일 뿐이다.

더욱이 이들 고령 임대소득자들은, 엘리트 부패 카르텔의 잘난 일원도 아니다. 보호할 것이 아니라면 때리지는 말라.

#60
민간임대업과 대비되는 공공임대주택 공공사기 행각

임대업을 만만하게 보는 사람들이 매우 많다.

하지만 2년마다 계약을 갱신해야 되니 6개월 전부터 공인중개사 및 세입자와 협의해야 하고, 전세가 아닌 한 세입자마다 도배, 장판을 새로 해줘야 한다. 트렌드 및 노후도에 따라 조명, 수전, 가구 등도 바꿔줘야 하고, 연식이 되면서 타일, 배관, 창호 등의 수선비도 만만찮다. 에어컨, 냉장고, 세탁기와 같은 빌트인 가전이 있으면 수리비와 교체비도 적지 않고, 누전 등으로 인한 화재에 대비하여 화재보험도 가입해둬야 한다. 입주할 세입자가 없어 공실이 되어 임대료를 못 받아도 관리비와 난방비는 그대로 지불해야 하고, 세입자가 바뀔 때마다 지출해야 하는 고액의 중개수수료도 부담스럽다. 계약 갱신 때마다 공인중개사에게 지급하는 관행상의 대서료도 결코 작지 않고, 복수주택 소유자에게 중과하는 재산세와 종합부동산세도 만만치 않다.

한 세대만 세줘도 이럴 정도다. 빌라처럼 10세대 이상 임대하게 되면 생지옥이 펼쳐진다.

집 뺀다는 세입자의 연락이라도 오면 세입자 달래고 어르느라 정신 없고, 동네 중개사 사무실을 돌며 매물도 내놓아야 하며, 공실이 장기화되면 벽보나 광고도 고민해야 한다. 층간소음, 주차 등으로 인한 이웃 간의 다툼도 끊이지 않고, 누수, 고장 등 각종 수리나 수선과 관련한 민원도 계속된다. 전세자금이나 임대보증금 대출과 관련한 동의도 해줘야 하고, 대출금을 금융회사에 반환할 때 밀린 임대료와 관련한 협의나 소송도 이어진다. 잊을 만하면 세입자로부터 내용증명이나 지급명령서가 날아오고, 공용공간 청소 등도 집주인이 직접 하거나 업체 등에 맡겨야 한다.

임대를 처음 시작할 때는 나름 신축주택이었을 거니 임대수요층의 관심을 받겠지만, 세입자가 바뀔 때마다 집도, 집주인도 빠르게 늙어간다. 재건축 기준으로는 30년이 주택 노후기준이지만, 임대시장에서는 8년만 돼도 이미 노후주택이고, 15년이 지나면 '썩은 주택' 취급을 받는다. 손해 감수하고 임대료를 낮춰도 찾는 사람이 줄고, 공실이 더 손해니 더 낮게 임대료를 받더라도 집을 내준다.

젊은 세대로 가득찼던 빌라가 어느새 노인과 밑바닥 인생들로 채워지고, 다달이 들어오던 임대료도 아예 끊길 때가 적지 않다. 겨울에 전기도 돌지 않아 찾아가보면 이불 뒤쓴 채 어린 자녀 끌어안고서 오들오들 떨며 굶고 있는 극빈층까지 만날 수 있다. 어느 새 임대업은 사회사업처럼 변질되어 간다.

그나마 빌라는 세입자가 한데 모여있지만, 여러 지역에 임대주택이 분산돼 있거나, 주거지와 임대주택이 원격지인 경우는 답이 없다. 관리 자체가 어렵고, 관리하려면 생각보다 큰돈이 든다. 결국 세입자와 협의하여 임대료를 깎는 대신 세입자가 직접 관리하도록 하면, 손해도 손해지만 소유자 명의만 자기 명의일 뿐 소유권이 세입자에게 넘어간 것과 다름없게 된다. 더욱이 중과된 재산세와 종합부동산세는 온전히 자기 차지가 된다.

이게 민간 주택임대업의 현실이다. 수지 타산은 둘째 문제고, 기업처럼 운영하지 않는 한 임대시장에서 배겨내기 어렵다.

대개는 인생에서 가장 건강한 40~50대에 시작한 임대업이지만, 눈깜짝할 새에 60~70대가 된다. 그새 임대주택도 20~30년이 넘은 노후 불량주택이 되었고, 연금보다 병원비와 약값이 더 들어가는 자신처럼 임대주택도 임대료 못지않게 수선비가 들어간다. 팔아서 현금 청산하고 싶지만, 특별한 개발 호재가 없는 한 임대보증금이 줄줄이 달린 비싼 노후주택을 사줄 사람은 흔치 않다. 이런 문제를 함께 상의해 온 배우자도 어느새 곁을 떠나고, 자식들은 자기 앞가림하기도 바빠 도울 여력이 없다.

그래서 제 한몸 감당하기도 쉽지 않은 노인들에게 임대업은 어울리지 않는다고 생각한다. 정신이 아직 멀쩡할 때, 몸이 골병들기 전에 어떻게든 정리해야 한다. 그것만이 살길이다.

그런데 임대업의 현실이 이런데도 공공임대주택사업은 전혀 다른 특수를 누려왔다.

공공주택특별법상의 특례 규정에 따라 온갖 특혜란 특혜는 양껏 누린 공공임대주택사업자는, 고작 5~10년 정도에 불과한 임대의무기간만 도과하고 나면 사업주택들을 매각할 수 있다(공공주택특별법 제50조의2 제1항). 뿐만 아니라 20년 이상 의무임대해야 하는 영구임대주택, 국민임대주택, 행복주택, 통합공공임대주택, 장기전세주택조차도 임대의무기간의 절반만 지나면 임차인에게 분양전환할 수 있으니(공공주택특별법 제50조의2 제2항 제2호) —임대의무기간이 50년인 영구임대주택을 제외하고는— 주택 노후가 심화되기 이전인 5년~15년 정도면 매각할 수 있는 것이다.

배관 교체 시기가 대략 준공 후 15~20년이니 더 골치아파지기 전에 매각하여 현금청산하는 것이고, 노후주택 관리부담은 고스란히 임차인 또는 매수인에게 전가하고 자신들은 해방되는 것이다. 더욱이 건설 과정에서 온갖 혜택은 다 받아 저비용으로 사업을 시작해놓고선 정작 분양전환하거나 매각할 때는 '주변시세' 운운하며 비싼 값에 후려치고선 먹튀한 셈이다. 월세라도 받아 노후에 호구지책으로 삼아볼까 하는 고령 임대업자와 비교할 때 이들이 하는 사업은 "땅 짚고 헤엄치기" 수준의 호사라고 볼 수 있다.

참고로, 임대주택에는 애초에 시세가 없어 '원가계산'이 매우 중요한데, 그런 기초정보 공개도 없이 그간 매각이나 분양전환이 행해져

왔다. 그러니 인위적으로 주변시세 올리기 위해 이들이 허구의 법인들을 설립하여 실거래가 조작에 나설 수밖에 없는 것이다.

그간 우리나라는 이런 "공공사기" 행각을 '공공사업'으로 포장해온 것이고, LH 등 부동산 공기업 임직원들과 온갖 정치인들이 앞장서서 이런 사업을 추진하거나, 이들을 비호해 준 것이다. 수도권뿐만 아니라 전국이 이랬고, 이런 정치인들이 여전히 국회의원과 지자체장 등 선출직 요직을 꿰차고 있다.

전국이 아사리판이라 어디서부터 어떻게 수습해야 할지 모를 상황이지만, 이들이 죗값을 받을 가능성은 0에 가깝고, 이들의 비호세력 대부분도 "명문" 엘리트 부패카르텔의 일원으로서 변함없이 승승장구할 것이다. 하지만 영끌로 대출받아 이들의 물건을 사준 어리숙한 이들은 끝모를 고난의 길을 걸어야 하고, 흙수저를 쉽게 벗어나지 못할 것이지만, 이들에게 고마워하며 다시 이들에게 투표해 줄 것이다.

이것이, 국민들이 선진국이라 믿고 있는 21세기 대한민국의 현실이다.

#61 공공임대주택의 매각은 제한하는 것이 원칙이다

공공임대주택사업의 최고의 강점을 대개, '규모의 경제'로 알고 있다.

대단위 공동주택으로 임대주택 단지를 건설하여 공급하기 때문에 호당 건설원가가 낮아질 수밖에 없고, 저렴한 비용으로 상가, 공원, 주차장, 전기, 통신, 상하수도 등의 편의시설을 집약시킬 수 있다. 주민들이 같은 공간에서 공동생활하기 때문에 주민자치도 용이하며, 사업자가 직접 공동주택을 관리하거나, 위탁관리하기 때문에 지속적인 수입 창출도 용이하다.

맞는 말이다.

다만 공공임대주택사업은 공법인 또는 소수의 특정인(법인 포함)이 소유하고 있기 때문에 "사업의 청산" 또는 "재건축"도 용이하다. 그래서 나는 이게 더 강점이라고 생각한다.

소유자 간의 이해를 조정하기 위해 십수 년이 소요되면서도 세입자인 주민의 이해가 전혀 반영되지 않는 우리나라와 달리, 공법인 또는 소수의 특정인(법인 포함)이 공공임대주택 단지 전체를 소유하는 외국의 경우 아파트 재건축 과정에 특별한 문제가 발생하지 않는 것이 이런 이유 때문이다. 애초에 아파트와 같이 법률관계가 복잡할 수밖에 없는 공동주택을, 굳이 개별 분양하려 하지 않는다.

2008년 당시 홍콩의 도시재생 주무부처인 '시구중건국'(Urban Renewal Authority)을 방문했을 때도 이 부분에 대한 양국의 인식 차이가 매우 컸었다. 내가 홍콩의 재건축 제도인 "중건"(renewal) 제도를 잘 알고 있어서 이런 사실까지 알게 된 것이 아니라 시구중건국 임직원들이 한국의 재건축 상황에 지대한 관심을 갖고 끊임없이 내게 질문했기 때문에 그 차이를 알게 될 정도였다.

더욱이 이들이 중건 과정에서 주력한 것은, 부가가치를 창출하거나 일반분양분 또는 임대주택분을 확보하는 것이 아니었다. 주민의 100%가 만족하는 사업 추진이었으며, 주민의 100%가 재입주할 수 있도록 하여 현재의 주민(즉, 세입자 또는 임차인)을 최대한 그대로 재정착시키고 문화유산(heritage)이 온전히 미래로 이어질 수 있게 하는 부분이었다.

그러다 보니 중건 사업 하나에만도 7~8개의 위원회가 개입하여 감시·감독하고, 선정된 시공사가 하도급하는 것 역시 금지된다. 물론, 공법인 또는 소수의 특정인(법인 포함)이 단지 또는 건물 전체를 소유하고 있다고 해서 소유자 임의로 재건축을 추진하는 것이 아니라 공공과 주민의 주도하에 사업이 추진된다.

당시 추진된 Kun Tong Town Centre 사업의 경우 고작 10여 개의 건물을 중건하는 데만도 60여 차례의 사업설명회를 열고, 주민제안을 받아 최종 4개의 계획안을 주민투표에 붙여 확정된 최종안을 위원회에서 채택하지 않자 다시 주민제안을 붙인 상태였다. 특별한 법률분쟁 소지가 없기 때문에 이렇게 해도 중건을 추진하는 데까지 1년이 채 걸리지 않는다고 했다.

그러다 보니 내가 사는 아파트 단지가 7,500호 정도에 소유자만도 10,000명이 넘는다는 내 말에, 홍콩 시구중건국 임직원들이 경악할 수밖에 없었던 것이다. 일단 내가 말하는 주민(즉, 소유자 또는 임대인)과 그들이 말하는 주민(즉, 세입자 또는 임차인)이 서로 달랐고, 구역으로 나눈 구획선을 임의로 그어 구획선 안의 동네 자체를 쓸어버리는 주택재개발 방식에도 경악했었다.

그리고 내가 만난 그들은 광둥어를 쓰는 홍콩인이 아니라 영어를 쓰는 영국인들이었다. 아마도 영국과 영연방 국가들도 비슷한 상황일 것으로 짐작한다.

당시 홍콩과 한국의 차이가 너무 컸었기 때문에 내가 간과했던 부분이 있다. 그것은, 홍콩의 경우도 중건 사업 과정에서 소유자가 건물을 매각하여 청산할 수 있다는 부분이었다. 그때는 이 말의 의미를 제대로 이해하지 못한 채, 메모만 해두었다.

그때부터 아직 15년도 지나지 않았는데, 당시의 홍콩은 이제 존재하지 않는다. 이제 세계적인 성공사례였던 홍콩의 중건 사례를 배울 필요도 없을 것이다.

하지만 공공임대주택사업의 정상화를 위해서 분명히 해둘 부분은 있다. 사업자가 파산하거나, 대상주택을 재건축할 특수 상황이 아니라면, 보유주택을 매각하거나 노후 임대주택을 세입자에게 전가해서는 안 된다는 점이다.

이에 '공공임대주택의 매각제한'을 규정한 공공주택특별법 제50조의2 규정을, 단순히 임대기간에 따른 제한규정만 둘 것이 아니라 사업자의 파산, 임대주택의 재건축 등의 엄격한 요건하에서만 매각 또는 분양전환을 허가할 수 있도록 하는 방향으로 개정할 것을 제안한다.

또한, "OO년 거주 후 우선분양"과 같은 조치가 세입자에 대한 혜택이 아니라 노후주택을 세입자에게 전가함으로써 세입자를 수선책임과 재건축의 수렁에 빠뜨리는 "공공사기" 또는 "사업부정"이라는 인식을 공유하는 한편, 공공임대주택 입주자 공모과정에서 이러한 내용을 광고하거나, 표시한 자를 형사처벌할 것도 함께 제안한다.

이런 전제가 성립되지 않는 한, 공공임대주택사업은 할 필요가 없고, 이렇게 할 거면 하지 않는 게 차라리 낫다고 생각한다.

#62

주택수요와 복지수준의 상관관계

부동산 가격 급등 등으로 드러난 국가적 경제위기 상황에 직면하여 그 해법을 제시한다면서 시작된 논의가 뜬금없이 복지 관련 주제로 전환된 것이, #20 글부터였다. 그리고 그 발단은, 무턱대고 주택을 공급하면 일본처럼 '빈집' 천지가 될 수 있으니 주택수요부터 제대로 파악할 필요가 있다는 것이었다.

논의의 전개 과정에서 #28 글부터는 우리나라의 기초생활보장 또는 생활보호 제도가 잘못 설계되었고, #50 글부터는 소득 관련 조세제도 역시 복지 제도와 단절되어 잘못 설계되어 있다는 사실을 확인할 수 있었을 것이다. 또한, #47 글에서 제안한 이른바 "권리소득" 제도가, 복지의 기준인 동시에, 납세의 기준이 된다는 점도 #58 글에서 정리했었다.

앞선 글들에서 제기한 여러 문제점들에 대해서는 독자들이 공감한 부분이 적지 않더라도 '권리소득' 제도와 관련한 논의는 매우 낯설었을 것이라고 짐작한다. 다만 이는 내가 그려본 대안 중의 하나일 뿐이고, 독자들이 그 안에 담긴 문제의식만이라도 공감 또는 공유해줄 것을 기대할 뿐이다.

어차피 나는 내 생각을 믿고, 글이 가지는 힘을 믿기 때문에 이 생각들이 우리나라뿐만 아니라 미래의 인류사회까지도 변화시킬 수 있을 것이라고 믿는다. 미쳤다고 생각해도 상관없다.

이제 #22 글의 문제 (3)으로 다시 돌아가 본다.

(1) 한 사람이 생존(또는 연명)하기 위해선 무엇이 필요한가?

(2) 한 사람이 인간답게 생활하기 위해선 무엇이 필요한가?

(3) 문제 (1)과 문제 (2)에서 '필요한 무엇'은, 각각 누가 마련해야 하는가?
그리고 그 비용은 각각 누가 지불해야 하는가?

다시 현실로 돌아왔다.

#63

재원은 누가 마련해야 할까?

내가 제안한 이른바 '권리소득' 제도를 도입하건 아니건, 기초생활보장 또는 생활보호에는 애초부터 돈이 든다. 복지 차원의 조세 감면의 경우도 마찬가지다.

그래서 전 국민에게 권리소득을 보장하고, 전 국민에게 권리소득금액만큼의 소득에 대한 세금을 면제하는 방안이 현실적으로 실현 가능한지에 대해서도 의문이 생길 것이다.

당연하다.

재원이 마련되지 못한다면 아무리 그럴싸해 보여도 헛소리에 그치게 된다.

그런데 그 재원은 누가 마련해야 할까?

복지를 위한 재원은 "반드시 국가에서" 세금 등의 징수를 통해서만 확보해야 할까?

#64

사례 1 : 20대 청년 A

A라는 20대의 청년이 있다. 그에게는 B와 C라는 50대 부모가 있고, 맞벌이 부부인 이들은 경제적으로 어느 정도 여유가 있다.

그런데 대학을 졸업한 A는 아직 취업준비생이고, 시간제 알바를 통해 용돈 수준에도 못 미치는 적은 돈을 벌고 있다. 물론, 없다고 해도 무방할 정도로 A 소유의 재산은 없다.

권리소득 제도의 관점에서 보았을 때, A는 권리소득 지원대상자라고 할 수 있고, 국가에서는 A에게 권리소득금액에서 알바 수입을 제외한 금액만큼의 금전을, 이른바 '권리소득보장금'으로서 지급해야 한다.

이런 전제에서 물어본다.

(1) 이때 A가 국가에 권리소득 지원을 신청하지 않고, 대신 부모인 B와 C로부터 용돈의 명목으로 권리소득보장금만큼의 금전을 무상으로 받았다면, 이는 국가로부터 권리소득보장금을 받은 것과 실질적으로 다른가?

(2) 이때 A가 국가에 권리소득 지원을 신청하지 않고, 대신 공익재단인 D로부터 취업지원의 명목으로 권리소득보장금만큼의 금전을 무상으로 받았다면, 이는 국가로부터 권리소득보장금을 받은 것과 실질적으로 다른가?

(3) 이때 국가는, B, C 또는 D가 A에게 무상으로 지급한 금전 중 권리소득보장금만큼의 금액에 대하여 증여자인 B, C, D에게 증여세를 부과하여야 하는가, 아닌가? 그리고 그러한 조치가 정당한가?

#65

사례 2 : 80대 독거노인 E

E라는 80대의 독거노인이 있다. 그에게는 B라는 50대 자녀가 있고, B의 배우자 C와 함께 맞벌이 부부인 이들은 경제적으로 어느 정도 여유가 있다.

그런데 E는 수도권에 낡은 빌라를 하나 가지고 있어 고정적인 임대소득이 있고, 20만원 상당의 연금소득도 있다. 재산도 B와 C의 재산보다 많다. 하지만 E의 모든 소득을 합쳐도 권리소득기준금액에 못 미친다.

권리소득 제도의 관점에서 보았을 때, E는 권리소득 지원대상자라고 할 수 있고, 국가에서는 E에게 권리소득금액에서 임대소득금액 및 연금소득금액을 제외한 금액만큼의 금전을, 이른바 '권리소득보장금'으로서 지급해야 한다.

이런 전제에서 물어본다.

(1) 이때 E가 국가에 권리소득 지원을 신청하지 않고, 대신 자녀인 B로부터 용돈의 명목으로 권리소득보장금만큼의 금전을 무상으로 받았다면, 이는 국가로부터 권리소득보장금을 받은 것과 실질적으로 다른가?

(2) 이때 E가 국가에 권리소득 지원을 신청하지 않고, 대신 공익재단인 D로부터 독거노인 지원의 명목으로 권리소득보장금만큼의 금전을 무상으로 받았다면, 이는 국가로부터 권리소득보장금을 받은 것과 실질적으로 다른가?

(3) 이때 국가는, B 또는 D가 E에게 무상으로 지급한 금전 중 권리소득보장금만큼의 금액에 대하여 증여자인 B, D에게 증여세를 부과하여야 하는가, 아닌가? 그리고 그러한 조치가 정당한가?

#66
겉만으로는 그 속사정을 알 수 없다

#64글에서 예시한 20대 청년인 A에게는 경제적으로 여유가 있는 50대 부모 B와 C가 있다.

그래서 많은 사람들이 이렇게 생각했을 것이다.

"이렇게 유복한 가정의 자녀에게까지 권리소득을 지원해야 하는가?"

그런데 A는 자신의 꿈을 쫓아, 자신의 꿈을 인정하지 않는 부모로부터 독립하여 혼자 살고 있다.

알바해서 버는 수입으로는 고작 1평 정도밖에 안 되는 고시원방 입실료를 내기도 빠듯하고, 라면과 편의점 김밥으로 근근이 끼니를 때우다 비좁은 고시원방에서 새우잠을 청한다. 이 돈으로는 간이침대라도 딸린 원룸텔은 꿈같은 일이다.

가끔씩 집에 들어가면 식사를 앞에 두고 부모님의 잔소리가 또 시작된다. 시험은? 취업은? 연애는? 생활은?

조금만 더 잔소리를 버티면 생활비라도 받아 나올 수 있었지만, 수저 내려놓으며 버럭 성내며 나와버린다. 배고픔은 다시 편의점 김밥으로 때우고, 꿈을 향한, 기약 없는 일상은 다시 반복된다.

하지만 권리소득 제도가 도입되면 이런 청년들의 미래가 달라진다. 생계를 걱정하지 않으면서 자신의 꿈을 좇을 수 있고, 실패해도 국가와 사회, 가정과 이웃이 지켜준다. '70억명 vs 1'의 전 지구적인 경쟁에서도 힘을 낼 수 있다.

어쩌면 사례일 뿐이다.

하지만 겉만 봐선 그 속사정을 어찌 알겠는가? 고루한 틀딱들이 청년들의 달라진 고민과 도전을 어찌 공감하겠는가? 몇몇 숫자만으로 각자의 삶과 형편을 어찌 헤아릴 수 있겠는가?

더욱이 국제인권법의 기준에 따르면 고시원 거주자는 비주택 거주자, 즉 노숙자에 지나지 않는다. 독립한 것도, 쫓겨난 것도 아닌 주거난민일 뿐이다.

이런 전제에서 다시 묻는다.

(1) 이때 A가, 부모인 B와 C로부터 생활비의 명목으로 이른바 권리소득보장금만큼의 금전을 무상으로 받았다면, 이는 국가로부터 권리소득보장금을 받은 것과 실질적으로 다른가?

(2) 이때 A가, 공익재단인 D로부터 취업지원의 명목으로 권리소득보장금만큼의 금전을 무상으로 받았다면, 이는 국가로부터 권리소득보장금을 받은 것과 실질적으로 다른가?

(3) 이때 국가는, B, C 또는 D가 A에게 무상으로 지급한 금전 중 권리소득보장금만큼의 금액에 대하여 "증여를 받은" 수증자인 A에게 증여세를 부과하여야 하는가, 아닌가? 그리고 그러한 조치가 정당한가?

#67 독거노인들의 무참한 삶을 공감할 수 있을까?

#65글에서 예시한 80대 독거노인 E는 수도권의 낡은 빌라도 하나 소유하고 있고, 작지만 고정적인 임대소득과 연금소득도 있다. 그에게는 경제적으로 여유가 있는 50대 자녀 B도 있다.

그래서 많은 사람들이 이렇게 생각했을 것이다.

"이렇게 재산 많은 복노인에게까지 권리소득을 지원해야 하는가?"

그런데 E가 매월 수령하는 임대소득과 연금소득을 다 합쳐도 권리소득 기준금액에 못 미칠 뿐만 아니라 소유한 주택은 노후·불량하여 부동산에 내놓아도 찾는 이가 없는 악성 매물이다. 더욱이 자식조차 애물단지 빌라를 거들떠보지 않아 80대 노인인 E는 인근 부동산을 일일이 돌며 직접 빌라 매물을 내놓아야 하고, 계약과 계약 갱신하러 직접 나서야 하며, 며칠에 한 번은 빌라에 가서 계단 청소라도 시켜두고 와야 한다.

무릎 통증으로 보행이 불편한데도 버스비 아끼겠다고 인근 전철역까지 30분을 기어가듯이 천천히 걸어가고, 전철 내려 빌라까지도 30분은 걸어 다닌다. 걷다가 실신한 적도 있지만, 혼자서 살아가려면 어쩔 수가 없다. 경제적으로 여유가 있는 50대 자식 B가 바쁘다는 핑계로 찾아오지 않은 지 벌써 몇 년이 되고, 이사라도 갔는지 알 길이 없다.

그래도 온 가족이 살던 낡고 넓은 집에서 혼자 산다. 살 집도 있고 낡은 빌라도 있으니 속사정을 모르는 사람들은 부자라고 하지만, 관리비 겨우 메울 처지라 여름에는 따뜻하게, 겨울에는 시원하게 산다. 무릎이 아파 기어가듯이 걷는데도 재산이 많다는 이유로 의료지원은 구경할 수조차 없다.

어쨌든 혼자 산다. 종일 혼자 산다. 찾는 전화도 없이 혼자 시간 때우다 보면 먼저 떠난 배우자 생각에 밤새 울기도 한다. 그래서 빌라 관리라도 하며 가끔이라도 부대끼며 사는 것이 한편으로는 다행이지만, 세입자들에게 호되게 시달리고 나면 몸도, 마음도 지친다. 이런 고충을 나눌 사람이 없어 울면서 외로운 밤을 지샌다.

독립생활을 하고 있는데도 이럴 정도인데, 기는 정도라도 걷지 못하게 되면 기도원에 버려지게 될까 걱정이고, 치매라도 걸리면 어찌 될지 더욱 걱정이다. 자다가 죽으면 언제쯤 사람들이 알게 될지 걱정이고, 초라하게, 또는 벌거벗은 채 죽은 모습으로 발견될까 봐 오늘도 예쁘게 차려입고 잔다.

그래도 자식이 재산 탐내지 않고, 괴롭히지 않아 고맙다. 이런 자식이라도 있어 든든하고, 자랑스럽다. 죽어서 재산 짊어지고 떠날 것도 아니니 자신이 아끼고, 아끼고, 또 아껴서 살면 된다.

어쩌면 사례일 뿐이다.

하지만 겉만 봐선 그 속사정을 어찌 알겠는가? 늙어보지 않은, 자신만만한 젊은이들이 초고령 사회에 내던져진 노인들의 무참한 현실을 어찌 공감하겠는가? 몇몇 숫자만으로 각자의 삶과 형편을 어찌 헤아릴 수 있겠는가?

초고령 사회에 직면한 노인들 중 많은 수가, 겉으로는 복노인으로 보일지 몰라도 미래를 장담할 수 없는 위기노인에 지나지 않는다.

이런 전제에서 다시 묻는다.

(1) 이때 E가 자녀인 B로부터 생활비의 명목으로 권리소득보장금만큼의 금전을 무상으로 받았다면, 이는 국가로부터 권리소득보장금을 받은 것과 실질적으로 다른가?

(2) 이때 E가 공익재단인 D로부터 독거노인 지원의 명목으로 권리소득보장금만큼의 금전을 무상으로 받았다면, 이는 국가로부터 권리소득보장금을 받은 것과 실질적으로 다른가?

(3) 이때 국가는, B 또는 D가 E에게 무상으로 지급한 금전 중 권리소득보장금만큼의 금액에 대하여 "증여를 받은" 수증자인 E에게 증여세를 부과하여야 하는가, 아닌가? 그리고 그러한 조치가 정당한가?

#68 정당한 권리 안의 국민에게 짐지우지 말라

이른바 권리소득 대상자라는 것은, 현재의 소득으로는 독립적인 생계를 영위할 수 없는 '한계소득자'라는 것을 의미한다.

#64 글부터 #67 글까지 예시한 자녀 A와 독거노인 E 역시 누군가의 도움이 없으면 독립적인 생계를 영위할 수 없는 권리소득 대상자이다.

그리고 권리소득 대상자 또는 한계소득자의 생계를 지원할 '누군가'는 국가일 수도, 사회단체일 수도 있고, 가족일 수도, 친지나 이웃일 수도 있다. 어쩌면 배우자나 약혼자일 수도 있다.

경제적 위기상황에 처한 한계소득자라면 그 순서를 가릴 필요가 없고, 누가 지원했건 권리소득의 범위에서 그 '누군가'에게 다른 부담이나 책임을 지워서는 안 된다고 생각하며, 의무 없는 자가 긴급지원한 경우의 보상 문제까지 고려해야 한다.

그런 만큼, 보상을 못할 망정 지원자에게 무상지원을 이유로 세금을 부과해서는 안 된다고 생각한다. 적어도 권리소득기준금액(또는 최저생계비, 최저임금) 이내의 지원에 대해 지원자에게 증여세와 같은 세금을 부담시킨다면, "국가 아닌 자의 선행에 대한 국가의 징벌"에 지나지 않게 된다.

더욱이 이런 지원을 받아야 독립적인 생계가 가능한 한계소득자에게 주어진 목돈을 탐내 무상지원을 이유로 수증자에게 증여세를 부과한다면, 한계소득자를 지원해야 할 "국가의 임무 해태"일 뿐만 아니라 "공평과세라는 탈을 쓴 강도짓"에 지나지 않는다고 생각한다.

즉, 이른바 권리소득 범위 이내의 부(富)의 이전에 대해서는 증여자건, 수증자건 간에 납세의무가 없다고 할 수 있다. 바꿔 말하면, 헌법상 인간다운 생활을 영위할 수 있도록 하기 위한 부의 이전은 국가로부터 자유롭다고 할 수 있다.

이것이 내 상식이다.

그런데도 우리 세법은 수증자에게 증여세 납부의무를 지우는 한편, 직계존비속 간 증여세 과세가액 공제한도를 5,000만원(미성년자 대상의 경우 2,000만원)으로 획정하고 있다('상속세 및 증여세법' 제53조 제2호 및 제3호). 그래도 연간 500만원까지 증여할 수 있도록 —평생이 아니라— 10년 단위로 한정한 아량까지 베푼 모양새이다.

그러다 보니 자녀에게 창업자금이나 신혼살림을 마련해주기 위해 온갖 편법과 탈법이 난무하고 있다고 한다. 하지만 편법과 탈법이 난

무할 수밖에 없는 법률과 제도를 유지해온 역대 정부와 입법자들의 책임이 큰 것이지, 애꿎은 국민을 탓할 일은 아니라고 생각한다. 더욱이 이런 증여세제가 국제기준에 부합된다고 할 수도 없다.

사실, 증여세법이, 이승만 정부 당시이자 한국전쟁 발발 직전인 1950년 4월에 제정된 것만 알지, 이승만 정부가 증여세법을 제정하게 된 배경에 대해서는 잘 알지 못한다. 다만 "상속세만으로 포착하기 어려운 부분의 포탈을 방지하여 국가재정의 건실화를 도모하려는" 목적만은 증여세법의 제정이유에 잘 남아있다. 즉, 국가에 돈이 없어 만들어낸 세금인 것이고, 제정이유 자체가 순수하지 못했다.

그런 만큼, OECD 선진국의 일원으로서, 경제강국으로 대한민국이 자리잡은 오늘날까지 이 제도를 존속시킬 이유를 특별히 찾지 못했다. 건국 초기부터 이렇게 해왔기 때문에 계속 지속하는 정도의 취지라면, 증여세법 자체를 원점에서 재검토할 시기가 이제는 되었다고 생각한다.

참고로, 증여세법 제정 당시인 1950년에는 학자금, 부양료, 치료비 등의 경우 연 20만원, 축하금의 경우 총 20만원, 친족에게서 받는 혼수용금품의 경우 건당 30만원, 부의금의 경우 총 50만원에 한하여 증여세를 부과하지 않았다고 한다(제정 증여세법 시행령 제8조). #5 글 식의 어림짐작에 의하면 당시의 20만원은 현재 1,500만원, 당시의 50만원은 현재 3,800만원 정도이니 현재 연간 500만원 수준의 증여세 과세가액 공제기준은 1950년 당시 기준에도 한참 못 미치는 수준이라고 볼 수 있다.

하지만 소득수준의 향상 등을 반영하여 '상속세 및 증여세법'을 제정한 김영삼 정부 당시인 1996년 12월 당시에 이미 직계존비속 간 증여세 과세가액 공제기준은 이미 3,000만원(미성년자 대상의 경우 1,500만원)이었고, 합산기간도 10년이 아니라 5년에 불과했다(제정 '상속세 및 증여세법' 제53조 제2호). 즉, 이때 이미 직계존비속 간 연간 600만원의 증여에 대해서는 과세하지 않았고, 당시의 600만원은 현재 4,000만원에 상당한 수준이라고 할 수 있다.

현재처럼 10년 단위로 합산할 것이면, IMF 직전에는 10년마다 부모 또는 자녀에게 현재 기준에서 4억원 정도를 무상으로 줄 수 있었다고 볼 수 있다.

아무튼, 이 글에서 증여세 면제기준을 이른바 권리소득금액을 기준으로 설명했지만, 권리소득기준금액 자체가 인간다운 생활을 온전히 영위할 수 있는 소득금액 기준이 아니라 생존 또는 독립적인 생계를 위한 최소 기준에 지나지 않는다.

왜 이렇게까지 국가가 국민을 모질게 다루는지는 모르지만, 복지를 굳이 국가가 독점할 이유가 없을 뿐만 아니라 실질적인 복지 혜택을 도모하기 위해서는 증여세 면제기준을 권리소득 수준이 아니라 미국처럼 더 넉넉하게 설정해도 될 것이라고 생각한다.

무엇보다도, 정당한 권리 안에 있는 선량한 국민들을 언제까지 탈세범죄자로 내몰 것인가?

모든 국민을 가난하게 만들어 국가의 지원 없이는 생계 또는 안정적인 노후를 유지할 수 없게 만들 것이 아니라면, 근본적인 발상의 전환이 필요한 시점이라고 할 수 있다.

#69
국민 전체가 아니라 국민 개개인에게 다가서야 한다

솔직히 말해, 내 제안에 어울리는 명칭은 "권리소득"이 아니라 "기본소득"이다. 다만 대통령 선거에 출마했던 이재명 의원이 이미 그 이름을 선점하고 있었기 때문에 쓸 수 없었을 뿐이다. 그래서 이른바 권리소득 제도를 최초로 공개했던 #47 글에서도 '권리소득'이란 명칭과 함께 '기본소득'이나 '기초소득'이란 명칭도 함께 제시한 것이다.

내가 이 제도에 착안한 것은, 연구년이었던 2014년에 노후를 대비해 '나'와 '인류'의 미래를 함께 고민했기 때문에 가능했다. 그래서 2019년에 인류의 새로운 미래를 "크라버스"(craverse)* 라고 이름 짓고, 대한민국을 개혁하여 크라버스의 중심에 세우고 싶었다.

다만 대한민국을 개혁하기 위해서는 기성정치에 때묻지 않은 대통령을 선출해야 했고, 해산하는 수준으로 국회를 개혁하여 정치씬을 반드시 리셋(reset)해야만 했다. 하지만 기형적인 양당정치의 굴레 속

* '내일'이란 뜻의 'cras'와 '세계'란 뜻의 'universe'를 결합한 조어(造語)로서, "미래사회에서의 새로운 시대가치"를 의미한다.

에서 아무런 정치기반을 갖지 못한 개혁세력이 설 자리는 사실상 없었고, 정치개혁은 요원했다. 그래서 아까운 시간들을 침묵할 수밖에 없었고, 전 지구적인 코로나 위기가 아니었다면 진즉에 침몰했어도 무방할 상황에 대한민국은 직면해 있었다.

하지만 변화를 향한 화살은 이미 활을 떠났다.

누구도 막아설 수 없을 것이다.

인간의 설 자리 역시 '기계'(machine)와 '가치'(value)들이 빠르게 대체하고 있고, 이러한 변화 역시 누구도 막아설 수 없을 것이다. 인간만이 해오던 "생각"을 이제 기계가 하고, 기계가 하는 생각이 이제 가치가 된다.

인간 중심의 사회에서 기술 중심의 사회로 빠르게 이전하고 있고, 탈인간화의 물결 속에 수천 년간 인류사회에 존속해 온 국가 제도는 빠르게 해체할 것으로 예상한다. 20세기에는 복지를 도모할 거대국가와 이에 수반한 거대자본이 필요했다면, 국가라는 '규범적 경계'보다 이제는 개별화, 탈중앙화 또는 단위화한 "기능"(function)이 중시되는 시대로 빠르게 전환할 것이다.

그래서 이 시기에 이른바 권리소득(또는 기본소득)의 관점은, 단위화된 개인에게 독립된 삶의 기반을 개별적으로 보장해 주는 과정으로서 매우 중요하다고 생각한다. 국가의 존속과 무관하게 "우리"가 흔들림 없이 존속하기 위해서는, '국민 전체'보다는 '국민 개개인'에 다가서야 한다.

특히, 내가 제안한 권리소득 제도는 국민 개개인의 "몫"에 대한 논의이고, 권리소득은 국가가 탐내야 할 대상이 아니라 "국가가 지켜줘야 할, 국민의 몫"이란 점이다. 정부재정을 탈탈 털어 무상 지원해야만 가능한 제도가 아니라 국가 또는 정치인이 국민의 몫을 탐내지 않는 것만으로도 충분히 이룰 수 있다.

아무튼 이것으로, #47 글부터 지겨울 정도로 길게 설명해온 권리소득과 관련한 이야기를 일단 마무리하고자 한다.

일부 부동산 조세정책과 직결된 사안도 있었지만, 부동산정책과 밀접하지 않아 보이는 내용을 이렇게까지 길게 설명한 것은, 2018년 공익재단에 관한 '공익재단을 이용한 탈법·불법 유형 및 형사정책적 대응방안' 보고서와 2021년 '부동산 시장질서 확립을 위한 중점 대응전략' 보고서에서 내가 던진 핵심 화두의 이론적 배경 중 하나이기 때문이다.

당시 내가 던진 화두는 이러했다.

"국민은 1인당 얼마까지 가질 수 있나?"

#70
재산, 인간다운 생활을 향한 또 다른 실마리

"국민은 1인당 얼마까지 가질 수 있나?"

2018년부터 내가 우리 사회에 던지고 있는 이 화두는 '소득'과 관련한 문제만은 아니다.

"한 사람이 사람답게 살기 위해선 무엇이 얼마나 언제까지 필요한가?"

내가 #20 글에서 던진 이 화두와 같은 문제이다.

그런데 #20 글에서 이 화두는, 주택공급정책 수립에 앞서 주택수요를 파악하기 위한 전제로서 제시했던 화두였다.

그리고 그 첫 번째 실마리로서 '소득'을 제시한 것뿐이었다.

그런데 #20 글의 "무엇"에는 소득만 있는 것이 아니다. 소득이 인간생활의 '피'에 해당한다면, 그 무엇은 '몸'에 해당한다.

바로 "재산"이다.

이제, 인간다운 생활을 영위하기 위한 또 다른 실마리인 '재산'을 말한다.

#71
주택 보유를 규제하기에 앞서 보장부터 해야 한다

흔히들 의식주를 인간생활의 3대 요소라고 하지만, 국민 개개인이 가진 옷과 식량을 국가에서 가늠하기는 어렵다. 반면, 국민이 어떤 집을 가지고 있는지를 국가가 가늠하기란 그다지 어렵지 않다.

그래서인지 대부분의 선진국에서는 국민 1인당 필요한 최소 주거면적 또는 최소 방실의 수 등을 법률로 규정하는 경우가 많다. 물론, 그 이상 가지는 것을 규제하기 위해서가 아니라 그 이하로 가지는 것을 규제함으로써 그 이상 가지는 것을 보장하기 위한 목적이다.

이게 아마 세계인의 상식일 것이다.

그런데 솔직히 말해, 우리나라에서 이를 국민에게 어떻게 보장하는지에 대해서는 알지 못한다. 나뿐만 아니라 국민 대부분이 잘 모를 것이다.

하지만 —면적이나 주택가격 등과 무관하게— 집을 한 채 이상 가지게 되면 다주택자로 규제받는 것 정도는 안다. 어느새 다주택자 규제는, 대한민국 국민이라면 모를 수 없는 우리나라만의 상식이 되었다.

그런데 이게 맞을까? 이런 게 정상일까?

규제하기에 앞서 보장부터 해야 하는 것 아닐까?

#72 재산권 보장방법은 제시하지 않은, 허울뿐인 헌법

모든 국민의 재산권은 헌법상 보장된다(헌법 제23조 제1항).

그런데 국민의 재산권을 어떻게 보장하는지는 헌법에 전혀 나오지 않는다. 그 내용과 한계를 법률로 정하고, 공공복리를 재산권 행사의 한계로 정하는 한편, 공공필요에 의해 국가가 법률로써 재산권을 수용, 사용 또는 제한할 수 있음을 헌법에 정하고 있을 뿐이다.

말 그대로 허울뿐이고, 온통 규제뿐이다. 국민의 재산권이 아니라 국가의 재산권에 대한 규정 같은 느낌이고, 국민의 재산권을 존중하는 체하면서 실제로는 국민으로부터 합법적으로 재산을 뺏기 위한 규정 같은 느낌이다.

이것이 자유민주주의와 국민주권을 추구한다는 대한민국 헌법의 실상이다. 우리 헌법 중 그나마 진보한 헌법 중 하나로 평가받는 1987년 헌법조차도 이런 수준에 지나지 않는다.

더욱이 디테일을 살펴보면 더 허무하다.

특히, 재산과 관련한 기본제도 중 하나라고 할 수 있는 "상속" 제도와 이에 수반한 상속세제의 경우 우리가 몇 세기에 살고 있는지를 의심케 할 정도로 구태의연하다.

이제, 역대 정부들이 애써 감춰온, 또는 전혀 몰랐을 비밀의 상자를 열어본다.

#73
사랑한다면 죽기 전에 이혼하는 게 나은 나라

부부가 법적으로 헤어지는 방법은 사실상 2가지밖에 없다. 하나는 이혼(離婚)이고, 하나는 배우자 일방의 죽음, 즉 사별(死別)이다.

그런데 이혼할 때는 부부 각각의 고유재산과 ―쌍방의 협력으로 이룬― 공동재산을 나누고, 공동재산의 경우 각자의 기여도에 따라 분할하게 되지만, 배우자와 사별한 경우에는 이런 과정을 거치지 않는다.

'생존한 배우자'는 '사망한 배우자'의 직계비속 또는 직계존속이 있는 경우 이들 직계비속 또는 직계존속과 공동상속인이 될 뿐이고(민법 제1003조 제1항), 상속분을 이들 각각보다 50% 가산해서 받는 것에 그친다(민법 1009조 제2항).

즉, '사망한 배우자' 명의의 재산은 '사망한 배우자'의 고유재산인지, 또는 '생존한 배우자'와의 공동재산인지 여부 자체를 따지지 않고 공동상속인 전원의 공동재산으로 바뀔 뿐만 아니라(민법 1006조), '생존한 배우자'는 공동상속인 중 1인, 즉 one of them으로 전락하게 된다.

더욱이 '사망한 배우자' 명의의 재산을 상속하기 위해서는 공동상속인 간 협의를 거쳐야 하는데, '사망한 배우자'에게 제3자와의 사이에서 낳은 자녀가 있거나, '사망한 배우자'의 부모 또는 조부모 등 직계존속이 '생존한 배우자'와의 혼인관계 또는 사실혼관계를 인정하지 않는 경우에는 매우 지난한 상황에 직면할 수 있다.

만일 부부공동재산이 '사망한 배우자' 1인의 명의로만 등기되어 있는 경우 부부공동재산이 전혀 인정되지 못할 뿐만 아니라 다른 공동상속인과의 협의가 이뤄지지 못할 경우 조정 또는 재판이 확정되기까지 수년 간 어떤 재산권도 행사하지 못할 수 있는 것이다. 그렇다고 해서 배우자 사망 전에 배우자 간 재산 정리를 하자니 사전 증여 문제가 발생할 수도 있고, 배우자 사망 후에 상속재산 분리를 신청하자니 증명이 어렵다.

그래서 나는 평소 지인들에게 "가장 사랑할 때 이혼하라"고 농담처럼 말하곤 했다. 우리나라처럼 남성 배우자 일방의 명의만으로 부동산을 등기하거나, 여성 배우자 일방의 명의만으로 금융재산을 운용하는 부부가 많은 나라에서는, "부부상속"이 결코 간단치 않은 문제이기 때문이다.

그런데 그렇다고 해서 모든 재산을 부부 공동 명의로 해두는 것도 간단치 않은 문제에 직면하게 된다.

예컨대, 부부 공동명의 주택에 대해서는 이혼할 경우라도 굳이 기여도를 따지거나, 분할등기할 필요가 없다.

하지만 부부의 보유주택이 공동명의주택 1채뿐일 경우 '이혼한 배우자' 누구도 온전한 1채의 재산권을 행사할 수 없고, 둘 중 하나(특히 유책배우자 또는 가출배우자)는 무주택자가 될 수밖에 없다. 또한, 애초에 공유지분이 있으니 현금 보상을 받을 수 없고, 굳이 공유지분을 포기하고 현금보상을 받고자 할 경우에도 객관적인 가격기준이 존재하지 않는 한, 공시가격을 기준으로 한 염가(?)의 현금보상을 받을 수밖에 없다.

이혼 부부에게 보유주택이 2채 이상이더라도 모두 공동명의주택일 경우에는 그 처리가 간단치 않다. 이혼과정에서 각각 1채씩 나눠 갖기로 한 경우에는 등기과정에서 증여세 탈루의 문제가 발생할 수 있고, 공동소유를 유지하는 경우는 지분율 50%인 주택을 2채 이상 소유하는 경우로서 다주택자 중과세의 문제가 발생할 수 있다.

더욱이 공동명의주택은 이혼 후에도 공동명의이기 때문에 그 주택을 매각하는 순간까지 그 주택과 관련한 모든 사항을 '이혼한 배우자'와 협의해야 한다. 이혼한 배우자가 폭력배우자나 스토커로서 접근금지 중일 경우에는 매우 난처한 상황이 발생할 수밖에 없다.

그런데 공동명의주택을 보유한 부부 중 일방이 사망한 경우에는, '사망한 배우자'의 보유지분을 공동상속인 간 지분등기할 수밖에 없기 때문에 '생존한 배우자'는 그 주택을 매각하는 순간까지 그 주택과 관련한 모든 사항을 공동상속인들과 협의할 수밖에 없다. '생존한 배우자'와 공동상속인 간의 사이가 나쁠 경우에는 매우 난처한 상황이 발생할 수밖에 없다.

그래서 일상화되었다고 표현해도 무방할 정도로 이혼 또는 혼외연애가 흔해진 요즘, 부부재산의 처리는 결코 간단치 않다. 어쩌면 이혼 자체가 쉽지 않게, 또는 그만큼 신중하게 이혼을 결정하도록 관련 제도가 설계된 건지도 모르지만, 지금은 서로 신뢰한다고 할지라도 언제라도 직면할 수 있는 이혼을 대비해 각자 명의의 주택을 하나씩 소유하는 것이, 보험보다 나은 안전판이 될 수도 있는 시대가 되었다.

즉, "안전한 이혼" 또는 "안전한 이별"이 중요할 수 있는 사회로 빠르게 이전하고 있다.

그런데도 우리나라 법제는 이혼뿐만 아니라 사별의 경우까지도 부부재산의 처리가 쉽지 않도록 설계되어 있다. 뿐만 아니라 '생존한 배우자'가 부부공동재산의 명의자가 아니거나, '이혼한 배우자'가 유책배우자일 경우 바로 빈곤, 파산 등 경제적 위기에 직면할 가능성도 적지 않다.

즉, 애초에 부부 사이의 "안전한 이별"이 제대로 보장되지 못하는 법적 구조였고, 다주택자 규제가 심화되면서 "결혼" 자체가 안전하지 못한 재산관리 방법이 되고 말았다.

그래서인지 요즘 젊은이들 사이에서는, 결혼식은 올려도 혼인신고를 하지 않는 사실혼 부부가 늘고 있고, 각자 주택을 소유하면서 1채만 동거의 목적으로 사용하고 나머지는 임대용으로 활용하는 경우가 늘고 있다고 한다. 나아가, 각자 재산관리를 하면서 가끔 연애나 하되 결혼과 출산은 하지 않는 경우도 적지 않다고 한다.

이런 세태를 바람직하지 않은 변화라고 단정할 수는 없지만, 허술한 제도 설계 또는 국가의 세금 욕심이 국민의 생활에 어떤 영향을 미치는지 잘 보여주는 사례라고 할 수 있다.

그런데 우리 민법은 '배우자'에 관한 규정들을 왜 이렇게까지 허술하게 마련해둔 걸까?

#74

집을 팔아서라도 상속세 내라는 나라

'상속세 기초공제액'이란 게 있다.

무슨 말인지는 정확히 모르지만 대충 '선량한 국민이 생애주기 동안 자신의 몫으로 온전히 가질 수 있는 기준금액'이라고 볼 수도 있고, '상속인이 피상속인(=고인)으로부터 온전히 물려받을 수 있는 기준금액'이라고도 할 수 있는데, 뭐건 간에 '상속세 및 증여세법'(이하 상속증여세법)은 이 금액을 2억원으로 정하고 있다(제18조 제1항).

또한, 상속증여세법은 상속세 기초공제액에 더하여 '인적 공제'로서, 공동상속인 중에 고인의 배우자가 있으면 5억원을 더 공제해주고(제19조 제4항), 자녀 1명당 5천만원을 더 공제해준다(제20조 제1항 제1호). 뿐만 아니라 미성년자인 상속인에 대해서는 19세가 될 때까지의 연수마다 1천만원씩 더 공제해주고(제20조 제1항 제2호), 장애인의 경우 남은 수명, 즉 기대여명까지 고려해준다(제20조 제1항 제4호).

그러다 보니 우리 세대에서 가장 흔한 4인 가정을 기준으로 할 경우 대충 8억원 정도가 기본적으로 공제되게 되는데, 공제해야 할 사항이 이것 말고도 여러 가지다 보니 고인이 남긴 재산이 대충 10억원 이내 정도면 상속세를 과세하지 않는 것이 국세청의 불문율처럼 되어버렸다.

그래서 상속세 과세구조가 매우 합리적이면서도 국민의 사정을 최대한 배려한 것처럼 보일 수 있다.

그런데 이 기준은, 26년 전인 1996년 12월 30일의 상속증여세법 개정에서 마련한 기준이다. 즉, 당시에 10억원 정도를 기본적으로 공제했다면 물가변동 등을 고려할 때 26년 후인 현재에는 어림짐작으로도 70억원 내외의 금액을 기본적으로 공제해야 현실적이다.

또한, 이런 계산법은, 통상의 가정에서는 부모 중 1인이 생존해있을 경우의 계산법이다. 부모 모두 사망한 경우 남은 자녀가 1인이라면 2억 5천만원만 공제될 뿐이고, 그 자녀가 미성년일 경우라도 4억원도 되지 못하는 금액만 공제받을 뿐이다. 자녀가 2인인 경우에도 고작 5천만원 차이일 뿐이다.

이런 상황을 현실에 대입해보면, 10억원의 주택을 남기고 부모가 모두 사망한 경우 남은 미성년 1인 자녀는 6억원 이상의 재산에 대한 상속세를, 현금 납부해야 하는 상황인 것이다. 성인이 될 때까지 납부유예를 해준다고 할지라도 아무런 소득도 없이 최소 1억 6천만원 이상(실제로는 2억원 내외일 것으로 추정)의 상속세를 빚으로 떠안게 되는 것이다.

결국 집을 팔아서 상속세를 갚으라는 말과 다름이 없게 되고, 가장이 사망하여 그렇잖아도 경황이 없는 중에 국가가 오히려 악덕 채권자가 되어 국민을 자신의 집에서 내쫓는 형국이 되고 만다.

더욱이 이런 중에도 농민에게는 영농상속의 명목으로 20억원까지 공제해주고, 중소기업에는 가업상속의 명목으로 500억원까지 공제해준다(상속증여세법 제18조 제2항). 일반국민으로서는 매우 불공정 또는 불공평하다고 느낄 수밖에 없는 대목이기도 하다.

그런데 중소기업에는 가업상속 기준금액만큼 특별공제해주면서도 "아이러니하게도" 기업규모가 더 큰 대기업에는 이런 특별공제를 전혀 해주지 않고 있다.

그래서 대기업 오너의 사망이 임박하게 되면 상속세를 회피하기 위해 온갖 편법과 불법이 동원되고, 부패와 정경유착이 심화되는 것은, 이런 해괴한 상속세제의 영향이 컸을 것이라고 추정하는 이유이기도 하다. 어쩌면 가업상속 특별공제 제도를 입법한 자체가 부패 또는 불법적인 이해충돌의 산물이었을 것이라는 추정도 가능하다.

그런데 이 모든 부조리함을 면밀히 따져보기에 앞서 우리나라의 상속세제에 대해서는 근본적인 의문이 하나 있다.

대부분의 선진국들처럼 개별 상속인을 대상으로 각각 기초공제하는 방식이 아니라 죽은 피상속인(=고인)의 재산 전체를 대상으로 일괄하여 기초공제하는 방식을 "무슨 연유로" 채택하고 있는 것일까?

#75 여전히 가부장적 호주세습의 망령이 지배하는 나라

#73 글과 #74 글을 접하면서 민법상의 상속 제도가 시대착오적이라고 생각한 사람이 많았을 것이다. 기초공제 방식도 이상하고, 배우자 상속 방식도 이상하다. 이상한 정도가 아니라 요상하고 해괴하다는 느낌까지 들 정도였을 것이다.

그런데 #73 글과 #74 글은 상속제도의 한 단면을, 극단적으로 단순화해서 보여준 것에 지나지 않는다. 친족상속법 또는 가족법의 내용은 법률전문가가 보더라도 납득하기 어려운 내용이 수두룩하다.

하지만 “매우 믿기 어렵겠지만,” 우리 민법상 친족상속법(또는 가족법)과 관련한 내용은 “우리 사회에서 이뤄낸 진보와 개혁의 기록들”이다. 왜냐하면 친족상속법의 내용은, 가부장제 또는 호주제에서 벗어나기 위한 각계의 노력들이 그대로 녹아있기 때문이다.

대표적인 것이 1958년의 제정 민법이다.

매우 믿기 어렵겠지만, 제정 민법상 친족 규정은 1950년대에 치열했던 '적서(嫡庶) 차별' 논쟁을 입법으로 종식시킨 개혁입법이었다.

예컨대, 민법 제정 이전까지 혼외자의 상속분은, 일본 민법에 따라 혼인 중의 자녀의 절반밖에 인정하지 않았지만, 제정 민법에는 혼외자에 대한 규정 자체를 두지 않았다. 일본도 이 규정을 최근에야 폐지했으니 어느 정도로 시대를 앞서간 입법이었는지 짐작할 수 있을 것이다.

사실, 1980년대까지만 해도 여성이 남성과 동등한 상속권을 가진다는 것은 상상할 수도 없었다. 같은 조건의 남성 상속인의 절반밖에 상속받지 못했고(제정민법 제1009조 제1항), 호주상속의 경우에는 같은 조건의 남성 상속인보다 후순위로 밀렸다(제정민법 제984조).

또한, 같은 배우자라도 아내(妻)가 사망했을 때 남편(夫)은 자식(직계비속)이 있는 경우에만 자식과 공동상속인이 되고, 자식이 없는 경우 장인 또는 장모(妻의 직계존속)가 생존해 있더라도 단독상속인이 될 수 있었지만(제정민법 제1002조), 남편(夫)이 사망했을 때 처는 자식이 없더라도 시부 또는 시모(夫의 직계존속)와 공동상속인이 되어야만 했다(제정민법 제 1003조).

이걸 양성이 평등하도록 개정한다면서 남편(夫)의 상속권에 맞춘 게 아니라 아내(妻)의 상속권에 맞춰 하향평준화시켜버린 것이, 노태우 정부 당시인 1990년의 일이었다. 여성의 부정행위만 간통죄로 처벌하는 걸 비판하니까 간통죄 자체를 폐지한 것이 아니라 쌍방 모두

처벌하도록 입법한 1953년 제정형법의 수준과 다르지 않았다.

20세기의 대한민국에서는 "모두의 권리를 함께 낮춘" 이런 한심한 입법들을 "평등사회 구현"이라며 떠받들었고, 지금도 그때와 크게 다르지 않다고 생각한다. 그러다 보니 부부공동재산을 따지기는커녕 직계비속뿐만 아니라 직계존속과도 상속권을 다퉈야 하는 황당한 상황에 오늘날 직면하고 있는 것이다.

하지만 제도를 개혁하기 위해서는 근본부터 바꿔야 한다.

제정민법의 바탕에는 가부장이라고 할 수 있는 "호주제"가 터 잡고 있었고, '종중'(宗中)이라고 할 수 있는 "친족회"가 그 배후에 있었다. 또한, 당시의 호주는 "일가의 계통을 계승한 자"로서, 재산과 신분에서 우월적인 지위와 권력을 가지고 있었기 때문에 상속법체계에서도 재산상속보다는 호주상속을 중시하였다.

그러다 보니 1960년에 제정민법이 시행되기 이전의 우리 사회에서는 "호주"(戶主)와 "적장자"(嫡長子)의 위세는 대단했다. 호주의 지위와 재산이 적장자에서 세습되는 것은 당연하였고, 맏이 이외의 자식들인 '지차'(之次)들은 호주의 지위를 상속받는 적장자의 처분에 따를 수밖에 없었다. 이미 '흥부전'을 통해 알고 있듯이 적장자와 지차 간에도 빈부 격차가 있을 정도여서 적자와 서자 간의 차별과 격차는 더 대단했다.

그런 만큼, 현행 민법의 상속법체계가 생존한 '상속인'이 아니라 사망한 '피상속인'을 중심으로 설정된 연유를 이해하기 위해서는 호주제 또는 가부장제를 둘러싼 연혁적 배경까지 통찰해야 하는 것이다. 고인(=피상속인)의 재산 대부분이 직계비속장남자에게 세습되는 문화라면, 상속제도 역시 피상속인을 중심으로 마련될 수밖에 없었을 것이고, 상속세 납부의 책임도 원칙적으로 직계비속장남자에게 부담시킬 수밖에 없었을 것이다.

하지만 이제는 그런 시대가 아니다. 친족이 아니라 (핵)가족 중심의 사회로 이미 이전했고, 그런 가족마저 해체되면서 1인가구가 급증하고 있는 실정이다. 즉, 민법에서 '친족'이란 용어를 "가족"으로 바꾸더라도 이미 시대착오적이라는 비난을 받을 수 있을 정도로 세상이 급변한 것이다.

그런데 호주제가 폐지된 것이 아주 오래된 일 같지만, 아직 20년이 되지 못했다. 노무현 정부 당시인 2005년에야 민법에서 호주제를 전면 폐지할 수 있었기 때문이다. 다만 민법전에서 호주제를 들어내기는 했지만, 그 뼈대는 여전히 민법과 관련 법률들에 잔존해 있었기 때문에 후속입법을 통해 전반적으로 정비할 필요성도 있었다.

호주제 폐지를 주도했던 법무부 법무심의관실에서 당시 내가 근무했었기 때문에 당시의 상황들을 잘 기억하고 있다.

그런데 그 이후 호주제 폐지의 후속입법을 했다는 말은 듣지 못했고, 민법 개정에 따른 법제 정비를 제대로 하지 않았기 때문에 "법적으로 존재하지 않는 호주의 재산을 상속하는 것 같은" 해괴한 상속제도를 여전히 운용해 오게 된 것이다. 국민들이야 이런 사실을 모를 수 있지만, 입법기관인 국회, 그리고 정부의 소관부처인 법무부와 국세청에서도 이런 문제점들을 인식하지 못한 것은 납득하기 어렵다고 할 것이다.

그래서 호주제 폐지의 후속입법을 정부와 국회에 촉구하는 바이다.

다만 친족상속법(또는 가족법)만 오늘날의 시대정신에 맞게 개정하면 상속세제의 부조리함까지 모두 해결될 수 있을까?

다른 선진국들과 달리 우리나라만 왜 '무거운 상속세'를 부담해온 것일까?

#76
식민노예의 굴레를 떨쳐내지 못하는 나라

신분제 사회에서는 대개 신분에 따라 각자 가질 수 있는 재산의 종류와 상한액이 정해져있다. 반면, 신분제를 철폐한 자유 사회에서는 재산의 종류와 상한액을 정할 필요 없이 누구나 자유롭게 가질 수 있다.

그런데 20세기 초반에 우리 민족을 식민지배했던 일본은 군주제 사회였고, 지금도 형식상 그러하다. 이들이 조선을 식민지배하면서 가장 먼저 제정한 법령 중 하나 역시 1910년 8월에 제정한 '조선귀족령'이었다.

조선귀족령에 따라 일본의 작위를 받은 조선인들은 일제가 패망할 때까지 150명이 넘었다고 하는데, 제2차 세계대전에서 일본이 패망하지 않았더라면 일왕에게 하사받은 작위와 재산을 세습하여 대대손손 호의호식할 수 있었을 것이다.

하지만 동아시아의 절대 강자로 믿었던 일본은 패망했고, 조선을 지배했던 일본인들은 본국으로 도주했다. 반면, 일본에 기반이 없었던 조선귀족은 일본으로 도주하지 못하고, 대부분 이 땅에 남았을 것으로 추정한다.

그럼 당시 이들은 가만히 앉아서 조선인들에게 맞아 죽었을까?

사실, 1912년 8월부터 시작된 조선총독부의 토지조사 과정에서 소유자 불명 등의 이유로 조선총독부에 강제수용된 토지도 이미 적지 않았을 것이고, TV도, 인터넷도 없던 1910년대에 정당한 권리자들이 토지조사 사실을 제때 인지하여 조선총독이 정한 기간 내에 임시토지조사국장에게 신고했기를 기대하기도 어려우므로 토지조사 관리들의 지인들, 즉 친일 조선인들에게 미신고 토지가 빼돌려진 경우도 허다했을 것으로 추정한다.

해방 이후 이런 토지들은 어떻게 됐을까?

당시를 살아본 적이 없어서 해방 후 어떤 일이 이 땅에서 벌어졌는지 난 알지 못한다. 현대사의 기록이란 것도 각자의 기억이 달라 무엇이 맞는지 알 수가 없다.

하지만 한 가지는 분명해 보인다.

노무현 정부 당시인 2005년에야 '친일반민족행위자 재산의 국가귀속에 관한 특별법'이 제정된 것으로 보아 친일반민족행위자의 재산에 대해서는, 해방 후 2005년까지 60년간 특별히 유의미한 조치가 없었던 것으로 추정한다. 내 기억에도, 이 법을 제정하게 된 계기가 친일청산에 대한 국민적 요구 때문이 아니라 '조상 땅 찾기'에 나선 친일파

후손의 '모난 행동' 때문이었던 것으로 기억한다.

이러한 정황을 감안할 때 해방 당시의 조선귀족 등 친일파는 미군이 진주하기 전까지 창업, 법인설립, 명의신탁, 사전증여 등의 방법으로 재산을 빼돌리거나 은닉하느라 바빴을 것이다. 조선총독부나 동양척식주식회사의 재산처럼 일본인이 남기고 간 재산에 대해서도 그들의 앞잡이 또는 조선인 고용인들끼리 서로 빼돌리거나, 나눠갖기 위해 바빴을 것이다.

이런 재산들이 수두룩했을 것이니 "평범한" 친일 조선인들의 재산은 오히려 무탈했을 것이다. 그러던 중 1950년 4월부터 이승만 정부의 농지개혁이 시작되고, 농지개혁 작업을 시작하자마자 6월부터 한국전쟁이 발발하면서 친일청산은 커녕 농지개혁을 마무리하기도 쉽지 않은 상황이 이어졌을 것으로 추정한다.

정부도 이럴 정도니 1945년부터 1953년까지 10년도 안 되는 기간 동안, 상상하지 못할 만큼 엄청난 변화를 국민들이 겪었을 것이다. 살아남기도 쉽지 않은 시기였을 것이라고 짐작한다. 이런 시기에 각자의 재산적 권리관계가 법적으로 명확히 정리되었을 것으로 기대하기는 어렵지만, 한국전쟁의 피해가 상대적으로 덜했던 영남지역 친일지주들의 재산은 대체적으로 무탈했을 것이다.

그래서 다른 한 가지도 분명해 보인다.

일본의 식민지배 이후 해방 이전까지 우리나라의 땅은 주로 일본인과 친일 조선인들이 차지하고 있었을 것이고, 이들의 재산은 1948년

대한민국 건국 이전에 이미 그들 사이에서 충분히 정리되었을 것이다.

반면, 조선황실 또는 조선총독부로부터 인수인계받은 재산이 없었을 대한민국 정부는, 건국 당시 토지 등 재산에 기인한 조세 수입 자체도 없었을 것이다. 조선황실이나 조선총독부를 계승한 것이 아니라 3.1운동의 독립정신을 계승하여 재건한 국가인 만큼 당연한 귀결이겠지만, "빈손으로 건국"한다는 것은 미국의 재정지원을 감안하더라도 쉽지 않았을 것이다.

그런 만큼, 친일청산을 하지 못해 재정이 태부족했던 이승만 정부로서는 "상속세 중과세의 유혹"을 떨쳐버리기 쉽지 않았을 것이다.

그래서 30만원 미만의 재산에 대해서만 과세하지 않고, 30만원 이상의 재산에 대해서는 구간별로 25%부터 최대 90%(5,000만원 초과)까지 상속세를 부과하는 내용의 "강력한 상속세법"을, 농지개혁법 제정 직전인 1950년 3월에 제정하게 된 것으로 추정할 수밖에 없는 것이다.

참고로, 조선총독부가 1934년에 제정한 '조선상속세령'에 규정한 상속세율이 호주상속의 경우 0.5%(5,000원 이하)부터 16%(500만원 초과)까지, 호주상속을 수반하지 않는 재산상속의 경우 1%(1,000원 이하)부터 21%(500만원 초과)까지였던 것(제8조 제1항)과 비교할 때, "징벌적 수준의 중과세"라고 보아도 무방할 정도였다. 일본의 2차대전 참전 이후 1942년에 개정한 '조선상속세령'에서 최고상속세율을 호주상속의 경우 34%, 호주상속을 수반하지 않는 재산상속의 경우 45%까지 인상하였지만, 이승만 정부의 상속세율 수준까지는 아니었다.

당시로는 친일파가 아닌 한 큰 재산을 가지고 있기 어려웠을 것이므로 징벌 수준의 강력한 상속세를 부담하여야 할 대상 역시 주로 친일파였을 것이고, 북한처럼 친일재산을 전부 몰수하지 않은 것만으로도 친일파의 입장에서는 고마운 상황이었을 수도 있다.

그런데 한국전쟁과 농지개혁, 그리고 산업화의 과정을 거치면서 자본의 지형도 급변했다. 농지가 아니라 건물의 가치가 높아졌고, 아파트와 같은 공동주택이 부동산의 중심으로 자리잡았다. 지금은 친일파만이 많은 재산을 가진 시대도 아니고, 값비싼 부동산은 "죽지 않는", 즉 상속세를 납부할 일 없는 '법인'과 '기업'이 소유하고 있다.

그런데도 역대 정부는 상속세 폐지나 정상화는커녕 상속세와는 별도로 상속등기 시 부동산에 대한 취등록세까지 에누리 없이 걷어왔고, 2주택 이상 주택 소유자에게는 그마저도 중과세하고 있다. 즉, 선진국의 상속세 유형이라고 할 수 있는 '유산취득세'도 사실상 시행해온 것이다.

이런 상황에서 언제까지 상속세를 중과세하고 있을 것인가?

새 정부를 포함한 역대 정부들이 일본강점기의 조선총독부를 계승한 식민지배세력이 아니라면, 그만 멈춰 달라.

대통령과 국회가 결단해 달라.

#77
적어도 일본강점기보다는 나아야 한다

당초 복지와 관련해서 내가 구상한 제도의 양축은 '기본소득'과 '기본재산'이었다. #69 글에서 밝혔듯이 행여라도 이재명 의원의 '기본소득' 공약과 혼동하지 않도록 '기본소득'의 명칭을 '권리소득'으로 바꿨을 뿐이다.

이른바 '기본소득'(또는 권리소득)과 마찬가지로 '기본재산' 역시 헌법상 "인간다운 생활을 할 권리"를 구현하기 위한 관념이고, 기본재산 역시 '인간다운 생활을 영위하기 위해 법으로부터 자유롭게 가질 수 있는 국민 개개인의 재산'을 의미한다.

그런데 상속재산의 기초공제액을 재설계하기 위해서는 기본재산의 범위나 기준부터 명확하게 정해야 하는데, 적어도 내게는 이런 게 매우 어렵다.

왜냐하면 나 자체가 물욕이 크지 않고, 당장 필요하지 않은 것들을 굳이 더 가지려고 하지 않는 성향까지 강하기 때문이다. 더욱이 양가

부모의 경제적 도움 없이 부부의 노력만으로 자수성가해서 그런지 독립적이고 자주적인 삶을 지향하는 성향도 강하다.

그러다 보니 나는 가족 전체가 1채의 집만 갖기보다는 부부도 각자 1채의 집을 갖고서 별거하는 쪽을 선호한다. 부부가 동거하더라도 각자의 방이 필요하다고 생각할 정도이며, 실제로도 나는 신혼 때부터 각방을 써왔다. 살림도 부부간에 별산하고 있고, 목돈이 들 때만 함께 대응한다.

그래서 재산에 대한 내 주관은, 적어도 우리나라에선 이질적이라고 생각한다. 그런 만큼, 이른바 기본재산의 범위 또는 기준과 관련해서도 섣불리 말하기 어렵다.

다만 이것 하나만은 제안할 수 있다.

그것은, 무엇을 설계하건 간에 우리를 식민지배했던 일본이나 조선총독부가 설정한 기준이나 범위보다는 나아야 한다는 점이다. 상속세제 역시 조선총독부가 1934년에 제정한 '조선상속세령'보다는 무조건 나아야 한다.

이것이 입법의 마지노선이다.

#78 자유롭고 안전한 주택거래시스템을 꿈꾼다

주택수요는 각자의 삶과 다르지 않다.

독신일 때 집은 혼자만의 휴식공간이지만, 가끔은 지인들과의 파티룸이나, 연인과의 밀실을 꿈꾸기도 한다. 가난한 독신 시절에는 방 하나라도 독립된 공간이 간절하지만, 형편이 나아지면서 드레스룸이나 펜트리룸, 나아가 게스트룸까지 바랄 수도 있다. 형태를 불문하고 한강뷰나 남산뷰를 원하기도 하고, 집은 좁더라도 도심 속 화려한 삶을 꿈꾸기도 한다.

독신들끼리도 다들 혼자라는 점만 같고, 집에 대해 각자 바라는 건 서로 다르다. 그 각각의 사람들조차 원하는 바가 끊임없이 달라진다. 하물며 둘 이상의 사람이 함께 할 땐 함께 하는 이들 사이에서도 바라는 바는 서로 다르고, 오랜 부부 사이조차 서로 다르다.

더욱이 혼자가 둘이 되고, 둘이 셋, 넷의 가족이 되면서 필요한 집의 조건도 달라진다. 필요한 방과 화장실의 갯수도 달라지지만, 공간의 크기와 용도도 다양해진다. 주택형태, 전망보다는 자녀의 학교나 학원과의 접근성, 즉 입지가 중요해진다.

하지만 북적거렸던 집은 자녀들이 독립하거나, 가족이 떠나면서 셋, 넷이 둘 되고, 다시 혼자가 된다. 노년에도 자녀나 지인들의 선택에 따라 북적거리는 집의 일원이 다시 되기도 하고, 집 없이 공동수용 시설에서 삶을 마무리하기도 한다.

그래서 주택수요는 같은 시대를 살아가는 사람들만큼 다양하고, 그런 만큼 함부로 예측하기 어렵다. 주택정책이 어려운 것은, 일개 공무원들 수준에서 이런 다양한 주택수요를 함부로 단정해서는 안 되기 때문이다.

만일 주택수요를 예측하여 주택공급을 하고자 한다면 연령별 인구변동 추이나 연령별 주거선호도 등 다양한 변수들을 면밀히 조사하여 다양한 형태의 주택을 공급하기 위해 노력해야 할 것이고, 각자가 처한 상황에서 필요한 주택으로 편리하고 안전하게 옮길 수 있는 주택거래시스템을 마련해야 할 것이다.

이 과정에서 특히 중요한 것은 "자유로운 주택 거래"와 "주택거래시스템의 안전성"이다.

그런데 그간 역대 정부는 '부동산투기'를 명분삼아 '투기과열지구의 거래를 제한하는 방식'으로 주택정책을 펼쳐왔다. 불난 데 기름 붓는 정책일 뿐이고, 투기세력 척결은커녕 해당 지역의 주택가격만 더 올렸을 뿐이다. 그러면서도 '주택거래 활성화'를 명분으로 대표자만 공인중개사인 '무늬만 부동산중개법인'을 양산해 무자격 중개보조원들이 직방 등 부동산앱에서 활보하도록 방치해왔다.

처음 주택을 구매하는 청년층에게는 매우 위험한 거래환경일 수밖에 없다. 그런데 처음 주택을 구매하는 경우만 불안한 것이 아니다.

예컨대, 곤충의 생명이 가장 위태로운 순간은 바로, 한 단계 더 성장하는 "탈피"의 순간이다. 집을 옮겨야 하는 순간도 탈피의 순간과 크게 다르지 않다. 손에 쥐었던 집을 내려놓고 새집을 다시 잡아야 하는데, 살던 집을 내려놓았던 손으로 새집을 다시 잡지 못하면 모두 잃을 수 있기 때문이다.

그래서 "자유로운 주택 거래"가 가능하기 위해서는 그 선결조건으로서 "주택거래시스템의 안전성"부터 담보되어야 하는 것이다. 안전성이 담보되지 못하면 경험 많은 장년층조차 주택거래를 주저할 수밖에 없는 것이다.

그런 만큼, 거래안전시스템을 설계할 수 있는 '법무부'와 이상거래를 단속·수사할 수 있는 '경찰청' 또는 '특별사법경찰'의 역할이 매우 중요하다고 생각한다. 다만 이것이 가능하기 위해서는 이상거래정보를 취합, 분석할 수 있는 '금융정보분석원'을 금융위원회에서 법무부로 이관하여야 하고, 한국부동산원 같은 공기업이 위반정보를 사전 취합하여 임의로 선별함으로써 경찰 등 수사기관의 수사를 사실상 방해하는 일은 없어야 할 것이다.

나아가, 거래안전시스템의 안전성을 확보하는 방어적 조치만으로 "자유로운 주택거래"가 가능해지는 것이 아니라 다양한 주택수요에 탄력적으로 대응할 수 있는 실효적 주택공급 정책을 펼치는 한편, 주택거래에 대한 불필요하거나 지나친 규제(예: 투기과열지구), 주택구입 시 강제 부과되는 불필요한 비용(예: 국민주택채권) 등을 철폐하여야 하고, 주택거래에 2중으로 부과해온 조세체계(예: 취등록세, 양도소득세)도 정상화해야 한다.

이런 의미에서 #77 글에서 언급한 "기본재산" 제도가, 상속세 부과의 한계일 뿐만 아니라 양도소득세 부과의 한계로서도 중요하다. 기본재산의 금액기준이나 공제방식은 구체적으로 제시하지 못했지만, 양도소득세의 부과 시 기본재산 기준금액 미만 금액의 주택에 대해서는 애초에 양도소득세를 면제해야 주택거래에 있어서도 그 기본재산 기준금액 범위 내에서만큼은 국민들이 '안정적 주거 밑천'으로 활용할 수 있고, 이를 통해 실질적인 '거주·이전의 자유'를 만끽할 수 있기 때문이다.

더욱이 지금처럼 세무사도 감당할 수 없을 정도로 복잡하고 난해한 양도소득세 산정 방식은 주택거래를 희망하는 국민들에게 심리적 저지선으로 작용하여 '다양한 주택수요에 따른 자유로운 주택거래'를 방해함으로써 국민들을 현재의 주택에 사실상 감금하는 결과를 초래할 뿐이고, 세수 증대의 측면에서도 거래를 제한하는 쪽보다는 거래를 활성화시키는 쪽이 유리할 것이다.

앞선 #7 글에서도 밝혔듯이 물가변동이 반영되지 못하는 양도소득세 산정체계는 주택시장만 고사시킬 뿐이고, #18 글에서도 밝혔듯이 법인 소유 부동산에 대해서는 사실상 양도소득세를 과세하지 못하기 때문에 개인과의 형평성 차원에서도 문제 있다.

지금이라도 양도소득세에 대한 근본적인 인식 전환을 정부와 국회에 촉구하는 바이다. 양도소득세 중과를 몇 년 더 유예해 주는 정도로 해결될 수 있는 사안이 아니다.

#79 나라가 발전해서 오르는 집값이라면 문제될 것 없다

냉정히 돌아본다.

집값이 오르는 게 문제인가?

지역이 발전할수록 집값이 오르는 것은 당연하다. 마찬가지로, 나라가 발전할수록 집값이 오르는 것은 당연하다.

당연하고, 문제될 것도 없다.

하지만 나라가 갑자기 발전하지 않듯이 집값이 오르는 경우도 노동력이나 다른 재화와 함께 그 가치가 서서히 오른다. 집값만 혼자 갑자기 뛰지 않는다.

또한, 신도시가 주거지로 자리잡는 데는 매우 오랜 시간이 소요된다. 계획도시의 대명사인 안산만 해도 주거지로 자리 잡는 데 30년 이상이 소요됐다. 개발호재만으로 지역의 가치가 올라가는 것이 아니라 계획했던 대로 개발이 완료되고 기대했던 모습으로 도시가 자리 잡았을 때 그 지역의 가치도 오르는 거다.

물론, 개발한다고 해서 무조건 지역의 가치가 올라가지는 않는다. 성공한 지역이 있다면 개발해도 실패한 지역도 생기는 법이고, 실패한 지역은 장기적으로 폐허 수준의 흉물로 전락할 수도 있다.

또한, 개발에 성공해 개발지역의 가치가 올라갔다고 해서 집값이 올라가지도 않는다. 황무지였던 지역을 개발한 거니 주거지로서 제값을 받을 수 있을 뿐이다. '수도권 전철역 1,000개소 시대'가 임박한 시대에 역세권 호재 정도로 집값이 크게 오르지도 않는다.

그런데도 우리나라는 최근 몇 년간 갑자기 집값이 폭등했다. 나라가 갑자기 발전하여 경제가 급성장한 것도 아니고, 심지어 개발호재가 있던 것도 아니었다. 공급부족론이 공공연히 나올 정도였다면 특별한 개발호재가 없었다고 볼 수 있는데도 집값이 천정부지로 올랐다.

부정부패, 가격조작 또는 공공사기를 의심할 수 있는 정황도 한둘이 아니었다. 2021년 부동산 보고서에서 간추린 주요 의심유형들만 해도 10가지가 넘었다. 하지만 무리하게 '영끌'한 추격매수까지 이어지면서 주택시장은 꼬여버렸고, 시장을 관망하는 '존버'까지 겹치면서 시장이 잠겨버렸다.

더욱이 이런 양상으로 집값이 오르는 것은 매우 심각한 상황일 수 있다. 코로나 사태, 러시아 전쟁 등 외부적 요인과 맞물려 어쩌면 IMF 경제위기에 버금가는 최악의 경제위기가 닥쳐오고 있을 수 있다.

하지만 냉정히 보면 시장이 정체됨에 따라 정책을 투입할 수 있는 시간을 벌었고, 부동산가격의 급등은 국부와 기업가치의 명목상 증대와 이어진다. 이 시기 동안 부동산가격과 소득 간의 균형만 맞출 수 있다면 위기를 오히려 기회로 전환할 수도 있다.

다만 어중간한 대책으로는 국가적 위기 상황에서 무엇도 이룰 수 없는 만큼, 선택지는 오직 2가지뿐이다. 급등한 집값과 물가에 맞춰 국민의 소득수준을 대폭 올릴 건지, 아니면 국민의 소득수준에 맞춰 집값을 2016년 수준까지 내릴 건지, "서로 양립할 수 없는" 선택지 중 "반드시 하나를 선택"해야 한다.

만일 둘 다 가능하다면 둘 중 어느 쪽을 선택해야 할 것인가?

국민적 합의 및 정치적 결단이 필요한 시점이다.

#80
소득과 재산을 모두 보장할 수 있는 개혁이 필요하다

국가적 위기상황을 타개하기 위해서는 급등한 집값과 물가에 맞춰 국민의 소득수준을 대폭 올릴 건지, 아니면 국민의 소득수준에 맞춰 집값을 내릴 건지, 둘 중 하나를 "반드시" 선택해야 한다.

이것이 #79 글의 미션이다.

그런데 둘 중 하나를 선택할 경우 그 선택에 따라 희생하게 되는 상대적 소수가 생길 수밖에 없다. 더욱이 이 소수는 상대적인 관념일 뿐 절대적 다수일 수 있다. 예컨대, 정책 성공을 위해 45%의 국민을 희생시켜야 한다면, 2,500만명이란 매우 많은 국민을 희생시키는 것과 다르지 않다.

그런 만큼, 이 선택은 매우 어렵다. 생각보다 많은 국민들과 척질 수 있고, 그 수가 과반을 넘길 수도 있기 때문에 잘못 선택할 경우 정치적으로 도태될 수 있다. 그래서 약은 정치인이라면 둘 다 하지 않음으로써 직접적인 책임을 모면하거나, 둘 다 하는 시늉을 하면서 국민들을 눈속임하거나, 상대 정치세력에 미루기 쉽다.

그런데 이것 역시 냉정하게 바라봐야 한다.

총천연색 세상에서 반드시 양자택일해야 할까? 더욱이 둘 중 어느 하나를 선택한다고 해서 상황을 반드시 반전시킬 수 있다고 장담할 수 있는가?

그래서 내 선택은, 권리소득(또는 기본소득) 제도를 도입하여 국민 소득의 실질적 증대를 도모하는 한편, 그 비용을 국가와 민간이 실질적으로 분담하도록 한 것이다. 또한, 기본재산 제도를 도입하여 국민 개개인의 재산적 기반을 공고히 하고, 시장 외 권리 이전이 용이하도록 함으로써 간접적으로 주택시장 안정을 도모한 것이다.

만일 내가 기대한 대로 이들 제도가 작동한다면, '주택 소유'에 국민들이 연연할 필요가 없고, 직업활동이나 무리한 재테크를 하지 않더라도 먹고 살 걱정을 하지 않을 수 있다. 더 잘 살고 못 살고의 기준 역시 '재산 또는 소득의 많고 적음'이 아니라 행복 또는 자아실현에 맞춰지게 된다.

누군가에게는 꿈 같은 얘기일 수 있고, 온 국민이 부르주아화된 세상을 싫어하는 사람들도 있을 수도 있다.

다만 경제가 왜곡되면서 절대 다수가 경제적으로 힘들어진 지금이, 계층 간의 갈등을 최소화하면서 이들 제도를 도입할 수 있는 최적기라고 생각한다. 굳이 이들 제도가 아니더라도 #79 글의 난제를 풀 수 있는 다른 방도가 있다면 충분히 도전해볼 만한 기회라고 생각한다.

이것이, 부동산대책으로서 "엉뚱하게도" 복지개혁과 조세개혁을 궁리한 배경이다.

#81
소득의 보장은 연금개혁을 위해서도 중요하다

집값(또는 물가)과 소득 간의 간극을 최소화하는 완충방안의 하나로서 이른바 권리소득(또는 기본소득) 제도와 기본재산 제도의 도입을 #80 글에서 제안하였다.

만일 이들 제도를 도입할 수 있다면 집값 상승 직전인 2016년 당시의 집값으로 원상복구하는 무리수를 두지 않고도, 6년 간의 물가를 감안하여 2018년부터 2019년 사이의 집값 정도까지만 조정해도 가시적인 효과를 기대할 수 있을 것이다.

또한, 이 기회에 국민들에게 보다 정확한 물가상황을 알릴 수 있도록 소비자물가지수 산정을 위한 지수품목의 물품수를 10배 이상 확대하는 한편, #9 글에서 지적한 바와 같이 집값을 포함시킬 필요도 있다. 정권 초기인데다 집값 이외의 물가까지 급등하는 지금이, 물가통계 정상화를 위한 천재일우의 기회라고 할 수 있다.

다만 주택가격과 물가통계를 정상화하게 되면 #12 글에서 경고한 것처럼 국민연금기금 규모가 지금보다 현저히 위축되면서 기금 고갈이 급속히 앞당겨질 수 있다.

하지만 이것 역시 냉정히 바라봐야 한다.

어차피 선진국들은 세계대전 등으로 기금이 완전히 바닥난 후에야 부과식으로 전환했다. 전 국민을 대상으로 국민연금을 확대한 김대중 정부도 이런 선례를 알고 있었을 것이지만, #13 글에서 추정했던 것처럼 IMF 경제위기 상황에서 "국가적 비상금"을 마련하기 위한 고육책으로서 불가피했을 것이다.

하지만 아닌 건 아닌 거다.

국민연금기금은 '국가적 비상금'으로서 이미 충분한 역할을 했고, 그걸로 됐다. 적립식 공적 연금으로 국민 노후를 감당할 수 있다는 하얀 거짓말은 이쯤에서 멈추고, 지금이라도 연금을 포함한 사회보험 제도를 "혁명 수준으로 정상화"할 필요가 있다.

선진국의 연금개혁은 빈털터리 상태에서 했지만, 우리는 수백 조원의 목돈을 마련해둔 상태에서 하는 거다. 돈이 없다면 몰라도 밑천이 적지 않게 있는 만큼, 부과식뿐만 아니라 어떤 개혁도 가능하다. 그러니 연금 고갈을 구실로 연금지급액만 낮추거나, 연금지급시기만 늦추거나, 연금보험료만 올리는 하책(下策)들을 굳이 도모할 필요가 없다.

다만 출산율 급감으로 인구감소 추세인 동시에 고령화 사회로 급속히 이전하고 있는 우리나라 상황에서, 청년이 노인을 떠받치는 구조인 '부과식 연금개혁'은 어울리지 않고, 연금제도를 정상화한다면서 굳이 이런 방향으로 개혁할 필요는 없다고 생각한다.

그래서 '원칙적으로 각자도생(各自圖生)하되 희망자에 한해 국가가 일정 금액의 소득을 보장하는 방식'인 권리소득(또는 기본소득) 제도의 도입을, 연금개혁 방안의 하나로서도 고려해볼 것을 제안한다.

만일 권리소득 제도를 도입하게 될 경우 연금소득을 포함한 총 소득을 기준으로 권리소득금액을 계산해야 하는 만큼 어차피 적립식 공적 연금제도와는 양립하기 어렵고, 국민연금보다 많은 노후소득을 전제하는 만큼 국민연금 제도의 필요성도 낮아진다.

다만 이것 역시 국민적 합의 및 정치적 결단이 필요한 사안이다.

#82 현대 건축공법으로 지어진 아파트의 내구연한은?

7세기 후반에 건축한 것으로 추정되는 목조건축물인 안동 봉정사 극락전(국보 제15호)은, 지은지 700년 정도 지난 1363년에야 중수했다. 여기서 '중수'(重修)란 말은 요즘 건축용어로는 '대수선'쯤 될 것인데, 대수선 정도로 보수한 것만으로도 1,400년 가까이 지난 오늘날까지 건재하다.

비슷한 시기에 지은 목조건축물인 일본 법륭사(호류지) 금당도 여전히 건재하고, 세계에서 가장 오래된 석조건축물로 추정되는 이집트 기자의 대피라미드는 현저히 오랜 기간인 4,500년이나 버텼다. 문화유산의 보고인 그리스나 이집트에는 수천 년을 버틴 이런 건축물들이 수두룩하다.

서기 126년에 완공된 로마의 만신전, 즉 판테온신전은 콘크리트로 지어진 건축물이다. 콘크리트 공법의 단점인 인장력을 보강한 철근콘크리트 공법이 개발되기 전의 건물이지만, 1,900년이 지난 오늘날까지도 건재하다.

1850년대에 고안되어 1920년대부터 본격적으로 건축에 적용된 철근콘크리트 공법은, 철근이 콘크리트의 인장력을 보강하면서 알칼리성인 콘크리트가 철의 부식을 방지할 수 있기 때문에 콘크리트로만 지어진 건축물보다 더 오랜 기간을 버텨낼 것으로 기대하고 있다. 실제로, 철근콘크리트 공법이 상용화되기 이전인 1912년에 철근콘크리트로 지어진 한국은행 본점(사적 280호)도 100년이 지난 지금까지 건재하다.

그런데 철근콘크리트 공법의 진짜 강점은, "혁명"이라고 말해도 좋을 정도로 '건축물의 고층화'가 용이해진 데 있다. 철근콘크리트 공법을 활용하여 각국은 경쟁적으로 고층건물을 올렸고, 당시 '고층건물의 끝판왕'이라고 할 수 있는 엠파이어 스테이트 빌딩도 이때(1931년) 지어졌다. 전체 102층에 높이 381m인 이 건물은, 92년이 지난 지금도 끄떡없이 건재하여 뉴욕, 아니 미국을 상징하는 랜드마크가 되어 있다.

철근콘크리트 공법으로 지어진 건물들은, 이런 초고층 건물들이 많기 때문에 각국은 대개 그 내구연한을 100년 정도로 "매우 보수적으로" 정하고 있다. 그렇다고 해서 철근콘크리트조 건축물이 100년 지나면 허물어진다는 의미는 아니다.

그래서 다음 문제의 답이 궁금해진다.

1980년에 준공한 15층 아파트는 언제쯤 철거하는 것이 적정할까?

#83
100년 버틸 건물을 40년만에 다시 짓겠다는 나라

철근콘크리트조 건축물의 내구성과 관련해서 #82 글에서 이런 질문을 했었다.

1980년에 준공한 15층 아파트는 언제쯤 철거하는 것이 적정할까?

#82 글을 읽은 사람들 중에는 "100년"이라고 답한 사람도 있을 테지만, 재건축을 좀 아는 사람들은 "40년"이라고 대답했을 수도 있을 것이다.

하지만 "냉정히 말하자면" 애초에 부실하게 짓거나 기둥 등이 손상되어 안전에 문제 있는 것이 아니라면 급수, 배수, 오수 설비나 지붕, 외벽 등만 제때 수선해도 최소 100년은 문제 없이 쓸 수 있고, 철근이나 철골 콘크리트구조로 건축했다면서 준공 후 50년도 되기 전에 안전에 문제가 생겼다면 시공사에게 하자담보책임을 물어도 될 만큼 현대 건축기술은 빠르게 발전했다.

더욱이 장기수선계획만 제대로 수립되어 있었다면 수선은 생각보다 어렵지 않고, 외부 설비는 공동으로 수선하고, 내부 설비는 각자 수선하는 방식으로 추진하면 비용도 그렇게까지 많이 들지 않는다. 고급 카페나 쇼룸처럼 꾸미려면 많은 돈이 들겠지만, 벽, 천장, 바닥, 창호만 제대로 갈아도 새 집과 다름없이 생활할 수 있다.

이런 식으로 생각한다면, 1980년에 준공한 15층 아파트는 안전상의 특별한 문제가 없는 이상 준공일부터 100년 후인 "2080년"이 되더라도 철거할 필요가 없을 것이다. 이 말은, 특별한 사유가 없는 한 2080년이 될 때까지는 재건축할 필요가 없다는 말과 같다. 실제로, 100년도 더 전에 철근조차 없이 콘크리트로만 지은 건물들 중 여전히 건재한 건물들도 다른 나라에는 수두룩하다.

물론 이런 말이, 아파트나 빌라를 주로 소유한 우리나라 도시 주민들에게는 "소름 돋는" 말일 수 있을 것이다.

물론, 안전성만으로 건물의 수명을 말할 수는 없다.

지금 유럽이 경험하고 있는 것처럼 '건물을 수선하는 비용'이, '건물을 철거하여 새로 짓는 비용'보다 더 든다면, 특별한 문화재적 가치가 없는 한 철거한 후 새로 짓는 편이 나을 수 있기 때문이다.

우리나라 '도시 및 주거환경정비법'(이하 "도시정비법") 시행령에서도 재건축이 가능한 '노후·불량 건축물' 요건의 하나로서 "해당 건축물을 준공일 기준으로 40년까지 사용하기 위하여 보수·보강하는 게 드는 비용이 철거 후 새로운 건출물을 건설하는 데 드는 비용보다 클

것으로 예상되는 건축물"이란 요건을 제시하고 있다(영 제2조 제2항 제3호).

'무너질 것 같지 않으면 그냥 살라'는 식으로 재건축을 원천적으로 봉쇄하는 것은, 헌법상 보장된 국민의 재산권에 대한 국가의 지나친 간섭일 수도 있기 때문에 충분히 수긍할 수 있는 요건이라고 할 수 있다.

그런데 이 요건에서 "40년"은 어디서 나온 숫자일까?

이 숫자가 내구연수를 말하는 것이라면 철근콘크리트조는 100년 이상, 철골콘크리트조나 철골철근콘크리트조는 그 이상인 것으로 알고 있는데, 조적(벽돌)조나 철골조 등 다른 구조까지도 전제로 한 숫자일까? 만약 내구연수의 의미라면 왜 소재 또는 방식에 따른 차등을 두지 않았을까?

더욱이 도시정비법 시행령이 정한 40년이 되면 "묻지도, 따지지도 않고" 무조건 철거해서 재건축해야 하는 걸까?

#84 세법상 내구연수 기준이 과학적 상식이 된 나라

안전에 관한 사항은 책임 문제와 직결되기 때문에 함부로 말하기 어렵다.

건축물의 내구연수(또는 내구연한)도 그렇다.

구조만으로는 섣불리 단정할 수 없고, 공법과 환경 등 변인에 따라 제각각이다. 자연이라는 자체가 워낙 변수가 많기 때문에 제한된 조건하의 실험 결과만을 일반화하기 어렵고, 전문가일수록 신중할 수밖에 없을 것이다.

그래서인지 건축 관련 법령에서는 건축물의 내구연수에 관한 직접적인 규정을 찾을 수 없었다.

반면, 세법에서는 찾을 수 있었다. 바로 법인소득의 감가상각비를 계산하기 위한 감가상각재산의 기준내용연수를 정한 법인세법 시행규칙 제13조의2 별표 5의 규정이다.

이 표에선 '감가상각재산'을 차량, 선박, 항공기, 건물, 구축물 등으로 나누고, 건물과 구축물 중 연와조, 블록조, 콘크리트조, 목조, 토조 등으로 지어진 것은 20년, 철골철근콘크리트조, 철근콘크리트조, 석조, 철골조 등의 기준내용연수를 40년으로 정하는 한편, 10년~20년 정도의 범위에서 납세신고자가 내용연수를 정하도록 하고 있다.

이 '내용연수'가 바로 '내구연수'를 말하는데, 과학적인 기준이 아니라 익금, 손금 등의 계산을 위한 "회계상의 기준"에 지나지 않는다. 즉, 법인자산의 가치 변화를 개괄적으로 산정하기 위한 임시방편에 불과하다.

그런데 이런 회계상의 내용연수 기준을, 도시정비법을 제정하면서 '건축물 안전기준으로서의 내용연수'인 것처럼 차용해온 것이다. 덕분에 100년 이상도 끄떡없이 버틸 수 있는 철근콘크리트조 아파트들이, 40년이면 붕괴될 노후.불량 아파트처럼 치부된 것이다.

물론, 주택건설기술규정이 1991년에 제정되기 이전에는 콘크리트 구조체 안에 배관을 묻어버려 애초에 수선이 어렵게 아파트를 지어 판 악덕 건설사도 분명 있었고, 이상과열된 아파트 재건축 열기를 효과적으로 억제하기 위해서는 무언가 객관적인 기준이 필요하기도 했을 것이다.

하지만 법인세법상의 "40년" 기준은, 국회가 정한 것도, 국무회의에서 정한 것도 아니다. 기획재정부 장관 차원에서 시행규칙에 정한 회계 기준일 뿐이다. 도시정비법상의 "40년" 규제는, 법률에 근거한 규제가 아니라 대통령이 정한 시행령에 근거한 규제일 뿐이다.

그런데도 이 어처구니 없는 "40년" 기준은 어느 새 국민들의 상식처럼 되어버렸다. 준공 후 40년이 지나기 전까지는 재건축할 수 없다거나, 준공 후 40년이 지나면 철거해야 한다는 식의 논의도 당연시되었고, 어느 한쪽을 지지하는 국민들 간에 갈등도 깊어졌다.

하지만 그 무엇도 당연하지 않다.

자기 비용으로 소유자가 재건축하는 것이, 철거 및 재건축 자체의 안전, 도시미관, 임차인의 권리, 재건축건물 완공 가능성 등에 특별히 문제가 없다면 국가가 굳이 훼방놓을 이유도 없고, 건물의 안전성, 장기수선계획 및 수선비용, 주민 만족도 등에 특별히 문제가 없다면 생돈 들여 굳이 재건축을 도모할 이유도 없기 때문이다.

이처럼 역대 정부들이 이런저런 목적으로 남용해온 "내구연수 프레임"을 머릿속에서 지우고서 아파트 재건축 문제를 되돌아보면 아파트 재건축과 관련한 역대 정부들의 수작 또는 뻘짓들과 국민들의 바보짓 또는 호구짓을 저절로 알 수 있을 것이다.

그런데 이 대목에서 다시 고민에 빠진다.

아파트 재건축은 왜 규제해야 하는 것일까? 아니, 아파트 재건축을 역대 정부는 왜 그렇게까지 규제 또는 통제하려고 했을까?

#85
남의 돈 끌어모아 자기 집 다시 짓겠다는 나라

단독주택을 재건축(재축)하는 것은, 생각보다 어렵지 않다. 구청 허가 받은 후 자기 돈 들여 철거하고, 자기 돈 들여 다시 지으면 된다. 다만 업자도 직접 물색해야 하고, 설계에도 깊숙이 관여할 수밖에 없다.

그래서 단독주택을 재건축하고 나면 사람들은 대개 비용, 즉 "얼마 들었는지"를 가장 궁금해한다. 단독주택을 다시 지은 후 "얼마 벌었는지"는 아무도 관심이 없다.

하지만 아파트를 재건축하면 다들 "얼마 벌었는지"를 궁금해한다. 전 세계에서 대한민국에서만 나타나는 매우 신기한 현상이다.

사실, 아파트 재건축도 단독주택과 크게 다르지 않다.

대규모 공동주택이다 보니 인허가받아야 할 곳이 많을 뿐, 관계기관 인허가 받은 후 자기 돈 들여 철거하고, 자기 돈 들여 다시 지으면 된다. 규모의 경제가 반영되다 보니 단독주택에 비해 훨씬 더 저렴하게 철거하고, 훨씬 더 저렴하게 재건축할 수 있다.

공동구매를 생각해보면 이해하기 쉬울 것이다.

실제로, 최근 서울주택도시공사(SH)에서 공개한 아파트 건설원가를 보면, 토지매입비가 비싼 지역(예: 강남)조차도 다른 지역(예: 경기 외곽지역)의 아파트 분양가보다 건설원가가 현저히 낮은 것을 알 수 있다. 이렇게 낮은 건설원가조차 SH가 건설사 등으로부터 최종적으로 공급받은 원가에 지나지 않아 건설자재별 단가나 기술인력별 단가를 중심으로 한 실제 건설원가는 이보다도 더욱 낮을 것으로 추정할 수 있다.

토지매입비가 들지 않는 재건축의 특성상 토지매입비를 굳이 재건축원가에 산입할 이유가 없고, 동일 평형의 단독주택을 짓는 데도 큰 돈이 들지 않는 현실에서, 규모의 경제 효과까지 나타나는 아파트를, 그것도 조립식으로 찍어내는 아파트를 짓는데 막대한 비용이 소요될 이유가 없다. 강남 신축 아파트를 휘감은 고급 포장재, 아니 외장재의 경우도, 막상 자재상을 돌아보면 그리 비싸지 않다.

그런데도 우리는, 아파트를 짓는 데 왜 이리 많은 돈이 드는 것일까? 심지어 토지매입비가 들지 않는 재건축에 왜 더 많은 비용이 드는 것일까?

그 이유는 매우 간단하다.

한 채만 재건축하는 게 아니라 수백, 수천 채(호)의 집을 동시에 재건축하기 때문에 재건축에 투입될 자금 자체가 막대하기 때문이다. 즉, 아파트가 대단위일수록 소요자금도 대단위일 수밖에 없고, 그중

한 채의 소유주라고 해서 재건축사업과 이에 소요될 막대한 자금을 마음대로 할 수 없기 때문이다.

막대한 자금이 "주인 없이" 모여있으니 모두 탐을 낼 수밖에 없는 구조라고 할 수 있다.

더욱이 누구든 의사결정의 주도권만 쥐게 되면 사업과 자금 모두 쥐락펴락할 수 있게 되기 때문에 조합대표와 건설사(시행사 또는 시공사)가 사실상 모든 것을 결정하는 구조로 변질될 수밖에 없다. 이런 양자 관계로 이행되기까지는 목소리 큰 사람들이 의사결정을 주도할 수밖에 없기 때문에 사업가능성이 있는 지역에는 "장차 조합대표 또는 조합임원으로 활동할" 끄나풀들을 누군가 심어놓기 마련이다.

즉, 대출 끼고 아파트 1채 살 돈만 이들 끄나풀들에게 투자하면 주민 1,000명의 의사결정을 좌우할 수 있는 구조라고 할 수 있다.

물론, 이러한 리스크를 최소화하기 위해서는 개별 소유주들의 독립적인 의사결정이 최대한 보장될 수 있는 환경을 조성해야 하고, 이를 위해서는 단독주택의 경우와 마찬가지로 "헌 집"을 "새집"과 1:1로 물물교환하는 식의 구조로 재건축 사업구조를 설계해야 할 것이다.

하지만 단독주택 소유자가 자기 돈으로 자기 집을 다시 짓는 것과 달리 우리나라 아파트 재건축의 경우는 '자기 돈'으로만 자기 집을 다시 짓는 것이 아니라 "일반분양"이라는 형식으로 '남의 돈'을 보태서 자기 집을 다시 짓게 된다.

판돈을 현저히 더 키우는 구조일 뿐만 아니라 '남의 집'을 짓고 남은 돈을 자기 집 짓는 데 보태는 구조가 되어버리니 재건축조합원으로 참여하는 순간 "사업자", 즉 장사꾼이 될 수밖에 없는 것이다. 그러다 보니 아파트 재건축을 하게 되면 "얼마 들었는지"보다 "얼마 벌었는지"를 사람들이 궁금해할 수밖에 없는 것이다.

내 집 하나 재건축하는 데 소요되는 비용을 셈하기도 어려운데 남의 집을 짓고 판 돈까지 셈해야 하는 상황이 되니 사업은커녕 자금 통제도 어려울 수밖에 없고, 제 돈 아낄 욕심 부리다가 깨진 독에 물새는 것처럼 돈이 새나가는 것을 마냥 지켜볼 수밖에 없다.

그래서 건설사를 견제할 수 있도록 공공이 재건축 사업에 관여할 것을 전문가들이 제안하니 정부는 공공임대주택 제공과 기반시설 조성 등의 '숟가락'까지 얹어 판돈을 더 키웠을 뿐만 아니라 그 부담을 조합원과 입주민, 양자에게 전가까지 시켜버린 것이다. 더욱이 구조상 '주민이었던 조합원'에게 초과이익이 생길 가능성이 없는데도 재건축초과이익부담금까지 만들어 생색을 냈다.

아사리판이 따로 없고, 모두가 도둑(공범)이 되어야 하는 구조다.

덕분에 대안은 더욱 명확해졌다.

남의 돈을 탐내지 않고 자기 돈 들여 재건축하는 사업구조로 만들면 되고, 공공은 사업감시자 또는 사업대행자의 역할만 충실히 하면 된다. 일반분양을 배제한 재건축이라면 굳이 규제할 이유도 없다.

제 돈 아낄, 아주 작은 욕심만 버리면 된다.

#86

도시정비법에 대한 미련을 버리자

일반분양 및 수탈적 공적부담(예: 공공임대주택 의무공급)을 전제하지 않은 아파트 재건축은, 다른 대부분의 나라에서는 상식이지만 "우리나라에서는 불법"이다. 따라서 상식적인 방식의 재건축을 하고 싶더라도 현행 도시정비법, 주택법 등 관련 법률을 개정하기 전에는 할 수 없기 때문에 협치하지 않는 여소야대 정국에서 #85번 글과 같은 제안은 무의미할 것이다.

더욱이 김대중 정부가 2002년 제정한 도시정비법('도시 및 주거환경 정비법')은, 지난 20년간 대한민국 재건축 현장을 황폐화시켰을 뿐만 아니라 주택정책을 왜곡시킨 주범 중 하나라고 생각한다. 주택법의 특별법인 이 법률에 더 이상 미련을 가질 이유가 없는 만큼, "대안이 없더라도" 경과규정만 두고 즉시 폐지한 후 경과규정에서 정한 기한 내에 주택법을 중심으로 새 판을 짜야 할 것이다.

그런 만큼, 법률 개정의 결정권을 쥐고 있는 더불어민주당도 도시

정비법에 대한 미련을, 이제는 버려달라. 부동산 실책으로 2번이나 정권을 잃었으면 이런 법에 더 이상 집착할 이유가 없고, 법 폐지 후의 리스크가 부담된다면 현 정부의 책임으로 넘길 수 있는 지금 하는 편이 낫다.

어차피 김대중 정부가 정권 말기에 제정하여 후임 정부에 시행책임을 떠넘긴 법률 중 하나인 만큼, 미련하게 더 이상 미련 갖지 말라. 재건축 사업을 정상화하기 위해서는, 도시정비법과 같은 무책임한 특별법은 반드시 폐지해야 한다.

#87

주택재건축사업 폭리의 구조와 대안

아파트 소유자가 소유한 "땅"은 등기부상 실재하면서도 현실적으로는 존재하지 않는 것과 다르지 않다. 왜냐하면 땅을 "대지지분"의 형태로 구분소유하고 있을 뿐, 정확히 어디가 자기 소유의 땅인지를 콕 집어서 특정할 수 없기 때문이다.

더욱이 저층 아파트의 대지지분은 전용면적의 절반 정도라도 되지만, 초고층 아파트의 대지지분은 생각보다 매우 작다. 몇 평 되지 않는 경우가 대부분이고, 공유면적과 공용면적 비율이 높은 오피스텔의 경우는 대지지분이 없다고 해도 무방할 정도로 대지지분이 작다.

그런데 부동산 연구과정에서 아파트의 건설원가를 살펴보니 사실상 나대지에 아파트를 짓게 되는 신도시조차도 토지매입비가 원가 총액의 60~70%를 차지할 정도로 "땅값", 즉 토지 가격의 비중이 높았다. 그런 만큼, 이미 고밀도 아파트가 지어져 있는 재건축 지구의 땅값은 훨씬 더 비쌀 것으로 예상할 수 있다.

하지만 땅 위에 배추가 심어져 있건, 비닐하우스가 세워져 있건, 아파트가 지어져 있건 간에 철거 후엔 모두 동일한 나대지일 뿐이다. 입지나 토질 등의 조건이 유사하다면 아파트가 지어져 있던 곳이라고 해서 비쌀 이유가 달리 없다.

또한, 철거에 소요되는 시간이 길면 길수록 인건비를 포함한 철거 비용이 늘 수밖에 없는데, 주민 간의 권리관계가 완전히 정리돼야 철거를 완료할 수 있는 재건축 사업지구는, 지구 내 건물이 많지 않은 신도시 개발지구에 비해 철거비용이 현저히 많이 들 수밖에 없다. 늘어난 비용만큼 사업성이 떨어지는 것도 당연하다.

더욱이 신도시 개발지구 내 토지소유자들은 경계가 명확한 수백~수만 평의 토지를 보유하고 있지만, 재건축 아파트 소유자 대부분은 몇 평 내지 —많아 봤자— 십여 평의 대지지분 정도만 가지고 있을 뿐이다. 뿐만 아니라 공동소유자, 세입자 등 권리자가 많은 만큼 자잘한 권리들을 조정, 확정하기 위해 오랜 시간과 많은 인력이 투입될 수밖에 없다. 시간과 인력의 투입은 비용과 직결되니 사업성이 높지 않은 것이 당연하다.

무엇보다도, 재건축이 시행된 이후에 기존 재건축 아파트 소유자의 대지지분은, 향후 보존등기를 새로 할 때까지 법적으로 "0인 상태"로 리셋되고, 조합원뿐만 아니라 일반분양 입주자의 분양면적까지 합쳐서 대지지분을 새로 조정하게 된다. 즉, 이 기간 동안 재건축 아파트 소유자의 보유재산은, 입주권(기대권) 이외에는 "사실상 무자력 상태"가 된다.

특히, 재건축 대상 아파트가 유일한 재산이었던 경우 무자력 상태에서 조합운영비용, 인허가비용, 철거비용, 아파트 건축비용, 기반시설 조성비용, 등기비용 등을 조달해야 한다. 또한, 재건축 대상 아파트가 주거지였던 경우 전세보증금 등 이주비용까지 조달해야 한다. 나아가, 소유주가 주민이 아닌 경우, 즉 소유주가 아니라 세입자가 재건축 대상 아파트에 거주하는 경우 소유주의 이주비용까지는 아니더라도 —세입자를 내보내기 위한— 임대보증금, 이사비용 등 세입자의 이주비용을 조달해야 한다.

물론, 철거할 아파트, 즉 허물어 없앨 아파트를 담보로 대출을 얻을 수도 없는 만큼, 상당한 재정적인 리스크를 당장 부담할 수밖에 없다. 더욱이 사업이 제대로 추진되지 않거나, 시행사 또는 시공사의 도산 등으로 장기간 사업이 중단될 경우는 재정적 리스크는 극대화될 수밖에 없다.

즉, 배를 갈라 장기는 적출해 두었는데 의사가 사라져 수술하지 못하는 경우와 유사하다고 생각하면 된다.

그래서 재건축 사업에 필요한 자금, 즉 조합운영비용, 인허가비용, 철거비용, 설계비용, 건설비용, 이주비용, 등기비용 등에 소요될, 생각보다 많은 자금 부담을 수년~십수년이 걸릴 재건축 기간 동안 온전히 감당해낼 수 있는 주민은 많지 않다고 예상한다. 그런 만큼, 아파트 소유주들 중 상당수는 현금청산을 선택하고 떠나가게 되는데, 이것 역시 남은 조합원들의 자금부담이 된다.

그런 만큼, 일반분양을 전적으로 배제한 아파트 재건축은 현실적으로 불가능하다. 기존 아파트의 구조와 평형 그대로 재건축할 이유도 전혀 없기 때문에 1:1 교환 형식의 재건축도 현실적으로 불가능하다. 즉, #85 및 #86 글에서 제시한 재건축 방식이 현실적으로 실현될 가능성은 전혀 없다고 보아도 무방하다.

결국 재건축 사업에 필요한 자금은 금융회사에서 실질적으로 조달할 수밖에 없는데, 금융회사의 입장에서는 재건축 후 입주를 완료하기까지는 "당장 이주비용 마련부터 아쉬운" 재건축 대상 아파트 소유주들로부터 원금은커녕 이자조차 받아내기 어려운 만큼, 건설원가보다 현저히 비싼 분양가를 후려쳐도 "선금 내고" 청약하겠다는 호구들이 산적한 일부 지역(예: 서울 강남)을 제외하고는 선뜻 투자하기가 쉽지 않다.

그래서 금융회사로부터 재건축 사업자금을 조달받기 위해서는 금융회사가 안심할 만큼의 일반분양분을 설정할 수밖에 없고, 금융회사는 재건축 조합원과 일반분양 입주자, 양쪽을 대상으로 채권을 설정해둠으로써 안전장치를 2중으로 확보할 수 있는 것이다. 금융 리스크 역시 "신용이 확실한" 일반분양 입주자에게 사실상 전가해둘 수밖에 없으니 일반분양가는 실제 건설원가의 갑절 이상의 폭리 수준으로 설정될 수밖에 없는 것이다.

여기에 "공공임대주택"이란 숟가락까지 얹어놓으면 그 부담은 고스란히 일반분양 입주자의 몫으로 전가되고, 재건축을 완료하고 나면

'부풀려질 대로 부풀려진 일반분양가격'이 '조합원이 입주할 아파트의 가격'으로 둔갑하고 만다. 동일한 지역에 다시 지었을 뿐만 아니라 일반분양에 따라 대지지분이 확 줄어들었는데도 가격이 폭등한, 신기한 현상에 직면하게 될 뿐만 아니라 이 가격이 주변 아파트의 시세에까지 영향을 미치게 된다.

하지만 금융회사도 기쁘고, 조합과 조합원도 기쁘고, 건설사도 기쁘고, 정부와 지방자치단체 모두 기쁘다. 심지어 덕분에 아파트 가격이 오르게 된 주변 아파트 소유주들도 기쁘다. 아무리 비싸게 내다 팔아도 어차피 이를 감당해낼 자금능력 있는 일반분양 입주자들이었으니 이들이 호구된 것을 굳이 안타까워 해줄 이유도 없다. 더욱이 일반분양 아파트의 가격에 따라 조합원 입주 아파트의 가격이 추산되고 그마저도 각종 비용으로 상쇄되니 조합과 조합원에게는 '장부상의 재건축초과이익'이 생길래야 생길 수 없는 구조인 것이다.

'서민'과 '강남 아닌 다른 지역의 아파트 소유자' 빼고는 모두 기쁘다.

이것이 재건축 이후 평당 1억원이 넘는 아파트가 강남에서 속출하게 된 비결이고, 마법 같은 이 모든 일을 가능하게 해주는 법령이 바로 "도시정비법"이라고 할 수 있다. 그래서 재건축하게 되면 "얼마 벌었는지"를 다들 궁금해 할 수밖에 없고, 이런 이권의 고리를 끊고 재건축 사업을 활성화하기 위해서는 "아무런 대안이 없더라도" 도시정비법만은 즉시 폐지하라고 제안할 수밖에 없는 것이다. 어차피 도시정비법이 기초한 조합 주도 재건축 방식 역시 현실과는 매우 동떨어져 있기 때문이기도 하다.

폭리의 구조를 알았으니 답을 내는 것은 어렵지 않다.

일정 호수 이상 규모의 공동주택에 대한 재건축 사업 추진 시 현금청산을 원칙으로 하되, 소유자와 세입자에게 청약우선권(당사자 한정)을 부여하면 된다. 현금청산을 감당할 자금여력 있는 건설사가 있으면 입찰하여 사업주체로 선정하고, 이런 건설사가 없으면 입찰하여 금융회사(단, 재원조달 역량이 없는 신탁회사 제외) 중에서 사업주체를 선정하고, 그마저도 없으면 정부 또는 지방자치단체의 부동산 공기업에서 추진하면 된다.

현금청산이 아니라 직접 사업에 참여하고 싶은 소유자의 경우는 리츠에 투자하도록 하면 된다. 선분양일 경우에는 바로 사업자금이 입금되기 때문에 리츠조차 필요 없겠지만, 후분양일 경우에는 애초에 사업자금을 리츠로 공모하면 된다. 예전처럼 폭리를 나누는 구조는 아니지만, 누구도 손해를 입지 않는 구조라고 할 수 있다.

재건축 비리의 핵심 공범인 일부 정치인들, 고위공직자들, 금융업자들은 이런 방안을 내놓는 자체가 탐탁치 않겠지만, 스스로가 무고하다고 자신하는 정치인들은 부동산 문제에 협치하지 못할 이유가 없는 만큼, 이들이 주도하여 개혁입법을 도모해줄 것을 기대한다.

꼭 이 방안이어야 할 이유도 없다. 답을 찾아내기 위해 함께 노력해 달라.

#88 적어도 가짜들이 진짜 행세는 못하게 하자

7080 당시의 개발이나 재개발, 재건축은, 정권의 비호를 받는 건설사들이 주도했다. 많은 자재와 인력이 투입되는 만큼 투입량을 속여 가격을 부풀리기 용이했고, 종합산업이라는 건설산업의 특성상 전체와 디테일 모두를 감시할 수 있는 전문성은 누구도 갖지 못했다. 부르는 게 값이었고, 초과이익은 권력자과 건설사가 나눠가졌다.

이러한 부패 고리를 끊어내기 위해 민간 주도나 공공 주도 방식이 접목되었지만, 어떤 방식을 접목하건 간에 가장 핵심이라고 할 수 있는 '건설시공'만은 '건설사'가 할 수밖에 없었다.

그래서 건설사의 역할은 법적으로 시공자의 범위 내로 축소되었지만, 각종 정부위원회, 사업추진위원회, 주택조합, 시행사, 업무대행사, 모집대행사, 신탁회사, 감리업자 등에 자기 사람을 투입하거나, 독립법인을 설립하여 규제를 회피해 왔다. 심지어 피해자들이 단체소송을 제기하면 시행사 또는 시공사의 중간에 껴있던 위장법인들이 피해자로 확정되면서 소송이 형해화되는 경우도 속출했다.

건설사들은 애초에 무(無)에서 유(有)를 창출해내는 게 일이라서 제도의 허점과 맹점을 찾아내는 데 능하다. 인력을 활용하는 데도 능해서 수많은 위장법인들을 설립해서 규제를 우회하고, 온갖 '바지'들을 앞세워 처벌과 책임을 회피한다.

이런 건설사들을 상대로 정부와 정치권은 설익은 법령과 규제로써 대응하고자 하는 것이고, 정부와 정치권에 투입된 건설사의 뒷배들이 정책을 흐려놓기 때문에 이마저도 어려운 것이다.

그런데 최근 몇 년 간은 건설사도 아닌 업자들(예: 부동산법인, 중개법인, 신탁회사 등)이 건설사 행세를 하며 시장을 교란했다. 더욱이 이들은 유력정치인이나 고위공직자의 비호 아래 회사를 설립하여 업자로 나섰을 뿐, 이들에게는 건설사업의 핵심이라는 할 수 있는 "건설시공"은 커녕 "사업시행"이라도 할 수 있는 역량이나 기술이 없다. 그저 사업시행을 기화로 운영자금만 날름날름 가로챌 뿐이고, 사업이 지연되더라도 보수는 꼬박꼬박 챙길 수 있으니 이들에게는 이득이다. 돈은 돈대로 들고, 시간만 끌 수밖에 없는 구조인 것이다.

물론 건설사도 자기들이 일하지 않는다. 하청에 재하청을 주며, 이득만 챙길 뿐이지 하청업체를 제대로 감독하지 않는다. 책임을 원청업자에게 부과하는 중대재해처벌법이 제정되면서 건설업계의 하청관행에도 변화가 생길 것으로 기대하지만, 이들은 또다시 우회로와 액받이를 찾아낼 것이라고 예상한다.

그래서 주택정책은 어렵다. 가짜가 진짜 행세를 하고, 누가 진짜인지 알기 어렵기 때문이다. 그런데도 관련 법과 제도는 더욱 복잡하고 난해해져 가짜들이 깃들기 더욱 용이한 환경을 우리 스스로 자초해 왔다고 생각한다.

나 역시 정답을 모른다.

다만 건설사에게 폭리를 유보하게 되더라도 건설씬에서 가짜들을 쫓아낼 수 있도록 관련 법제도만은 더 단순하면서도 "투명하게" 설계했으면 한다.

부끄럽게도 이게 내가 찾은 유일한 실마리이고, 도시정비법 폐지를 포함한 "주택법 개정에서 가장 유의해야 할 대목"이라고 생각한다.

#89

어차피 실수요자가 이긴다

야바위의 원리는 매우 단순하다.

셋 중 하나를 골라야 하기 때문에 아무거나 골라도 이길 확률은 3분의 1에 지나지 않고, 현란한 손놀림에 현혹될 경우 0에 가깝게 된다. 즉, 어차피 이길 가능성은 33.3%가 최대한이고, 계속해봤자 이길 확률만 낮아질 뿐이다.

그런데도 한 번 야바위판에 발을 들인 자는 쉽게 벗어날 수 없다. 이길 수 있다는 착각에서, 더 나아가 이기고 있다는 착각에서 벗어나지 못하기 때문이다.

야바위판에 발을 들인 자체가 이미 호구인 건데, 탈탈 털려도 자신의 운이 나빴거나, 상대가 속임수를 쓴 걸로 치부할 뿐이다.

이런 게 호구들의 발상이다.

주식도 마찬가지다.

창업이나 장기투자가 아닌 한, 단기투자 위주의 주식 투자는 "금융베팅", 즉 노름에 지나지 않고, 장기간 단타만 반복해봤자 증권회사만 돈 버는 구조이다. 주식이란 게 자금을 마련하거나, 자산을 관리, 운용하는 방편 중 하나인 것은 분명하지만, 여유자산이 없거나, 많지 않은 소시민들에게 적당한 자산운용 방법은 아니다.

그런데도 증권회사들은, 주식투자를 해야 경제를 알 수 있다고 홍보하며 끊임없이 사람들을 꼬드긴다. 매우 그럴싸해 보이지만 '노름을 해야 경제를 알 수 있다'는 식의 매우 해괴한 논리에 지나지 않고, 여유자산은 물론이고 대출까지 끌어 주식에 투자한 사람들 대부분은 패가망신의 길로 접어든다.

이런 사람들은 대개 자신이 호구인 줄도 모르고, 투자 좀 해봤다고 경제전문가나 금융전문가라도 된 양 착각에 빠져 산다. 지인 중에도 적지 않다. 손목을 자르지 않는 한 노름을 끊을 수 없듯, 돈만 생기면 또 장에 뛰어든다.

이런 것 역시 호구들의 발상이다.

그런데 부동산씬도 이렇게 변질되어 간다.

아마도 그 발단은, 2008년 서브프라임 모기지 사태 이후 침체된 주택시장에서 미분양된 아파트를 땡처리하는 과정에서 비롯했을 것이라고 추정한다. 즉, 아파트가 부실채권처럼 할인(깡)되면서 입주권 등 부동산 관련 권리들이 채권시장에 등장하였고, 이를 정리하는 과정에서 부동산시장의 자본시장화도 급속히 진행되었으며, 2016년 국정농단 사태 이후 이른바 “제도권 권력의 공동(空洞)화” 과정에서 제때 통제하지 못해 주택시장 전반에 확산된 것으로 추정한다.

다만 주택 자체가 값싼 재화가 아니고, 주식처럼 단기투자가 용이하지 않기 때문에 주택시장은 소수의 투자자가 아니라 절대 다수의 실수요자가 주도하기 마련이다. 그래서 실수요자가 감당할 수 없는 수준으로 호가 또는 공급가가 형성되면 거래는 이뤄질 수 없는 것이다.

지금이 그런 상황이다. 진짜(실수요자)와 가짜들이 힘겨루기를 하고 있는 국면이다.

주위를 둘러보라.

2019년 이후 집값 폭등으로 부자됐다는 사람은 많아도 폭등한 그 값에 집을 팔았다는 사람은 거의 보지 못했을 것이다. 최고가로 경신되는 실거래가가 속출하는데도 실제 그 값에 집을 팔았다는 사람은 거의 못 봤을 것이다.

팔지 못하는, 즉 현금화할 수 없는 가격은 ‘거품’에 지나지 않는다. 그 거품에 홀려 미리 호구가 되지 말라.

주택시장이 도박판이 아닌 이상, 어차피 실수요자가 이긴다. 그래야 시장이다.

#90
굳이 내가 아니더라도 세상은 돌아간다

부동산 연구를 처음 제안한 때가 2020년 2월이었고, 2021년 8월에 출간하고 나서 이제 고작 1년이 지났다. 보고서를 유관 부처에 배포하기 직전에 각 언론사의 헤드라인을 장식한 덕분에 아직도 연구실에는 배포하지 못한 재고들이 잔뜩 쌓여있다.

그런데 고작 1년, 아니 윤석열 정부 출범 100일밖에 안 된 시점에서 대한민국은 이미 내가 보고서에서 예측한 대로 되어가고 있다. 복지를 비롯해 부동산정책의 바람직한 방향성에 대해 90개의 글들을 더 남길 동안에도 끊임없이 변해가고 있다. 그래서인지 일부 부동산 유튜버와 카페 등에서는 이 보고서를 "예언서"처럼 떠받들고 있다.

하지만 나는 예언자나 선지자가 아니다. 아무도 말하지 않을 때 먼저 말했을 뿐이다. 페이스북과 블로그에 기록해 둔 90개의 글들도 그저 내가 본 것들이 버려지지 않고, 칠흙 같은 어둠 속의 별빛처럼 이 시대 우리 사회에 조금이라도 소용되기를 바라는 마음에 남겨둘 뿐이다.

뭐라도 하나 들어맞아 미친 사람 취급받지 않은 것만도 다행일 뿐이다.

물론, 아직 못 해준 말도 적지 않다. 하지만 굳이 내가 알려주지 않더라도 믿음이 있는 이들이 내가 남겨둔 빛을 따라 더 나은 길을 찾을 것이다. 나는 평면뿐인 세상에 공간과 시간, 그리고 인간을 더했을 뿐이고, 흑과 백뿐인 "밤"에서 사람들이 벗어나 두려움 없이 찬란한 낮을 마주하기만을 바랄 뿐이다.

나도 이제 가던 길 간다. 내 길을 간다.

Chapter

02

2023년,
부동산시장 각성기의 기록들

#91

다시 마주한 현실

페이스북과 블로그에 정리해 둔 90여개의 부동산개혁 글은 "부동산 시장질서 확립을 위한 중점 대응전략"(2021)이란 연구보고서의 후속 연구이다. 그리고 이 연구보고서는 경제·인문사회연구회 홈페이지에 접속하면 쉽게 원문을 구할 수 있다. 이 책에서도 #15 글에 이러한 내용을 정리해 두었다.

그런데 이 연구보고서는 제목과 달리 '부동산정책'에 관한 보고서가 아니다. 보고서 처음의 '국문요약'에도 밝혀두었지만, '부동산정책을 둘러싼 공적 부문의 총체적·구조적 부정부패 가능성'을 진단한 반부패 보고서라고 할 수 있다. 다만 형사정책만으로는 당시의 국가적 위기 상황에 유효적절하게 대응할 수 없었기 때문에 2022년 대통령 선거를 앞두고서 부동산을 둘러싼 사회정책에 관한 내용을 보완해 페이스북과 블로그에 정리해 둔 것이다.

보고서를 출간한 지 1년도 되지 않아 보고서에서 예견한 상황들이 하나하나 현실화되었지만, 나는 내 길로 돌아와 다시 내가 꿈꾸던 미래사회를 설계하기 시작했다.

그랬던 내가 다시 현실로 돌아왔다.

내가 아니면 세상이 돌아가지 않아서도 아니다. '2022년의 내'가 아니라 '2021년 이전의 내'가 현시점*의 우리 사회에 필요해서 과거로 거슬러 갈 필요가 생겼기 때문이다. 즉, 2021년 이전에 연구했던 내용들을 현 시점의 블로그에 제대로 공유할 필요가 생겼기 때문이다.

어쩌면 부동산개혁 글들의 프리퀄(prequel)이라고도 할 수 있지만, 그뿐만은 아니다.

과거로 되돌아가는 것도 아니다. 다시 현실을 마주하는 것뿐이다

* 2022년 12월 31일부터 블로그에 'RE Reformation'(부동산개혁) 카테고리를 마련하여 글을 다시 연재했다.

#92

시장은 달라지지 않았다

#91 글에서 소개한 연구보고서에 수록된 '부동산 형사정책 분야'(제4편)의 글들 대부분은 보고서를 출간한 2021년 8월에 작성한 글이 아니라 같은 해 1월~2월 사이에 작성한 글이고, 반년간의 검증을 마친 후 보고서에 수록했다. 2년 전의 글인데도 읽다 보면 마치 2023년 1월에 쓴 글처럼 생생하게 느껴질 수도 있을 것이다.

하지만 2년 전의 해묵은 글인 만큼 보고서 속의 '현 정부'는 윤석열 정부가 아니라 "문재인 정부"이며, 책자 마지막에 수록한 "결론"(제20장)은 전체 보고서의 결론부가 아니라 "부동산 형사정책 분야"에 한정한 결론부라는 점에 오해 없기를 바란다.

그런데 이런 폭락기에도 사람들은 똑같이 묻는다.

"지금 부동산 사도 될까?"

그 대답은 2021년 8월 26일에 페이스북에 올렸던 글로 갈음한다.

부동산가격이 끝없이 올라가는 걸로 보이지만, 이 가격은 허수다. 이 가격을 유지할 만한 자금력을 우리나라가 갖고 있지 못하기 때문에 폭락할 가능성이 높은데, 문제는 그 시기다.

가장 가능성 높은 시기를 대개 내년(2022년) 3월 대선 이후로 예상하는데, 이것도 정권의 향배에 따라 변수가 많다. 아마도 부동산에서 돈 빼서 투자를 시작할 코로나 종식 이후가 되어야 구체적 상황을 알 수 있을 것 같다. 변수가 시장에 반영되기까지 1년 이상이 걸릴 수 있다.

그래서 내 원칙은 분명하다.

들어가서 살 집은 지금 사도 되지만, 투자할 집은 사지 말라고 조언하고 싶다.

지금도 내 생각은 크게 다르지 않다.

정권만 바뀌었을 뿐 부패세력은 여전히 건재하고, 가격만 하락하기 시작했을 뿐 시장은 달라지지 않았다. 지금은 우리 사회를 가린 거짓과 거품을 걷어내고, 새 술을 담을 새 부대를 짤 때이다.

#93 미분양이 아니라 분양사기가 문제다

부동산에서 비롯한 현 위기상황을 윤석열 정부가 현명하게 풀어가기 위해서는 거짓된 낡은 프레임에 더 이상 현혹되어서는 안 된다는 점을 다시 한번 강조하고 싶다. 돌다리도 두들겨 보고 건너야 할 때다.

그런데 최근 국토교통부가 가장 중점을 두는 사안 중 하나가 '전세사기'라고 생각한다.

물론 전세사기에 대한 대응도 중요하다. 피해자도 적지 않고, 피해금액도 적지 않다. 대응방안을 시급히 마련해야 하는 점은 전적으로 공감한다. #10 글에서도 이미 이러한 위험성을 경고했었다.

하지만 전세사기는 작은 악(惡)에 지나지 않는다. 거악(巨惡)을 상대하기에도 버거운 상황에, 굳이 국토교통부의 모든 부서가 나서서 전세사기에 올인할 이유도, 필요도 없다.

진짜 상대는 "정관계 고위인사"들과 "부동산 공기업"들이 "건설사"

들, "금융회사"들과 결탁한 "분양사기"이다. 정신 바짝 차리지 않으면 —역대 정부들과 마찬가지로— 이들이 걸어둔 프레임에 또 홀리게 된다.

그런데 이런 프레임들 중 대표적인 것이 "미분양 사태"라는 표현이다.

건설사들이나 금융회사들의 관점에서는 '사태' 내지 '사고'인 점은 맞지만, 주택소비자의 관점에서 '미분양'은 매우 당연하고 정상적인 일이다. 분양도 장사인데 시장에 내놓은 물건 모두가 팔릴 것은 애초에 기대하기 어렵고, '신뢰할 만한 원가 공개'도 없이 '아직 짓지도 않은 집'을 '부풀릴 대로 부풀린 가격'으로 판매하면서 완판될 것으로 기대하는 자체가 황당한 일이기 때문이다.

뿐만 아니라 건설비와 인건비의 상당 부분이 부풀려져 있고, 토지의 상당 부분이 애초에 국공유거나, 특수관계인의 소유인 점을 감안할 때 30% 정도만 계약되더라도 이미 '남는 장사'일 것으로 추정한다. 더욱이 이미 수년 간의 폭리 상황이 이어져왔기 때문에 —냉정히 말해— 단 한 채도 계약하지 못하더라도, 이로 인해 도산하게 되더라도 전혀 밑질 게 없을 것으로 추정한다. 건물을 지으면서 자재와 인력을 돌린 것만으로도 이미 성공한 장사인 만큼, '사업비 상환 리스크'나 'PF 리스크' 따위의 눈속임에 현혹될 이유도 없다.

내가 #19 글에서 선분양식 아파트 공급 자체가 투기고, 분양시장에 바로 범인이 있다고 한 이유는, '자본도 없고 자금을 융통할 능력도 없는 회사'가, '짓지도 않은 집'을 짓겠다고 나서 '원가에 비해 터무니없이 높은 가격'으로 팔겠다는 것 자체가 바로 "분양사기"와 다름없기 때문이다. 수조 원대의 사기를 치는 이들에 비해 전세사기는, 이들을 흉내낸 잔챙이 수준에 지나지 않는다.

그런 만큼, 이런 사기꾼들을 법의 심판대에 세우지는 못할 망정, 정부가 나서서 국민의 세금으로 이들의 물건을 사줄 이유가 없다. 도둑의 물건을 사주는 사람을 장물아비라고 부르는데, 공범이 아니라면 정부가 굳이 "장물아비"처럼 나설 이유가 없다.

어차피 물건이 안 팔리면 스스로 값을 내릴 것이고, 집을 짓지 못하면 청약자에게 계약금만 2배로 변상하면 된다. 그리고 그 정도 돈은 그간의 폭리를 통해 이미 가지고 있을 것이니 옥살이하기 싫다면 스스로 내놓을 것으로 본다. #85 글처럼 어차피 남의 돈으로 짓는 재건축 조합의 물건이라면 일단 지어둔 후 공실 담보로 대출을 얻거나, 나중에 경기 호전되었을 때 팔아도 늦지 않다.

그러니 현 정부는 이들의 "미분양 프레임"에 결코 현혹되지 말라. 미분양 물건을 정부가 비싸게 사주거나, 대신 팔아준다고 해서 경제나 시장이 살아나는 것도 아니고, 민심만 떠날 뿐이다. 정치경험도 부족한 검사에게 나라를 맡길 수밖에 없었던, 다수 국민들의 뜻을 엄중하게 헤아려주기 바란다.

도둑질 못 하면 무너질, 썩어빠진 나라는 내 조국이 아니다. 미분양 엄살에 단호히 대처하라.

#94 전세사기는 미등기 전세에서 비롯한다

세입자들은 집주인이 전세보증금을 통장에 넣어 이자 받으며 온전히 가지고 있을 것이라고 생각한다. 집주인이 전세보증금을 반환하지 않더라도 최악의 경우 경매를 통해 살던 집이라도 낙찰받을 수 있을 것이라고 기대한다.

하지만 현실은 다르다.

전세보증금을 온전히 가지고 있는 집주인은 생각보다 많지 않고, 이른바 '갭투자'와 같이 전세보증금을 제외한 차액만 지불하고 집을 구입한 경우도 흔하다. 이는 우리나라의 전세 제도는 금전을 빌려주는 '소비대차'와 집을 빌리는 '임대차'가 공존하는 제도이기 때문이다. 대개의 경우 집주인은 나름의 자금운용 계획에 따라 전세보증금을 다른 용도로 활용하거나, 다음 세입자가 낸 전세보증금으로 기존 세입자에게 상환하게 된다.

그런데도 집주인이 전세보증금을 온전히 가지고 있지 않고서 전세

계약을 했다는 이유만으로 '전세사기'라고 몰아간다면 전세를 놓은 집주인 중 사기꾼 아닌 사람이 많지 않을 것이다. #93 글에서 '자본도 없고 자금을 융통할 능력도 없는 회사'가, '짓지도 않은 집'을 짓겠다고 나서 '원가에 비해 터무니 없이 높은 가격'으로 팔게 되는 선분양식 아파트 공급 역시 "분양사기"와 다름없다고 말한 것이 눈에 거슬렸다면, 이런 경우도 "전세사기"라고 말하기 어려울 것이다.

그런데 최근 전세가가 매매가를 상회하게 됨에 따라 다음 세입자로부터 전세보증금을 상환하기 어렵게 된 '역전세'의 경우 집주인에게 차액까지 상환할 자금여력이 없다면 기존 세입자가 집을 빼줄 리 만무한 만큼 애초에 다음 세입자도 들일 수 없을 것이고, 전세보증금 전액을 상환하지도 못할 수 있다. 더욱이 집주인이 집을 담보로 주택담보대출까지 받아놓은 상태라면 세입자가 경매를 신청하더라도 후순위가 되어 보증금의 상당액을 회수하지 못할 수 있다. 이는 전세입자가 이사갈 다른 집들까지 연쇄적으로 영향을 미쳐 보증금을 상환해주지 못할 집들이 기하급수적으로 늘 수도 있다.

그런 만큼, 정부에서 이 문제에 대해서 관심을 가지고 대책을 마련하는 일은 당연하고, 필요하며, 시급하다고 할 것이다. 그렇기 때문에 작년 9월부터 국토교통부에서 관련 부처 및 부서가 모두 달려들어 "전세사기 피해 방지방안"을 제시하는 한편, 연초(2023년)부터 TF와 자문단을 구성하여 "전세사기의 근절 및 피해자 지원 대책"을 1월 안에 수립하고자 애쓰는 것은 매우 높이 사주고 싶다.

다만 이를 통해 '종합대책'이나 '근본대책'이 제시되는 것이 아니라 '단편적인 대책을 모아둔 임시대책'밖에 나오지 않을 것이라고 예상한다.

이렇게 예상하는 이유는 다음과 같다.

첫째, 전세사기의 해법이 이미 형사정책에 치우치고 있다는 점이다.

이는 '전세사기의 "근절" 및 "피해자" 지원 대책'이라는 워딩에서 이미 알 수 있다. 사기범죄에 대한 대책이니 자연스럽게 '(범죄의) 근절'과 '(범죄)피해자'를 앞세울 수밖에 없는 것이다. 물론 형사정책적 대응도 중요하지만, 수사를 통해 유죄가 확정되기까지는 많은 시간이 소요될 수밖에 없고, 장기간을 기다려 유죄가 확정된다고 해서 피해를 회복할 수 있는 것도 아니다. 즉, 근본대책은 될 수 없는 것이다.

둘째, 이해당사자인 공인중개사가 정책 결정에 깊숙이 관여하고 있다는 점이다.

이른바 빌라왕 사건과 같이 "조직적 전세사기"의 경우 공인중개사가 가담하거나, 방조하지 않는 한 가능하지 않다. 즉, 적지 않은 공인중개사들이 이해당사자이다. 그런데도 국토교통부는 공인중개사들을 자문단의 중심에 세우고 있다. 내부고발을 기대하는 것일 수도 있지만, 이해당사자인 공인중개사들은 자신의 죄를 모면하려 할 것이고, 이해당사자가 아닌 공인중개사들은 실상을 알지 못할 것이다. 즉, 큰 도움이 되기보다는 방해만 될 가능성이 높다.

셋째, 전세보증보험은 보완대책이지 근본대책이 아니라는 점이다.

현장에서 주택도시보증공사(HUG)의 전세보증보험을 실제로 접해 보면 '갑 of 갑'이다. 선이자 수준으로 보증료도 비싸고, 문턱도 높을 뿐만 아니라, 어렵게 전세보증보험에 가입했다고 해서 보험금 지급이 보장되는 것도 아니다. 나쁘게 보면, 전세사기 위험에 편승해 안전한 떡고물만 빼가는 것으로 볼 수 있기 때문에 전세보증보험을 대책의 중심에 둘 경우 '국가가 보험 장사한다'는 오해만 불러일으킬 수 있다. 즉, 각자의 필요에 따라 국민연금 외에 사적 연금보험에 가입하는 사례처럼 전세보증보험도 딱 그 정도로만 활용해야 한다.

이처럼 모든 부처 또는 부서가 대책 수립에 달려드는 것은 이런 위험들이 있을 수 있다. 문재인 정부 부동산 실책의 중심에 기획재정부와 국토교통부 부동산산업과가 있었던 것처럼 관련성이 적은 부처나 부서, 기관이나 사업자들이 작은 관련성을 이유로 관여할 경우 혼선만 더해질 수 있으므로 최종 정책결정권자는 냉정하게 본말(本末)과 옥석(玉石)을 가릴 필요가 있을 것이다.

전세사기는 애초에 "미등기 전세"에서 비롯한다.

전세권을 등기했으면 애초에 (전)세입자 보호라는 말도 안 나왔을 것이고, 전세보증보험에 가입하거나, 선순위 대출정보나 임대인 정보를 확인할 필요도 없었을 것이다. 하지만 역대 정부는 미봉책들을 누더기처럼 덕지덕지 내놓았을 뿐이고, 근저당 수준의 보완도 하지 않았다. 요즘같은 역전세 상황에서는 전세권설정자(채무자) 보호나 회생도 논의될 만한데, 사기꾼 소리 들어가며 '집 가진 죗값'을 다시 치르고 있다.

전세 제도 자체를 폐지할 것이 아니라면 이른바 전세사기나 깡통전세처럼 '미등기 전세 관행'에서 촉발한 문제들은, 민법상 전세권의 공시방법인 '전세등기' 제도에서부터 차근차근 풀어가야 할 것이다. 그 방향은 '전세사기 예방'과 '피해회복'일 것이고, 민법과 주택임대차보호법상 전세 제도의 구조와 실질을 하나하나 따져보는 과정에서 실질적이면서 지속할 수 있는 해법을 자연스럽게 찾을 수 있을 것이다.

이미 꼬일 대로 꼬여있는 전세 제도이다. 국민주택기금 지원 등 긴급대책으로 급한 불부터 끄고 난 후에는 '폭탄 돌리기처럼 물고 물린 악순환'을 끊어낼 수 있는 근본적인 해법을 찾아낼 수 있기를 기대한다.

조금만 더 애써달라. 나도 돕겠다.

#95 주택시장의 자본시장화 차단에 주력하라

부동산개혁과 관련한 최근의 내 글들은 다음과 같다.

1. 지역주택조합 비리와 관련한 2020년 11월 대검찰청 "지역주택조합 관련 형사처벌 사례 분석 및 제도 개선방안" 보고서
2. 부동산 시장질서 확립과 관련한 2021년 8월 경제 · 인문사회연구회 "부동산 시장질서 확립을 위한 중점 대응전략" 보고서
3. 2022년 3월부터 8월까지 페이스북에 연재한 후속 연구 및 조세 · 복지제도 개혁과 관련한 90개 글
4. 2023년 1월에 블로그에 작성한 3개 글 (#92~#94)
5. 전세사기와 관련한 2023년 8월 한국형사 · 법무정책연구원 "전세사기 예방 및 피해회복 방안" 보고서

그런데 이러한 글들을 작성하는 동안에도 주택시장은 달라지지 않았고, 최근 주택시장이 다시 요동치면서 일부 실거래가 정보를 근거로 주택가격 폭락을 말하는 유튜버들까지 SNS를 장악하고 있는 실정이다.

물론, 주택가격 급등세가 꺾여 매매나 전세 가격이 떨어지는 추세인 것은 어느 정도 맞다고 생각하지만, 2021년 경제·인문사회연구회 보고서에서 지적했던 것처럼 실거래가 정보는 신뢰할 만한 정보는 아니라고 할 수 있고, 일부 변동만을 가지고 함부로 시장의 변화를 평가할 단계는 아니라고 생각하기 때문에 일부 실거래가 정보만을 토대로 시장 상황을 가늠하는 것은 매우 위험하고 부적절할 수 있다.

무엇보다도, 주택시장을 포함한 부동산시장이 불안정한 것은, 2021년 경제·인문사회연구회 보고서에서 지적한 바와 같이 주택시장을 포함한 "부동산시장의 자본시장화 경향" 때문이라고 할 수 있다. 즉, 부동산시장이 자본시장화하면 주식 시장처럼 부동산 가격의 급등과 급락을 주기적으로 반복할 수밖에 없고, 투자자가 아닌 실수요자 간의 거래가 현저히 위축되는 것은 지극히 당연하기 때문이다.

그런 만큼, 부동산시장을 안정화시키고 주택시장을 활성화하기 위해서는 부동산시장 중 주택시장의 자본시장화부터 차단시키는 데 주력하여야 할 것이고, 2021년 경제·인문사회연구회 보고서에서도 자본유형별 중점 대응전략 수립 필요성을 제시하는 한편, 자본시장화를 억제하는 방향의 구체적 실천방안들을 제안했던 것이었다.

'부동산대책'만 들여다봐서는 답을 찾을 수 없다.

숨 크게 들이쉰 후 멀리서 다시 보라.

#96 적립식만을 고집해서는 국민연금을 개혁할 수 없다

국민연금 보험료율을 인상하고, 국민연금 수급연령을 상향하는 방안을 최근 "국회" 연금개혁특별위원회 소속 "민간" 자문위원회에서 제안하면서 마치 "개혁"인 것처럼 포장하는 모양이다.

하지만 이는 한계에 당면한 적립식 연금제도를 더욱 고착시키는 방안이고, 고령자는 물론이고 미래세대까지 힘들게 하는 방안이다. 관점에 따라서는 개혁은커녕 임시방편 수준도 되지 않는 하책일 수도 있다고 생각한다.

#81 글에서 밝혔듯이 연금개혁의 방향성은 분명하다.

국민의 부담을 현재 수준에서 가능한 한 유지하면서도 실질적 복지 수준을 혁명적으로 제고하기 위해서는, 역사적 소임을 다한 "적립식" 공적 연금제도가 아니라 이미 적립된 연금기금을 밑천으로 부과식을 일부 절충하는 방안으로 나아갈 수밖에 없을 것이다. 그래야만 현재의 베이비붐 세대들이 은퇴하기 전에 조금이라도 더 기여할 수 있을 것이고, 미래세대에게 이전한 연금기금이 미래세대들에게 조금이라도 더 버팀목이 되어줄 수 있을 것이다.

물론, 실질적 복지수준 제고를 위해서는 '복지제도 개혁의 일환'으로서 국민연금제도를 개혁해야 할 것이다. 즉, 국민연금만 개혁해서는 안 되고, 연금만 바라봐서는 결코 답을 찾아내지 못할 것이다.

또한, 연금기금 중 필수보전분은 현시점의 실질가치를 기준으로 최대한 미래세대에 이전할 수 있어야 할 것이다. 예산배정 과정에서 아쉽게 탈락했지만, 내가 작년에 2023년도 한국형사·법무정책연구원의 기본연구과제로서 '국민연금기금 부정·부실 관리·운용에 대한 대책' 연구를 2022년 3월에 제안한 것에는 이런 배경이 있었다.

사실, 국민연금기금이 세계 3대 연기금이란 말은, 다른 나라에선 하지 않는 (공적) 연금기금 모으기에 그간 우리 정부가 지나치게 골몰해 왔단 말과 다르지 않다. 우쭐해할 일이 아니다.

다만 "국민연금기금"이라는 막대한 밑천을 이미 확보해 둔 상황인 만큼 연금고갈론에도 불구하고 연금개혁이 최우선 순위 국정과제는 아닐 것이라고 생각한다.

조세제도를 비롯한 복지제도부터 제대로 개혁하라. 그 과정에서 공적 연금 제도는 저절로 개혁될 것이다.

#97 연금개혁을 기다릴 동안 외양간이라도 고쳐두라

나를 비롯한 국민의 노후를 고민하기 시작한 것이 2014년부터였고, 국민 노후소득 중 연금소득이 안정되게 보장되기 위해서는 국민연금기금부터 안정적으로 운용·관리되어야 한다고 생각했다.

그런데 국민연금기금 관련 제도를 살펴보니 당시에도 500조원을 넘어서는 거대 연기금인데도 형사정책적 방어시스템은 거의 마련되어 있지 못했고, "밑 빠진 독"처럼 연기금이 술술 새어나갈 수 있는 허술한 기금운용시스템을 갖추고 있으면서도 역대 정부는 '연금고갈론' 운운하며 돈을 더 끌어모으기에 바빴다.

그래서 '국민연금기금 보호를 위한 형사정책적 방안' 수립을 위한 연구과제 발굴을 모색하게 되었는데, 연구제안을 위해 관련 제도를 스크린해 보니 국민연금이 독립적으로 운용·관리되는 것이 아니라 국민연금, 국민건강보험, 산재보험, 고용보험 등 4대 사회보험에 소요될 보험료를 국민건강보험공단에서 한꺼번에 징수해 다시 국민연금공단 등에 뿌려주는 구조였고, 법적인 최종책임자만 보건복지부와 고용노동부로 분리되어 있을 뿐, 사실상 기획재정부를 중심으로 통합하여 운용·관리되고 있었던 것이다.

그런 만큼, 국민연금기금에 대한 형사정책적 방어시스템을 연구하기 위해서는 4대 사회보험 모두를 연구하지 않을 수 없었다. 형사정책적으로 전혀 연구되지 못한 분야라 국민연금 하나만 연구하기에도 벅찰 상황이었지만, 돈의 흐름을 놓치지 않으려면 4대 사회보험을 모두 연구해야만 했다. 그래서 국민연금기금이 아니라 '사회보장성 기금 불법운용에 따른 재정손실 방지를 위한 형사정책적 대응방안'(2016)을 연구하게 된 것이었다.

그런데 실제로 연구를 해보니 연금고갈론의 진위를 따질 필요도 없을 정도로 국민연금기금 등 사회보장성 기금 관련 제도는 매우 심각한 수준으로 허술했다. 형사정책뿐만 아니라 전방위적으로 허술했고, 연기금을 노리는 세력들이 이렇게 많은데도 당시에 장부상 500조원 이상 남아 있다는 게 신기할 정도였다.

특히, 목적이 무엇이건 간에 수익만 기대된다면 무엇이든 할 수 있는 구조로 설계되어 있고, 이를 결정하고 감독할 수 있는 각종 심의위원회나 기금운용위원회는 거수기 수준으로 설계되어 있었다. 그러면서도 이를 결정한 국가가 아니라 국민이 리스크를 책임지도록 설계되어 있었고, 기금자산의 운용 과정은 "은폐" 수준으로 불투명하게 설계되어 있었다.

어떻게 보더라도 범죄조직의 자금세탁 구조와 다르지 않았다.

이런 수준의 국민연금기금을, 막연한 연금고갈론만을 근거로 개혁하겠다는 자체가 황당하고, 밑 빠진 독에 물 붓기가 될 것을 알면서도 연금개혁으로 포장하여 '돈 더 거둘' 궁리만 하는 이들이 관련 전문가 행세하는 현실이 한심하다.

연금개혁은 매우 중요하고 시급하지만, 국민연금기금이라는 막대한 밑천을 이미 확보해 두었기 때문에 생각보다 시급하지 않다.

그런 만큼, 국민이 공감할 수 있는 수준으로 연금개혁 방안을 제대로 성안할 동안 '밑 빠진 독' 수준인 관련 제도를 지금처럼 방치해두지 말고, 소 더 잃기 전에 외양간부터 단단히 고쳐둘 것을 제안한다.

아니, 고양이에게 맡긴 생선부터 뺏어라.

#98 소규모 주택정비에 사기꾼들이 더 몰려들기 전에

소규모주택정비법에 따른 소규모주택정비사업의 핵심은 "주민 자율"과 이에 대한 "공공 지원"이라고 할 수 있다.

그런 만큼 주민합의체의 구성이 매우 중요한데, 소규모주택정비법에는 주민합의체 구성 및 사업시행구역 결정을 위한 사전 절차 및 방법에 관한 내용이 사실상 마련되어 있지 않다. 이런 소규모 정비사업일수록 사업지역 내 장기거주 주민들이 주도해야 하는데, 뜨내기인 외지투자자나 법인(예: 시행사)에게도 주민제안 자격을 부여하고 있는 실정이다. 그러다 보니 현장에서는 지역주택조합의 방식을 답습하여 "아무나" 사업추진준비위원회사무실을 개설하여 "임의의" 사업시행구역과 사업시행계획(안)을 자의적으로 공고하는 한편, 사업설명회 개최를 빙자하여 "권한 없는" 소유주 실태조사를 강행하고 있다.

특히 서울시의 경우 오세훈 시장이 모아타운 사업을 역점사업으로 추진하고 있기에 이를 기화로 지역주택조합처럼 모아타운 사업을 추진하는 민간업자들이 최근 급증하고 있다. 그것도 "주민제안"인 것 같은 외양을 하면서 말이다. 하지만 지역주택조합사업과 유사한 이런 방식의 사업추진은 "투자사기의 예비" 또는 "기망적 광고행위"라고 할 수 있고, —광역자치단체장(특별시장)이 아니라— 사업인가권을 가진 기초자치단체장(시장, 군수, 구청장) 또는 특정 정치세력과의 유착 또는 비호를 의심하지 않을 수 없다.

주민 자율로 자발적으로 추진되어야 할 소규모주택정비사업이, 비리와 범죄로 얼룩진 지역주택조합과 전세사기의 재탕이 될 수 있어 미리 주의보를 울린다.

Chapter 03

부동산이 꿈꾸는 미래

#99

시간과 공간, 그리고 인간

주역을 비롯한 동양철학에서는 만물을 구성하는 요소로 하늘(天), 땅(地), 사람(人)을 꼽는다. 이를 삼재(三才)라고 하는데, 시간(時間), 공간(空間), 인간(人間)으로 바꿔 보면 이해하기 쉬울 것이다. 이런 관점은 동양철학뿐만 아니라 법학에서도 —시간적 적용범위, 장소적 적용범위, 인적 적용범위처럼— 시간, 공간, 인간을 구분하여 살펴보는 관점이 있다.

나 역시 다르지 않다.

법학자로서, 또는 정책가로서 태극(太極)에 둘 목적이나 근본부터 찾고, 본(本)과 말(末), 주(主)와 종(從), 원칙과 예외와 같은 음양(陰陽)을 가리는 한편, 시간과 공간, 그리고 인간을 따져왔다. 이렇게 세상과 사물을 분간하여 살피는 훈련을 반복하다 보면 현상에 보다 체계적·입체적으로 접근하면서도 본질과 원리에 이를 수 있다.

사실, 부동산 또는 주택에 관한 많은 글들은 현시점 또는 가까운 미래의 공간에 대해서만 다루고 있고, 시간이나 인간은 대체로 도외시하고 있다. 반면, 이 글은 #1 글부터 '30년 전의 가치', 즉 '시간'을 중심으로 이야기를 펼치고 있고, #21 글부터는 본격적으로 '인간'을 다루고 있다. 공간만 다루던 생각들에 시간과 인간을 더하니 이 글의 독자들도, 글을 읽을수록 종래 가지고 있던 고정관념들이 무너지는 것을 경험했을 것이다.

그런데 이 글의 실마리였던 '30년'이란 시간은 한 세대(世代)로서의 30년을 의미한다. 즉, '사람이 나서 그 부모의 역할을 이을 때까지의 기간'으로서의 30년을 말한다. 단순한 30년이 아니다.

또한, 지금부터 30년 전인 1990년대 초반은 IMF 위기를 경험하기 직전, 즉 우리나라가 가장 풍요로웠던 시기이기도 하다. 그때부터 대한민국의 경제가 서서히 기울기 시작한 만큼, 시간에 따른 상대가치의 차이를 비교할 실익도 있었다.

그래서 이런 전제에서 다시 묻고자 한다.

"앞으로 30년 뒤의 대한민국은 어떻게 달라질까?"

아니, 앞으로 30년 뒤인 2054년의 인류사회는 어떤 모습일까?

#100

장밋빛 미래만을 꿈꿀 수 있을까?

"앞으로 30년 뒤의 대한민국은 어떻게 달라질까?"

무서운 속도로 달라지는 과학기술과 교통·통신의 발전속도를 감안할 때 이 질문에 대해 대개는 '30년 뒤'의 미래사회를 그려보고 있을 것이다. 아니면, 저출산과 고령자·비혼·1인가구의 증가로 달라진 세태를 상상하고 있을지도 모른다.

여기서 질문을 아래와 같이 바꿔 본다.

"앞으로 30년 뒤의 북한은 어떻게 달라질까?"

아마도 국민들 대부분이 생각하지 않았던 상황일 것이고, 어쩌면 30년 뒤에도 북한체제가 이대로 존속할지부터 의문일 것이다. 하지만 30년 뒤의 대한민국을 그리려면 한반도 및 그 주변의 국제정세가 가장 중요한 변수일 수밖에 없기 때문에 북한의 미래도 반드시 고려할 수밖에 없다.

특히 1953년까지 이어진 한국전쟁 이후 현재까지 한반도에 전면전이 발발하지 않았기 때문에 30년 뒤인 2054년까지 전쟁이 나지 않았다면 한반도에 '100년간의 평화'가 지속되었다는 것을 의미한다. 하지만 신무기 개발에 여념이 없는 북한과, 미국, 중국, 러시아, 일본, 그리고 남북한 등 최소 6개국이 각축하는 한반도의 국제정세를 고려할 때 1세기가 넘는 장기간의 평화는 기대하기 쉽지 않고, 북한체제의 존속을 의심하는 시각과 마찬가지로 대한민국의 존속 역시 쉽게 확신할 수 없다. 함부로 장밋빛 미래를 꿈꿀 만큼 태평한 상황이 아니다.

동북아시아라는 좁은 지역을 벗어나 인류사회 전체를 보더라도 마찬가지다. 제2차 세계대전의 승전국인 연합국(UN)을 중심으로 구축되었던 UN(United Nations) 질서가 30년 후까지 존속할 수 있을지도 장담하기 어렵다. 이미 국경을 초월한 다국적 거대기업과 빅테크 플랫폼 기업들이 국가 중심의 세계질서를 빠르게 변화시키고 있고, 어느 국가에서도 지불을 보증하지 않은 가상자산이 세계경제의 한 축으로 진입하고 있다. 더욱이 AI, 빅데이터, 블록체인 등 과학기술의 발전은 이미 인간이 통제할 수 있는 수준을 넘어서고 있다.

이처럼 대한민국의 운명은 세계질서의 변화나 동북아시아 정세, 남북한의 관계 등 주변 상황에 영향을 받지 않을 수 없다. 그래서 30년 뒤의 대한민국의 상황을 예측하는 일조차 결코 간단치 않고, 만에 하나라도 한반도에 전쟁이 발발할 경우 결과와 상관없이 우리가 이 땅을 기반으로 이룩한 유·무형의 자산 상당수가 신기루처럼 사라질 수 있다.

국가의 30년 후의 상황도 예측하기 어려운데, 하물며 부동산의 가치는 어떻겠는가?

우리의 잘못이 아니다. 숙명일 뿐이다.

#101

평화는 거저 주어지지 않는다

부동산만으로는 대단한 가치가 있는 것은 아니다. 그저 흙이고, 땅이고, 콘크리트 구조물일 뿐이다. 부동산의 가치란 것은, 우리가 우리의 땅에 피와 땀으로서 일군 모든 것, 즉 이 땅 위에 이룩한 유·무형 가치의 총합과 비례할 수밖에 없고, 이러한 가치는 우리뿐만 아니라 인류가 이 땅에 깃들인 모든 가치의 총합일 수밖에 없기 때문에 눈에 보이는 형상만으로 가치를 함부로 매길 수 없기 때문이다.

그런데 #100 글에서 살펴본 바와 같이 우리는 우리조차 미래를 확신할 수 없을 만큼 불안정하고 불확실한 땅, 한반도에 살고 있다. 더욱이 우리의 땅에는 석유·가스·금속과 같은 값진 천연자원이 많지 않다. 즉, 우리의 땅은 그 자체만으로는 가치가 크지 않다. 뿐만 아니라 국가존립이 위협받을 정도의 사태가 발생한다면 기업은 피신시킬 수 있지만, 땅에 묶인 부동산은 옮길 수 없다. 즉, 지정학적 리스크를 우회할 수 없다.

그런 만큼, 외국자본이 장기적으로 이 땅에 투자될 가능성이 상대적으로 크지 않고, 결국 우리 안의 힘으로 이뤄야 하므로 우리나라 부동산의 가치가 비약적으로 상승할 가능성도 크지 않다. 만일 외국의 자본이 들어온다고 해도 우리가 가진 것이 적을 때는 구호자금이, 무언가 가능성이 보일 때는 투기자본이 유입될 가능성이 높다. 한국에 대한 외국인투자의 대부분이 투기성일 수밖에 없는 것도 이러한 이유 때문이라고 생각한다.

그래서 우리가 이 땅의 가치, 나아가 우리의 가치를 끌어올리려면 외국에 무언가를 팔아 그 자본을 국내에 끌어들일 수밖에 없다. 즉, '산업'과 '무역'이 국가경영의 중심에 설 수밖에 없고, 강대국들과 인접한 지정학적인 입지가 오히려 강대국들과의 무역을 용이하게 만들 수 있다. 또한, 부족한 물적 자원을 풍부한 인적 자원으로 보완할 수밖에 없어 그간 '노동집약적 산업'과 '산업 본위 교육'에 치중할 수밖에 없었지만, 초고령, 저출산으로 인해 인적 자원 확보도 한계에 직면한다면 산업구조와 교육정책도 이에 맞게 변화시켜야 할 것이다.

그런데 한반도 주변정세가 불안하다면 국내정치라도 확고하게 안정시켜야 할 것인데, 열강의 틈바구니에서 북한과의 관계까지 불안하기 때문에 한반도 주변의 열강과 북한이 끊임없이 우리 정치에 개입·간섭할 수밖에 없다. 즉, 우리가 노력해도 국내정치는 늘 불안할 수밖에 없고, 정치 역시 자금이 필요하기 때문에 미국, 일본, 중국, 러시아, 북한 등 주변 국가의 관계 변화에 따라 우리가 휘둘릴 수밖에 없는 것이다. 국내정치를 우리는 보수와 진보로 나누지만, 제3자의 눈에는 그저 친미, 친중, 친일, 친북 정도로밖에 보이지 않을 것이다. 그나마 친러 정당이 아직 없어서 다행이지만, 구한말에는 친러파가 득세한 적도 있었다.

내정과 외교가 불안하면 외침이 일어나게 되는 것이 역사의 교훈이었고, 바람 잘 날 없는 한반도에서 우리가 각성하여 아무리 노력해도 이러한 상황을 쉽게 바꿀 수 없을지도 모른다. 다만 뿌리 깊은 나무는 바람에 흔들리지 않는다고 했다. 대한민국을 지킬 '안보'와 '정치적 안정', 그리고 한반도 주변 열강과 북한과의 관계를 안정시킬 '외교'를 굳건히 할 수 있다면 적어도 우리가 이룩한 것을 최대한 이어갈 수 있는 최소한의 기반은 구축할 수 있을 것이다.

그나마 아시아, 아프리카, 동유럽, 남아메리카의 다른 국가들에 비하면 오히려 우리의 형편이 나을 수도 있지만, 스스로 대비하지 않는 이들에게 평화는 거저 주어지지 않는다. 부동산 가격만을 바라보는 부동산정책이, 국가정책에서 전혀 중요하지 않은 이유다. 마찬가지로, 부동산의 가치도 거저 주어지지 않는다.

만일 우리가 100년 이상의 평화를 지켜낼 수 있을 것으로 기대할 수 있고, 육로를 통해 유라시아대륙을 자유롭게 왕래할 수 있을 정도로 평화롭다면 우리 땅의 가치는 저절로 빛나게 될 것이기 때문이다.

#102

빚은 시간이 갚는다

#89 글에서 금융투자와 부동산투자에 매몰된 국민들을 모습을 다뤘지만, 금융투자와 부동산투자에 매몰된 것은 국민들뿐만이 아니다. #10, #11, #12 글 등에서 다뤘던 것처럼 정부도, 기업도, 심지어 금융회사와 연기금조차도 금융투자와 부동산투자에 매몰되어 있다.

자본주의를 도입한 역사가 일천할 뿐만 아니라 관 주도의 경제정책이 주류를 형성하다 보니 자본을 제대로 다룰 줄 아는 사람이 우리 사회에 많지 않고, 그러다 보니 작게라도 성공해본 재테크란 것이 대개 금융투자와 부동산투자 등 일부 영역에 한정되어 있기 때문이다. 성공한 재벌의 상당수도 자기 자본이나 창의성에 기반하기보다는 권력 또는 시류에 편승한 행운에 기반한 경우가 적지 않았다.

뿐만 아니라 #89 글에서 지적했던 것처럼 이들 대부분이 사실상 투기성 투자이고, 요행을 바라는 노름(또는 베팅)과 크게 다르지 않다. 더욱이 이런 투기성 투자들의 실질이 사실상 노름과 다름 없다 보니 이를 위한 대출도 사실상 '노름빚'에 지나지 않는데, 이를 조장 내지 방치해온 덕분에 안타깝게도 대한민국 경제 전반이, 일확천금을 노린 이런 노름빚에 발목 잡히게 된 것이다.

부동산이건, 주식이건 제값 받거나, 차익을 남겨서 팔면 간단히 해결할 문제일 수도 있지만, 부동산의 경우 국민소득에 비해 지나치게 높은 가격이 형성되어 있어 제값 받기는커녕 거래 자체가 어렵기 때문에 투기성 부채의 해결이 현 시점 우리 사회의 딜레마가 될 수밖에 없는 것이다. 아니, 우리나라만큼은 아니지만 미국과 중국을 포함하여 자본강국 상당수가 직면하고 있는 현실이기도 하다.

그런데 가계부채, 기업부채를 불문하고 이런 투기성 부채를 해결하는 방법은, 적어도 주택과 관련해서는 의외로 어렵지 않다. 왜냐하면 부채의 상당 부분을, 의외로 '시간'이 갚아주기 때문이다.

즉, 이미 #1 글부터 #5 글까지 살펴봤듯이 '시간에 따른 가치의 변화'는 의외로 드라마틱하고, 물가의 변동에 따라 차이는 있지만 경험칙에 의하면 화폐의 실질가치는 대체로 10년마다 50% 정도씩 줄어들어 왔기 때문에 현 시점에 부담하는 10억원의 대출금은, 원금 상환 없이 이자만 갚더라도 10년 뒤인 2034년의 명목가치는 동일한 10억원이더라도 실질가치는 현 시점의 5억원 수준으로 변화해있을 것이기 때문이다. 더욱이 인플레이션 등으로 인해 물가의 변동폭이 극심할 경우에는 대출금의 실질가치가 오히려 더 줄어들 수 있다.

따라서 금융당국에서 대출원금의 상환시기를 10년~20년 정도만

유예해 주더라도 금융소비자의 입장에서는 대출금이 현재의 소득으로 감당할 수준까지 줄어들 수 있고, 소득이 늘거나 금리가 낮아져 원금까지 조금씩 갚아나가다 보면 어느 순간 부채는 매우 빠른 속도로 줄어들게 된다. 물론, 금융회사의 입장에서도 대출의 목적이 원금 회수에 있지 않은 이상, 이자만 받더라도 소기의 목적은 달성한 것이기 때문에 자금 운용에 특별한 무리는 없을 것이다. 평화와 번영이 지속되면서 국가신인도가 유지되고, 외국의 금융회사들이 기다려줄 수 있다면 정부의 재정이 투여될 필요도 없다.

이처럼 단기간에 고수익을 도모하려는 투기적 욕심을 포기함으로써 시간을 자기 편으로 만들 수 있다면 가계부채 문제 극복은 생각보다 어렵지 않고, 시간이 흐르면 자연스럽게 '빚 없는 내 집'을 가지게 될 것이다. 다만 현 시점의 소득 역시 시간에 따라 그 가치가 변하기 때문에 이러한 금융정책이 성공하기 위해서는 원금상환 시기에 있어 채무자의 실질소득이 현 시점의 실질소득 수준을 유지하거나, 상회할 수 있어야 하는데, 통상적인 임금상승률을 고려할 때 평범한 직장인에게는 쉽지만은 않을 것이다.

그런데 실질소득을 늘리는 방법은 이미 모두가 알고 있다. 그 실천도 어렵지 않다.

#103

산업구조 개혁의 방향성

국민의 실질소득을 늘리는 것은 국민총생산(GDP)을 늘리는 것과 실질적으로 다르지 않고, 국민총생산을 늘려서 국민의 실질소득을 제고하기 위해서는 한정된 자원을 효율적으로 관리하여 생산성을 향상시키는 한편, 공평하게 배분하면 될 일이다.

방법은 이미 모두가 알고 있고, 실천도 어렵지 않다. 다만 이를 위해서는 산업구조를 변화시키는 게 필요할 수 있기 때문에 고부가가치 산업과 시장을 선점하여 지속가능한 이익을 이미 향유하고 있는 이들이 좋아하지 않을 뿐이다. 물론, 이해당사자인 이들 기득권층이 선점한 시장을 건드리지 않으면서도 새로운 산업과 시장을 개척할 수 있다면 이들이라고 해서 딱히 반대하거나, 저항하지는 않을 것이다.

다만 말이 쉽지 간단한 문제는 아니고, 우리보다 선진국들조차 성공사례를 찾기 어렵다. 이 말은, 우리 스스로 해법을 찾아낼 수밖에 없다는 말과 다르지 않고, 해법을 찾아낸다면 경쟁국보다 앞서갈 수 있는 것이다.

이러한 과정을 "산업구조의 개혁"이라고도 말할 수 있는데, 무언가를 개혁 수준으로 변화시키기 위해서는 세부적인 '문제'들보다는 근본적인 '방향성' 또는 '관점'이 더 중요할 수 있다. 예컨대, 새로운 산업과 시장을 탐색하고자 하는 관점에서 '산업구조 변화의 방향성'을 러프하게라도 모색해 본다면 다음과 같은 사항들을 고려해볼 수 있다. 참고로, 시장에 불필요한 영향을 미칠 수 있으므로 다음 (1)부터 (5)에 해당하는 구체적인 산업 분야에 대해서는 독자의 상상에 맡긴다.

(1) 이미 잘해오고 있고, 앞으로도 잘할 것으로 예상되는 산업은 변화의 후순위에 둔다. 즉, 굳이 건드릴 필요가 없다.

(2) 그간 잘해왔지만, 앞으로는 도태될 것으로 예상되는 산업도 변화의 후순위에 둔다. 즉, 죽을 나무에 물줄 이유가 없다.

(3) 잘하지 않더라도 앞으로 인류사회를 선도할 산업은 변화의 선순위에 둔다. 즉, 먹을 것이 없더라도 일단 쫓아가야 한다.

(4) 현재의 자원을 바탕으로 대한민국이 인류사회에 지속적으로 기여할 수 있는 산업은 변화의 선순위에 둔다. 즉, 인류사회에서 우리의 역할 또는 경쟁력 있는 분야를 찾아야 한다.

(5) 현재의 자원을 바탕으로 우리 사회의 문제에 지속적으로 대응할 수 있는 산업은 변화의 선순위에 둔다. 즉, 새로운 내수 수요에도 대응할 수 있어야 한다.

산업 분야의 전문가가 아니다 보니 뜬구름 잡는 수준의 러프한 구분밖에 할 수 없었고, 정책우선순위도 임의로 지정할 수밖에 없었지만, 산업 분야의 전문가그룹에서 이 정도라도 구분하여 정책을 수립하고 있는지도 의문이다. 왜냐하면 산업구조의 개혁을 말하는 정책들이 주로 (3) 또는 (1)에만 매몰되어 있고, (4)나 (5)는 놓치고 있기 때문이다. (1)과 (2)의 경우도 '변화'에 있어서는 후순위일 수 있지만, '지원'에 있어서는 후순위가 아닐 수도 있는 점도 유의해야 한다.

그런데 산업을 볼 때는 시장도 함께 살펴야 하는데, 구체적 산업 분야뿐만 아니라 생산-공급-유통-소비-투자와 같은 구현단계에 따라 종합적으로도 살펴볼 수 있어야 보다 실질적인 시장 분석이 가능할 것이다. 물론, 시장뿐만 아니라 다른 기준과 관점이 가미될수록 보다 정확하고 심층적인 분석이 가능할 것이다. 다만 산업정책 분야에 이런 복잡하고 심층적인 분석을 할 수 있는 전문가 또는 전문가그룹이 있을지는 의문이다. 만일 없다면, 주무부처인 산업통상자원부나 유관 학회에서 이제라도 적절한(특히 관료를 최대한 배제한) 전문가그룹 또는 워킹그룹을 조직할 수 있기를 기대한다.

정부, 기업, 개인 할 것 없이 모두가 부동산의 함정에 빠져버린 우리나라는, 모두가 함께 벼랑 끝에 서있다. 현상이라도 유지하기 위해서는 #101 글에서 강조한 바와 같이 한반도의 평화를 유지하는 일이 가장 중요하지만, 벼랑에서 탈출하기 위해서는 '산업'에서 활로를 찾을 수밖에 없을 것이다. 깨어있는 전문가그룹이 우리에게 있어, 생산성과 실질소득을 향상시킬 전향적인 해법을 찾아낼 수 있기를 소망한다.

정치가 혼미할수록 우직한 전문가그룹의 역할이 더욱 소중하다.

#104

저출산, 초고령은 기회일 수 있다

정도가 다소 과하기는 해도 저출산, 초고령 사회로의 진입은 선진국으로 이행하는 통과의례이지, 결코 두려운 대상이 아니다. 실질적 평등사회로 이행하면서 여성의 사회진출이 늘어나는 것이나, 복지와 의료 분야가 발전하면서 수명이 연장되는 것은 당연한 일이기 때문이다. 단기적으로는 인구구조가 왜곡될 수 있지만, 인구가 폭증했던 베이비붐 세대가 줄어들고, 출산율이 안정되게 되면 장기적으로는 특별히 문제될 것이 없다. 100억명을 향해 과밀화해 가는 인류사회의 존속을 위해 필요한 과정일 수도 있다.

국민연금의 고갈을 명분으로 '저출산, 초고령'을 우려하는 목소리도 있지만, 젊은 세대가 노인 세대를 떠받치는 부과식 연금제도를 채택하고 있는 유럽에나 어울리는 주장일 뿐이고, 젊은 시절부터 스스로의 노후자금을 모으는 적립식 연금제도를 채택하고 있는 우리나라에 들어맞는 주장은 아니다. 연금 지급을 국민에게 약속하고도 기금운용을 기화로 기금을 탕진한 역대정부의 잘못을 국민에게 전가하는 주장일 뿐이고, 애초에 가능하지 않았다면 대국민 사기를 자인하는 격밖에 되지 않는다. 어쩌면 애먼 곳에 기금을 쓰느라 돈이 새고 있을 수도 있다.

물론, 부과식으로 운용되는 국민건강보험의 경우는 저출산, 초고령사회로 진입하는 것이 재정적으로 부담될 수 있다. 하지만 국민연금과 달리 약속된 보상이 없는 만큼 전시행정적 사업부터 축소하고, 보험급여의 범위를 합리적으로 재배분하는 한편, 보험금과 의료수가를 현실적으로 조정하면 될 일이지, 저출산, 초고령 사회로 진입한다고 해서 정부에서 감당할 수 없는 일이 아니다. 사용자와 근로자만 납입하는 산재보험과 고용보험도 '저출산, 초고령'과 사실상 무관하다.

오히려 '저출산, 초고령'은 산업구조 조정을 위한 기회일 수 있다. 왜냐하면 건강한 청년도 버티기 어려운 고강도 노동을 고령자가 제공하기는 어렵겠지만, 저강도 저숙련 노동 제공은 가능한데, 베이비붐 세대가 은퇴하면서 유휴노동인력이 폭증함에 따라 저강도 저숙련 노동에 종사할 수 있는 고령 은퇴자를 중심으로 한 거대 인력시장이 형성되기 때문이다. 이는 "고령 인적 자원"이라고도 말할 수 있는데, 이른바 4D 업종 중 '어려운'(difficult) 일자리를 제외한 3D 일자리를 커버할 수 있어 인력난을 어느 정도 상쇄할 수 있을 것으로 예상한다. 더욱이 이들을 대상으로 한 일자리 대책은 조기퇴직자, 해직자나 경력단절자에 대한 대책으로도 활용할 수 있다.

그래서 건강상의 특별한 문제가 없는 한, 정년 등으로 인한 '퇴직'

이 아니라 "경력전환"이 필요하다고 할 것이고, 연령을 기준으로 한 종전의 '정년' 관념은 "퇴직금 또는 연금소득을 수령할 수 있는 최소연령" 관념으로 변이할 것으로 예상한다. 특히 육체적인 건강이 상대적으로 덜 중요하면서도 산업 내 전문가 또는 숙련자의 수가 중요한 정신노동 분야에서는 정년을 연장하거나, 폐지할 수밖에 없을 것이다. 더욱이 인력난에 시달리는 저강도 또는 저숙련 일자리에 신규유입될 청년구직자가 현저히 적을 뿐만 아니라 양질의 고부가가치 일자리는 청년세대에 우선적으로 배분될 것으로 예상되기 때문에 산업간 또는 세대간 인력구조 조정에 대한 저항은 의외로 많지 않을 수 있다.

그럼 고령 인적 자원을 활용할 수 있는 산업으로는 어떤 것을 생각해볼 수 있을까? 대표적으로는 탁아산업과 요양산업을 생각해볼 수 있는데, #103 글의 (5)에 해당하는 산업이라고 할 수 있다.

먼저, "탁아산업"의 경우는 출산부터 초등학교 저학년까지의 아동과 보호자를 함께 케어하는 종합산업이라고 할 수 있다. 저출산 시대의 가임여성 중 직업이 있거나, 맞벌이를 하는 경우는 경제적으로는 어려움이 없지만, 출산이나 육아에는 어려움이 있을 수밖에 없는데, 시설이 한정되어 있을 뿐만 아니라 고비용에 운영시간도 제한적이기 때문에 현실적으로 접근하기 어렵고, 취학기 아동의 언어 문제와 맞물려 외국인 노동자의 활용에도 한계가 있다. 하지만 고령 인적 자원을 적절히 활용할 경우 탁아시설의 24시간 운영까지도 가능할 것으로 예상하고, 유아교육 및 보육, 소아의료 및 여성의료와 연계한 시너지 효과도 기대할 수 있다고 생각한다. 집단수용시설인 산후조리원이 산모 사이에 안착할 수 있었던 것처럼 탁아산업의 수요도 결코 적지 않을 것으로 예상한다.

한편, 고령세대가 청년세대의 육아를 보조하는 일자리가 '탁아산업'이라면, 보다 젊고 건강한 고령자가 더 늙고 병든 고령자를 케어라는 일자리가 "요양산업"이라고 할 수 있다. 우리나라에도 요양산업이 꽤 확산되어 있지만, 여기의 요양산업은 '비수도권 종합병원' 및 '미분양 공동주택'과 연계한 균형발전적 요양산업이라는 점이 다르다.

은퇴한 고령자의 경우 시골에 거주하고 싶은 수요가 적지 않은데, 종합병원이 수도권에 집중되어 있기 때문에 포기하는 경우가 적지 않다. 그렇기 때문에 비수도권에 종합병원을 설치하고, 노인들의 생활을 지원할 수 있는 시설(주민센터, 복지기관, 공동주택, 대중교통 등)을 병원 주변으로 집중시킬 경우 노인들의 이주수요를 수렴할 수 있을 것으로 예상한다. 선진국의 경우 셰어하우스를 기반으로 하는 노인공동체가 노인주거문화로 각광받고 있고, 노인세대의 이동과 안전 등을 고려할 때 수평이동과 집단거주가 가능한 아파트형 공동주택의 수요도 적지 않을 것으로 예상한다. 이는 '의대증원 이후 지방대 의대의 활로' 및 '비수도권 미분양 아파트의 처리' 문제와도 직결될 뿐만 아니라 국제의료관광과의 시너지 효과도 기대할 수 있다. 이해하기 쉽게 말하자면 여기의 '요양산업'은 "건강한 고령인력을 활용한 요양도시의 건설"이라고 할 수 있다.

이외에도 저출산, 초고령 사회에 대응한 신산업 분야는 적지 않을 것이다. 다만 고령 인적 자원을 활용하기 위해서는 이들을 고용할 업체나 기관이 존재해야 하고, 이들 사업자에게도 수익이 생겨야 할 것이므로 고령 노동자에 대한 최저임금 기준을 차등 설정하는 문제가 남아있다. 또한, 택시사업에서 이미 경험했듯이 고령 노동자의 건강 상태를 검증하는 기준과 방법도 중요할 것이다. 고령 노동자의 특성을 고려하고 일자리를 공평하게 배분하기 위해서는 일일근로시간을 제한해야 할 수도 있고, 차등 근로소득을 받는 대신 연금소득을 유지해줘야 할 수도 있다. 이외에도 다양한 부문에서 사회적 합의가 필요할 수 있으므로 초고령 사회가 더 심화되기 전에 이제라도 차근차근 준비해야 할 것이다.

#105

가치가 혁신을 이끈다

산업의 수요와 트렌드는 끊임없이 바뀐다. 작은 변화라도 제때 반영하지 못하면 경쟁에서 도태될 수 있다. 그런데 21세기 들어 과학기술이 급속도로 발전하면서 테크산업이나 우주산업 등 고부가가치 기술집약산업에 자본이 결집되고, 기술패권주의가 종래의 자본주의나 민주주의를 넘어선 새로운 국제질서로 자리잡고 있다. 최근에는 개별 국가를 넘어 국가연합을 위협할 정도의 힘을 가진 글로벌 빅테크 기업까지 등장하고 있을 정도이고, 원천기술을 가진 빅테크기업, 유니콘기업 또는 연구자를 자국에 유치하거나, 지켜내기 위한 선진국 간의 경쟁도 치열해지고 있다.

'기술혁명 시대'라고 말해도 좋은 상황이고, 기술경쟁에서 도태되지 않기 위해서는 우리도 기술개발에 투자하지 않을 수 없는 상황이 되었다. 당장 손해를 입더라도 지금 경쟁에서 도태되면 영원히 좇아가지 못할 상황인 것이다. 테크산업과 같은 기술집약산업이 #103 글의 (3)에 해당하는 산업이라고 할 수 있는데, 우수한 인재의 의대 편

중 현상이 극심한 대한민국에서, 기술개발을 주도할 양질의 연구자원이 충분할지도 의문이고, 힘겹게 쫓아간다고 해서 후발주자인 우리나라가 경쟁에서 도태되지 않을지도 의문이다.

그래도 쫓아가야 한다. 다만 모든 가능성을 타진해야 하는 원천기술의 개발 측면에서는 방향성이 중요하지 않을 수 있지만, 기술집약산업의 국가단위 육성에 있어서는 방향성이 매우 중요하다. 왜냐하면 최상위 빅테크 기업들이 주도하는 방향성이, 미래 인류사회의 변화상이나 우리나라의 현실에 들어맞는 방향성이라고 단정하기는 어렵고, 자본과 기술에서 열위에 있는 후발주자라면 보다 전략적인 접근이 필요할 것이기 때문이다. 즉, #103 글의 (3)에 해당하는 산업 중 (4)에 해당하는 산업을 선별할 수 있다면, '멀고 험한 길'을 향해 앞서가는 선발주자들을 '지름길'로 앞질러갈 수 있을 것이기 때문이다.

그 가능성을 우리는 k-pop과 k-드라마와 같은 콘텐츠산업에서 이미 봤다.

사실, 콘텐츠 시장에서 '언어의 장벽'은 극복하기 어렵다. 사실상 7천만명 정도만 사용하는 한국어로는, 영어, 스페인어, 중국어, 아랍어, 러시아어, 힌디어, 스와힐리어 등과의 경쟁에서 살아남기 어려운 것이 현실이다. 그런데도 k-콘텐츠 산업이 각광받는 이유로는, 사실상 배급사의 역할을 해준 넷플릭스와 유튜브의 역할이 가장 컸겠지만, 우리는 자각하지 못해도 우리의 문화와 가치 속에 외국인들이 열광하는 요소가 무언가 있었기 때문에 우리들의 콘텐츠가 언어의 장벽을 넘어서서 문화와 언어가 다른 외국에서도 통했을 것이다. 어쩌면 우리가 지향하는 콘텐츠(contents) 속에 그들이 꿈꿔온 '이상'(ideal, dream)이 있었을 수도 있다.

그런데 기술집약산업과 콘텐츠산업이 무슨 상관일까?

예컨대, 인공지능(AI) 기술개발에 있어 빅테크 기업은 "사람과 동일하거나, 그에 근접한 수준"의 AI를 추구한다. 그런데 이러한 방향성은 —연구윤리를 떠나— 기술의 궁극(窮極)을 추구하는 학자적 접근이지 산업적 접근은 아닐 것이고, 기술적 성공가능성이 의문일 뿐만 아니라 성공해도 문제가 될 수 있다. 하지만 AI 기술개발의 방향성을 '결정자'(decisionmaker)로서의 AI가 아니라 '보조자'(helper)로서의 AI로 설정한다면 개발해야 할 원천기술 자체가 달라질 수 있다. 그리고 그 '작은 차이'가 경쟁력이 될 수 있다.

전기차(EV)의 경우도 다르지 않다. 세계 전기차 시장을 선도하는 테슬라나 비야디의 기술개발 방향은, 어떻게 보더라도 '내연기관 자동차와 동일하거나, 그에 근접한 수준'의 전기차 개발을 추구하고 있다. 전지 기술은 답보하고 자원도 한정됐지만, 주행속도와 주행거리만 늘리려 한다. 그런데 구동기술 자체가 달라졌다면 차량의 디자인뿐만 아니라 자동차 문화 자체가 달라져야 하는데, 이들은 과거와 싸우고 있는 것이다. 반면, 달라진 기술에 걸맞는 디자인이나 문화를 우리가 선도할 수 있다면 개발해야 할 원천기술 자체가 달라질 수 있다.

사실, 기술 자체만으로는 경쟁력을 가질 수 없고, 소비될 수 있어야 경쟁력을 가진다. 또한, 투자된 자본을 회수하기 위해서는 내수뿐만 아니라 국제적 수요도 창출해야 한다. 소비자의 마음을 움직여야 한다면 기술도 콘텐츠여야만 하는 것이다.

가치가 혁신을 이끈다.

#106

기술혁신은 누가 하는가?

우리에게 당장 기술혁신이 필요하다는 것을 모르는 사람은 없다. 하지만 실천은 매우 어렵다.

일단, 기술혁신을 주도할 수 있는 창의적이면서도 진취적인 과학인재는 전 세계에서도 극소수에 불과하고, 우리나라에서도 다르지 않을 것이다. 이런 인재는 교육과정에서 찾아낼 수는 있어도 교육을 통해서 길러내기는 어렵다. 대학입시에 매몰된 우리나라 주입식 교육제도로는 이런 과학인재를 찾아내는 일부터 어려울 것이고, 스펙(예: 학벌, 학력, 경력)에 매몰된 경직된 기업문화로는 더더욱 어렵다. 애초에 이런 과학인재는 우리나라 교육환경과 기업풍토에서 버텨내지를 못한다. 그렇다고 해서 극소수의 과학인재만을 위해 국가가 보편적 산업교육을 포기하기도 어려울 것이다.

결국 창의적이면서 진취적인 과학인재는 정부가 아니라 민간, 즉 기업에서 찾아낼 수밖에 없고, 스펙과 연공서열 위주의 경직된 기업

문화를 탈피한 기업만이 기술혁신을 실현할 수 있을 것이다.

그런데 우리 기업, 특히 재벌 상당수는 역대 정권의 비호 아래 경쟁 없이 성장해왔기 때문에 스스로가 기술혁신과는 매우 거리가 멀다. 주주와 직원의 이익보다는 정권과 오너의 이익에 봉사해왔고, 기술혁신(R&D)이나 자본충실 같은 내실 강화보다는 지주회사를 통한 외형 확장이나 편법적 오너상속에 치중해왔다. 유유상종이라고 하듯이 이런 기업의 오너와, 그들이 선택한 거죽만 번듯한 전문경영인에게 기술혁신을 기대하기는 어렵고, 과학인재를 찾아낼 안목까지 기대하기란 더욱 어려울 것이다.

그런 만큼, 이런 인재가 국내기업에 제 발로 찾아왔다면 그가 연구에 전념할 수 있도록 고액연봉, 연구비 및 아파트 제공 등의 실질적 투자를 아끼지 않아야 할 것이다. 물론, 이런 인재가 자기 회사 직원이 아니더라도 그가 속한 스타트업이나 연구기관에 대한 투자 역시 아끼지 않아야 할 것이다. 물론, 직원복지, 특히 보상에 소홀하고 계열사 간 일감 나눠먹기로 일관해온 우리 기업풍토에서 이런 투자와 협력이 가능할지는 의문이지만, 우리 기업들이 경쟁에서 살아남기 위해서는 지금이라도 기업구조부터 재창업 수준으로 변화해야 할 것이다. 다만 그 시작은 오너일가의 경영후퇴일 것이므로 애초에 간단한 문제가 아니다.

아무튼, 기술혁신을 기업이 주도하는 것이 가장 바람직하지만, 우리나라 기업현실에서는 쉽지 않다. 기술혁신보다는 미국 등에서 개발한 선진기술들을 훔쳐오는 편이 차라리 나아 보일 정도다. 아니면 중국처럼 국가가 기술혁신을 재정적으로 지원하는 방안도 생각해 볼 수 있다.

사실, 우리도 군사정권에서 산업을 주도하여 후진국에서 벗어나는 '한강의 기적'을 이룬 역사가 있다. 다만, 그 과정에서 부정부패가 팽배했고, 재벌과 특혜가 생겨났다. 그나마 이런 정책도 서슬퍼런 군사정권이었기 때문에 가능했던 것이고, 극한 대립으로 정치가 불안정한 양당정치 체제에서는 쉽지 않은 일이다.

그렇다면 특정 정당에 권력을 몰아줘서 정치적 안정을 이뤄내면 가능할 것인가?

하지만 반드시 그렇지는 않다. 일단 특정 정당에 권력이 집중되면 독재권력으로 변질될 수 있고, 독재권력으로 변질되지 않더라도 임기를 마치기 전에 가시적 성과를 보여야 하는 단임제 대통령제의 특성상 현실적 문제가 산적해있기 때문이다.

그중 대표적인 것이 "부동산"이다. 왜냐하면 건설업, 금융업, 부동산서비스업 등 '부동산 관련 산업'이, —국가통계만으로는 정확한 파악이 어렵지만— 어림잡아도 GDP의 15% 정도를 차지할 것으로 추정되는 '사실상의 국가기간산업'이기 때문이다.

기간산업이란 나라의 토대가 되는 산업인데, 기간산업을 보조하는 역할을 해야 할 건설업, 부동산 관련 금융업 등이 오히려 기간산업의 지위를 차지하고 있는 것이다. 이는, 다른 선진국에서는 찾아보기 어려운 매우 비정상적인 산업구조라고 할 수 있는데, 우리나라에서만 부동산 관련 산업의 비중이 높은 이유가 있다. 일단, 한국전쟁으로 폐허가 된 국토를 재건하기 위해서는 건설업이 중요했고, 집을 잃은 국민 다수에게 양질의 주거를 제공하기 위해서는 집을 지을 '건설업'과 자금을 제공할 '금융업'을 중시할 수밖에 없었기 때문이다. 다만 '자재를 건물에 묻을 수 있고 인력을 제3자가 세기 어려운', 즉 사업비를 부풀리기 용이한 건설업의 특성상 주무관청에서만 묵인한다면 비자금 조성이 용이하기 때문에 —국토 재건 또는 주택 보급과 무관하게— 비자금과 불법정치자금 조성의 도구로서도 건설업이 중시된 것으로도 추정할 수 있다. 참고로, 우리나라 재벌 대부분은 건설사와 금융회사를 계열사로 가지고 있다.

하지만 이제는 주택도 충분하고, 도로는 넘쳐난다. 시간도 많이 흘러 기존 인프라 및 주거환경의 재정비가 필요한 상황이다. 그런데 이런 사업은 신규 건설사업에 비해 규모가 작거나, 이해당사자가 많기 때문에 건설업이나 금융업의 입장에서는 영업이익이 작고, 보는 눈도 많다. 그러다 보니 정치권을 압박하거나 매수해서 끊임없이 대규모 신규사업을 벌이고 있는 것이다. 멀쩡한 땅들을 갈아엎어 전 국토를 공사판으로 만들고 있지만, 정치자금 상당수가 건설업과 금융업에서 나오기 때문인지 건설업에 대한 일감 몰아주기는 —국민들과 전문가들의 우려에도 불구하고— 현재까지 계속되고 있는 것이다.

더욱이 '외형만 공평한 청약제도'에 홀려 짓지도 않은 아파트 분양에 사람들이 몰리고, '외형만 민주적인 주민주도 주택정비제도'에 홀려 외지인들의 주거약탈과 운영비 편취가 속수무책으로 방치되고 있다. 건설업과 금융업이 건설사업으로 폭리를 취하기 용이한 제도적 기반이라고 할 수 있다. 뿐만 아니라 이른바 부동산 전문가들 중에는 건물이 실물자산인 것처럼 호도하며 주택 구매를 독려하는 사람들이 있는데, 부동산 중 불변의 실물자산은 토지뿐이다. 건물과 같은 토지의 정착물은 감가상각의 대상이고, 시간이 지날수록 효용이 줄어든다. 즉, 아파트의 분양면적은 가공된 공간일 뿐인데, 영속할 수 없는 자산인 —토지를 제외한— 부동산에 지나치게 높은 재산적 가치와 레버리지가 책정되어 있다. 개인이나 기업 할 것 없이 부동산에 매몰되기 용이한 금융환경이라고 할 수 있다.

그러다 보니 생산성이 매우 낮은 건설업과 금융업이 사실상 국가기간산업의 지위를 차지할 수밖에 없게 된 것이다. 생산성이 매우 낮은데도 GDP(국민총생산)의 근간을 이룰 정도라면 부동산 관련 산업이 우리 사회 전반에 어느 정도 깊게 뿌리내리고 있는지를 누구라도 짐작할 수 있을 것이다. 치열한 기술경쟁 속에서 살아남기 위해 모든 국가역량을 기술혁신에 몰아줘도 부족할 상황이지만, 온 나라가 부동산에 매몰된 현실을 고려할 때 기술혁신에 투자할 여력이 있기를 기대하기는 어려울 것이다.

이런 현실을 국민 대부분은 알지 못한다. 알지 못하니 지역감정에만 편승한 양당정치에 휘둘릴 수밖에 없는 것이다.

그런데 정부 초기에는 부동산에 대해 강경하게 대응하다가 중반 이후 대규모 국책사업을 추진한 사례가 적지 않았던 것을 감안할 때, 대통령이 되려는 정치인 중에서도 알지 못한 사람이 있었을 것이라고 짐작한다. 건설업 등 부동산 관련 산업을 홀대할 경우 장기적으로는 산업구조가 개선될지 몰라도 단기적으로는 GDP가 하락하기 때문에 —부패하지 않았더라도— 단임제 대통령제의 특성상 대표적 경제성과인 GDP가 자신의 임기 내에 급락하는 것을 보고만 있기는 어려웠을 것이다.

결국 모든 정책 리스크를 감수하더라도 대통령이 결단하고 국회가 법률개정과 예산배정으로써 지원해주는 한편, 국민이 변함없는 신뢰를 부여해줘야 국가 주도의 기술혁신을 추진할 수 있을 텐데, 우리나라 정치현실에서 이런 수준의 협치가 가능할지는 의문이다. 현 시점에서는 기술혁신을 위한 제도개혁은 물론이고, 재정적 지원도 쉽지 않을 것으로 예상한다.

이처럼 미국과 같은 민간 지원도, 중국과 같은 공적 지원도 우리나라에서는 매우 어렵고, 중소 스타트업이나 연구자 단독으로 추진하기에는 아직 기반이 취약하다. 다행히 스타트업에서 출발한 자생적 빅테크기업(예: 네이버, 카카오)에 이 역할을 기대할 수 있지만, 주로 기술보다는 콘텐츠 기반의 플랫폼 기업이기 때문에 원천기술 차원의 기술혁신까지는 쉽지 않을 것이다. 과학자의 관점에서는 다를 수 있지만, 정책가의 관점에서는 그렇다.

#107

아파트 후분양제는 상식이다

산업구조 개혁을 통해서 가계부채 문제를 해소할 수도 있지만, 건설업 등 부동산 관련 산업이 사실상의 국가기간산업의 지위에 있다면 주택 관련 사업방식을 개선하여 생산성을 제고하는 방안도 고민할 필요가 있을 것이다.

특히 '재건축'에 대해서는 근본적인 패러다임 전환이 필요하다고 생각한다. 그런데 이를 위해서는 "아파트 선분양제"부터 개혁할 필요가 있다.

아파트 분양과 관련하여 우리나라는 건물의 실체 없이 홍보관과 평면도 정도만 확인 후 계약하는 '선분양제'를 고수해 왔는데, 준공 후에도 원가공개를 하지 않을 뿐만 아니라 비싼 분양대금에 덧붙여 추가 분담금까지 요구하는 경우도 빈발한다. '평생 살 집'일지도 모르는데 동호수도 추첨한다. 이런 불합리에도 선분양제가 현재까지 유지될 수 있는 것은, '사전청약제도'와 이로 인한 '경쟁' 때문에 굳이 후분양제로 전환하지 않더라도 완판이 되기 때문이다. 청약가점제를 채택하면서까지 공공에서 경쟁을 부추기니 스스로 '호구'가 된 줄도 모르고 서둘러 계약할 수밖에 없는 것이다.

반면, 우리보다 더 많은 아파트를 보유한 중국은 완공 후 계약하여 입주하는 "후분양제"를 채택하고 있다. 소비자가 직접 방문하여 건물 상태를 꼼꼼이 확인 후에 계약하는 방식이고, 실내건축을 하지 않은 상태에서 계약하기 때문에 입주민이 인테리어를 선택할 수 있다. 당연히 동호수도 입주민이 직접 정하고, 부실시공이나 하자 관련 분쟁 가능성도 현저히 줄어들 수밖에 없다.

중국뿐만 아니라 대부분의 국가가 공동주택의 경우 후분양제를 채택하고 있고, 이것이 상식이다. 아마도 다른 나라에서는 선분양제라는 용어 자체를 알지 못할 것이다. 그런데도 우리나라가 선분양제를 고집하고 있는 것은, 건설사가 아니라 소비자에게 건설자금을 전가할 수 있기 때문이다. 즉, 건설사가 건설자금을 대출받는 것이 아니라 동일 금액을 주택구입자금 명목으로 수분양자(소비자)가 대출받게 하면 건설사가 채무 부담에서 벗어날 수 있기 때문이다. 더욱이 우리나라는 '건설비리 방지'를 구실로 분양책임을 전담하는 시행사나 분양대행사 제도까지 분리·운영함으로써 분양책임에서 건설사를 철저히 해방시켜주고 있다.

이와 관련해서 중국처럼 후분양제를 채택하면 인테리어 공사를 마친 후에 입주해야 하기 때문에 계약 후 입주까지 수개월이 걸린다는 우려도 있는데, 계약 후 입주까지 몇 년이 걸리는 우리나라에서 걱정해야 할 사안은 아닐 것이다. 오히려 후분양제를 채택하게 되면 건설사가 사업추진을 신중하게 할 수밖에 없어 난개발이 방지되고, 주택소비자의 대출기간이 단축됨으로써 가계부채 문제를 완화할 수 있다. 그런데도 선분양제가 이제껏 유지되어 온 원인은 역대 정권의 건설사 비호와 부정부패가 아니라면 설명하기 어려울 것이다. 무엇보다도, 후분양제를 채택하게 되면 건설사의 일감이 현저히 줄어들 수는 있겠지만, "아파트 ㅇㅇ만호 건설"이 대통령의 치적으로 둔갑하는 반복적 해프닝도 사라질 수 있을 것이다.

건설사가 망하지 않으려면 일거리가 필요한 만큼 후분양제를 채택한다고 해서 사업추진이 되지 않는 일은 결코 없을 것이고, 건설사의 입장에서도 공사기간을 단축해야 금융비용이 줄어들 것이므로 사업추진이 더욱 가속될 것이다. 후분양제를 채택하지 않을 이유가 없고, 후분양제 논의 자체가 수십 년 이어져온 해묵은 논의인 만큼 국회와 정부는 더 고민할 것 없이 아파트 후분양제 법제화에 바로 나서야 할 것이다.

시급한 민생법안이란, 바로 이런 것이다.

한편, 후분양제로 전환하기 위해서는 '청약제도'에 대한 전반적인 제도 정비도 필요하다. 당초 청약제도는 투기심리를 완화하고 공급물량에 대한 입도선매를 방지하기 위한 목적으로 도입됐지만, 주택소비자의 합리적인 선택을 방해하고, 불필요한 진입장벽을 조성해 경쟁만 부추기는 제도로 변질되었을 뿐만 아니라 후분양제가 공평한 제도인 것처럼 착시를 불러일으키기 때문이다. 또한, 특정 요소에 편중하여 점수화된 청약가점제는 합리적 차별로 볼 수 없을 뿐만 아니라 세대 갈등, 결혼기피 풍조, 저출산 등의 주요 원인으로 지목되고 있고, 복권추첨과 유사한 동호수 임의배정 방식은 분양시장의 사행화를 조장할 뿐만 아니라 주택소비자의 선택권을 과도하게 제약하는 문제가 있다. 이외에도 청약제도가 그간 우리 사회에 미친 부정적 영향은 일일이 열거하기 어려울 정도로 많다.

사실, 주택구입자금으로 중도금과 잔금을 대출받은 수분양자 중에는 —실입주자라도— 원 대출금과 주택담보대출금액과의 차액을 확보하지 못해 자금압박에 시달리는 경우가 적지 않다 보니 입주아파트 급매가 입주현장에서 은근히 많고, 준공되기를 기다리지 않고도 인기 동호수의 아파트를 합리적인 가격에, 그것도 충분한 현장확인 후에 구입할 수 있다. 그래서 알 만한 사람들은 이미 '외형만 공평한' 깜깜이 청약제도를 우회하여 더 나은 조건으로 신축 아파트에 즉시 입주하고 있다. 청약제도에 대한 주택소비자의 막연한 기대와는 달리 현실은 이렇다.

물론, 후분양제로 전환하더라도 인기 아파트의 경우는 여전히 청약제도를 운영할 필요성이 있을 수 있지만, 후분양제를 채택할 경우 최종 계약 이전 단계에서 소비자의 현장확인은 불가피할 것이므로 예약 수준에 불과한 현행 사전청약 제도로는 대응하기 어려울 것이다. 즉, 청약제도의 정비는 불가피하다.

다만 건설사와 그 배후의 금융회사를 비호하기 위해 주택 관련 법제가 매우 복잡하게 편성되어 있기 때문에 청약제도 정비를 포함한 "공동주택 후분양제 법제화"를 정부와 국회가 추진하기 위해서는 생각보다 많은 시간이 필요할 수 있다. 하지만 이를 구실로 그 의지조차 보이지 않는다면 소비자단체에서 '아파트 선분양제 보이코트', 특히 '범국민적 청약통장 해지운동'을 펼쳐 정치계와 금융계를 실효적으로 압박해야 할 수도 있다. 국민들도 더 이상 업자들의 호구가 되지 말고, '청약이 로또'라는 환상부터 벗어나야 할 것이다.

남의 돈으로 갑질하며 폭리를 취해온 이들이 있다면 주택시장에서 내쫓는 것이 정의이자 상식이고, 민생 보호일 것이다. 더 이상 이들을 비호하지 말아 달라.

#108 낡은 도심에 미래도시를 건설해 보자

건설비리나 부정부패의 온상으로 비난받기도 했지만, 건설업이 우리나라에 기여한 바는 적지 않다. 전후 복구와 국토개발, 도로, 공항, 항만, 댐 등 국가인프라 구축, 신도시 건설, 주택보급 등 이들의 업적은 일일이 셀 수도 없이 많고, 종합산업으로서 해외진출 등을 통해 경제성장과 고용증대에 기여한 바도 크다. 자원 없는 대한민국에 첨단도시를 구현할 수 있었던 것도, 무(無)에서 유(有)를 창조해온 건설업의 공(功)이라고 할 수 있고, 앞으로도 기대하는 바가 크다. 이 글, 특히 #88, #107 글에서 업계에 대한 신랄한 비판을 쏟아부었지만, 건설업에 대한 애정과 기대를 거두기 어려운 이유다.

사실, 날씨와 중력의 영향을 크게 받을 뿐만 아니라 햇빛, 눈비, 바람 등에 지속적으로 노출되면서 침식될 수밖에 없는 건축물의 속성상 건설 못지않게 유지·보수도 중요하기 때문에 '관리산업'으로서 수익활동을 지속할 수 있고, —#84 글에서 살펴본 바와 같이 국세청 덕분에 40년이 되어버렸지만— 세월이 지나면서 건축물을 허물고 재건할 수밖에 없기 때문에 일감이 사라질 염려는 없다. 다만 주택재건축 등 주택정비사업의 난맥상으로 인해 이런 선순환 구조가 무너졌기 때문에 생존을 위해 정치권과 국토를 들쑤시며 끊임없이 일감, 아니 먹이를 찾아 나설 수밖에 없다고 짐작한다.

그래서 #107 글에서 제안한 후분양제로 전환한다는 전제 아래 건설업의 새로운 사업대상으로서 '도심 노후아파트 재건사업', 이른바 "도심 미래도시 건설사업"을, 다음과 같이 조심스럽게 제안해 본다. 어쩌면 #87 글의 연장일 수 있다.

(1) 사업의 원칙

기존 주택단지 중심의 사업이 아니라 재건축이 가능한 인접 주택단지를 도시계획에 따라 병합하는 대단위 사업으로 추진하며, 공공 시행을 원칙으로 한다. 또한, 기존 주택의 청산은 대지지분에 따른 보유토지의 면적을 기준으로 한 현금청산을 원칙으로 하고, 철거 등 공사와 현금청산을 위한 재원은 공모리츠와 유사한 집합투자의 방식으로 조달하되, 부족한 금액은 공적 자금으로 충당한다. 참고로, 분양할 주택의 분양면적은 가급적 국민주택 평형(85㎡, 25.8평) 이내로 제한하되, 다양한 평형과 구조를 제시한다.

(2) 사업의 주체

사업의 시행책임은 광역자치단체장이 부담한다. 광역자치단체장은 사업의 시행을 산하 지방공사(예: SH, GH)에 위탁할 수 있고, 필요한 경우 시행에 필요한 권한을, 사업 대상 주택단지가 소재하는 기초자치단체의 장에게 위임할 수 있다.

(3) 사업 대상 주택단지의 범위 등

사업의 대상은 법률이 정하는 재건축 추진요건을 충족하는 노후·불량 주택단지로 한정한다. 단, 사업착수 시기에 이러한 요건을 충족할 수 있을 것으로 예상되는 주택단지도 예외적으로 사업대상에 포함시킬 수 있다.

사업에 앞서 광역자치단체장은 기본계획을 수립하여 사업대상 주택단지 주민(소유자 및 세입자 포함)과 상인(소유자 및 세입자 포함)을 대상으로 사업설명회를 개최하고, 사업추진과 관련한 설문조사 및 의견수렴을 실시한다. 설문조사 및 의견수렴 이후 필요한 경우 기초자치단체장은 광역자치단체장과의 협의 아래 이를 반영한 실행계획을 수립하여 사업설명회 등을 다시 실시할 수 있다.

설문조사의 결과 주민과 상인 다수가 사업추진에 찬성할 경우 기명투표의 방식으로 주민투표를 실시할 수 있고, 주민투표의 결과 주민과 상인의 다수가 찬성하고, 법률상의 재건축 추진요건을 모두 충족할 경우 사업추진을 확정할 수 있다. 필요한 경우 광역자치단체장은 요건을 충족하는 단지가 모두 포함된 구역부터 사업에 착수할 수 있다.

참고로, 기본계획 및 실행계획에는 대상지역의 도시계획 및 발전방안, 대상토지 감정금액 및 토지면적당 보상기준, 우선입주 기준, 일반분양 기준, 분양수요 예측, 재원 조달 방법, 투자수익 배당기준 등 중요 사항을 포함하여야 한다. 기본계획 등의 수립을 위해 위탁시행자 및 복수의 관련 업체의 의견을 사전에 조회할 수 있다.

참고로, 실행계획에는 구체적인 단지배치(조감도 포함), 분양평형, 평형별 평면도, 예상 공사비 등이 포함되어야 하고, 소형주택 거주주민이 불리하지 않도록 최소 분양평형은 종전 주택 중 최소평형을 모두 수렴할 수 있도록 설정해야 한다. 또한, 공공에서 직접 시행하는 만큼 일반분양자 및 투자자에게 불리하지 않도록 임대주택 의무분양 조항은 적용하지 않는다.

(4) 재원의 조성

기본계획, 대상토지의 총 감정금액, 분양수요 예측, 예상 공사비, 예상 철거비, 예상 이주비 등 사업에 소요될 총 경비와 예비비를 추산한 후 사업종료를 해제조건으로 하여 필요자금을 투자자에게 공모한다. 필요자금의 정확한 규모가 확정될 때까지 공모는 —'주민 등의 사업참여 확인 단계'와 '공사 착수 단계' 등과 같이— 분리하여 실시할 수 있다.

그런데 이 글에서 제안하는 재건축 방식을 도입할 경우 예전의 감정평가원처럼 대규모 감정을 믿고 맡길 공공기관이 필요한데, 종래의 감정평가원이었던 한국부동산원에 해당 기능을 부활시켜 담당하게 할 경우 리츠산업과의 관계에서 이해가 상충될 수 있으므로 한국부동산원을, 공공감정과 가격공시 등을 담당하는 이른바 '한국감정원'과 리츠산업 관리와 시장동향 등을 담당하는 이른바 '한국리츠산업진

흥원'으로 분리해 둬야 할 것이다.

(5) 주민의 사업참여 등

사업에 착수한 후에는 사업대상 주민 및 상인을 대상으로 사업참여 등에 대한 동의를 구해야 하는데, 주민 및 상인은 '우선분양'과 '현금청산' 중에서 선택할 수 있고, 주민은 주택, 상인은 상가에 입주할 수 있다.

우선분양에 있어 분양가액은 사업착수 당시의 토지가액 보상기준에 따라 평형별로 환산하여 정하며, 동일 평형이라도 분양가액은 입지 등에 따라서 달리 정할 수 있다. 우선분양을 선택한 경우 분양할 때에 일반분양에 앞서 실거주기간, 보유기간, 대지지분 면적 등 소정의 기준을 근거로 정한 순위에 따라 평형과 단지 및 동호수를 선택할 수 있는데, 자신이 보유한 대지지분으로 환산한 보유지분보다 넓은 평형의 주택은 —차액 납입 의사를 불문하고— 원칙적으로 선택할 수 없다. 또한, 보유한 주택이 공유일 경우에는 공동소유자의 수 및 보유지분의 면적과 관계없이 1호의 주택만을 분양한다.

우선분양을 선택한 경우라도 보유지분으로 환산한 토지가액(세입자가 있는 경우 임대보증금과 이사비도 공제한다)이 분양금액보다 적은 경우 보유지분으로 감당할 수 있는 평형을 선택해야 하고, 최소 분양평형을 선택해도 금액이 부족할 경우 현금청산한다. 반면, 분양대금을 충당하고도 초과분이 발생한 경우 그 차액은 현금청산한다.

또한, 우선분양을 선택한 주민이 원할 경우 입주까지 거주할 주택의 임대보증금 등을 집합투자기금에서 융자할 수 있다. 우선분양을 선택한 주민 등이 평형과 단지 및 동호수를 정하지 않고 사망한 경우에 그 권리는 상속인이 승계하며, 피상속인의 사망 후 3개월 이내에 상속인이 우선분양 여부를 확정하지 않은 경우에는 현금청산한 것으로 간주하며, 그 몫은 일반분양분으로 전환한다.

우선분양을 선택하지 않은 경우 대지지분에 상응한 토지가액만큼 퇴거와 동시에 현금청산하며, 원할 경우 현금 대신 집합투자기금의 지분을 받을 수 있다. 참고로, 현금청산하는 주민 등이 적을수록 그에 상응하여 필요자금도 줄어들게 되므로 우선분양을 선택하지 않은 주민에 대해서는 소정의 기준(예: 3개월 이내 퇴거시 이사비 전액)에 따라 이사비를 보전해줘도 된다.

세입자의 퇴거는 소유주에게 맡길 수밖에 없는데, 우선분양을 선택한 소유주가 원할 경우 세입자의 퇴거와 동시에 소유주를 대신하여 임대보증금을 지급할 수 있고, 그 금액만큼 토지가액에서 공제한다. 소정의 기준에 따라 시행자가 이사비를 보전하고, 일정 기준(3개월 이내의 퇴거)을 충족한 세입자는 일반분양에서 우대할 수 있다.

(6) 시공사의 선정 등

시공사, 철거업체, 감리자 등은 전체 사업장을 대상으로 선정하는 것이 아니라 상한금액을 정한 후 구역 단위로 공개입찰한다. 최초 입찰 시의 상한금액은 SH공사 등에서 제시한 예상 공사비 등을 근거로 정한다. 시공사 등은 특별한 경우를 제외하고는 계약금액 이외의 추가공사비 등을 요구할 수 없다.

또한, 시공사와 철거업체의 공사비는 공사(하자보수 포함) 완료 후에 지급하는 것을 원칙으로 하지만, 시행자와 시공사 간의 계약에 정한 비율에 따라 전도금을 지급할 수 있다.

(7) 일반분양 등

실내건축 사항을 제외한 상태의 건물이 완공된 때에 맞춰 일반분양을 개시할 수 있으며, 일반분양은 우선분양자의 현장확인 종료 후에 실시한다.

우선분양으로 주택을 배정받은 자는 시행자가 미리 선정한 복수의 실내건축업자 중에서 실내건축을 위임할 수 있고, 공지된 기간 내에 실내건축업자와 함께 현장을 방문하여 공용부분과 공유부분을 포함한 분양주택 전반에 대한 시공상의 하자를 점검할 수 있다. 시공상의 하자가 발견된 경우 시공사는 하자를 보수하여야 하고, 하자가 중대한 경우 동일평형의 다른 주택으로 교환하거나, 사업착수시점을 기준으로 한 현금청산(손해배상을 위해 정한 법정이자를 포함한다)을 시행자에게 요구할 수 있으며, 시행자는 이자 등 손실분을 시공사에 대해 구상할 수 있다. 실내건축은 하자보수를 완료한 후에 진행한다.

일반분양은 법령상의 분양방식으로 실시하되, 우선분양자는 아니지만 주민이었던 자(예: 현금청산자, 세입자)로서 일정 기준(3개월 이내 퇴거 등)을 충족하는 자에 대해서는 가점하여 우대할 수 있다. 일정 지분 이상의 집합투자자의 경우도 마찬가지로 투자지분의 다소에 따라 우대할 수 있다.

일반분양 시 분양가액은 토지가액이 아니라 분양 당시의 주변시세, 투자자금 등을 종합적으로 고려하여 기초자치단체장이 정한다.

(8) 사업의 종료 등

분양, 준공, 공사비 등 완제, 보존등기, 입주 등의 절차를 마쳐 사업을 종료한 경우에는 비용 등을 정산한 후 일정 비율의 예비비를 제외한 사업이익을 투자자에게 배당한다. 청산절차를 종료한 후 예비비는, 추후 설립하는 관리회사의 자본금으로 전환할 수 있다.

(9) 미래도시 구상의 원리 및 정책 유의사항

집합투자(예: 공모리츠)나 입찰, 청산 절차 등에 대해 충분히 알지 못해 대강의 구상만을 정리해 보았기 때문에 용어나 절차의 순서가 잘못되거나, 현행 법제의 내용과는 다를 수 있지만, 실제 집합투자 제도나 현행 법제와 다르더라도 이런 방식의 정비사업이 필요하다면 후속입법 등을 통해 사업운영이 원활히 진행될 수 있도록 보완할 수 있을 것이다.

이 방식으로 재건축을 추진할 경우에는 넓은 지역을 대상으로 동시에 진행하기 때문에 보다 광역적이면서도 탄력적인 도시계획이 가능하다는 점이다. 또한, 광역 도시계획을 반영하면서도 설문조사와 의견수렴을 통해 원주민이 원하는 미래도시를 지향할 수 있다는 점이다. 대단위 재개발로서의 성격도 가지는 한편 국민주택을 중심으로 개발하는 만큼 용적율 등에 크게 변화를 주더라도 특혜 시비가 붙기는 어려울 것이다.

또한, 이 방식은 주민의 선택권을 중시하되, 되도록이면 현행 법제를 크게 변경하지 않으면서도 이해당사자 모두에게 이익이 되는 방향으로 구상하고자 노력했다. 집합투자자의 경우 장기간 이익이 배당되지 않는 대신에 개발이익을 향유할 수 있고, 우선분양자의 경우 기존 아파트 가격의 등락과 무관하게 신축 아파트를 분양받을 수 있으며, 현금청산자의 경우 필요자금을 신속히 확보하면서도 사업리스크를 부담하지 않을 수 있다. 또한, 광역자치단체의 경우 도로, 상권, 조망 등을 고려한 입체적 광역 도시계획을 구현할 수 있으며, 기초자치단체의 경우 지역발전이란 성과를 누릴 수 있다. 건설업계의 경우에도 일감이 지속적으로 공급될 수 있고, 금융업계, 연기금 등 기관투자자에게도 새로운 투자처가 제공될 수 있다.

다만 이러한 방식은 강남처럼 아파트가격이 지나치게 부풀러진 지역의 재건축 방식으로는 적절하지 않을 수 있기 때문에 이 방식의 재건축 문화가 정착할 때까지 지역에 따라서는 기존의 조합 추진 방식을 유지해야 할 수도 있다. 또한, 기존 주민의 이주대책을 소홀히 할 경우 사업을 추진한 자치단체장이 차기 선거에서 심판받을 수도 있기 때문에 기존 주민의 고충에 보다 귀기울일 필요가 있다. 나아가, 재건축 집합투자자의 확보를 위해서는 장기간 믿고 기다려준 "공익 투자자"로 간주하여 배당이익에 대한 세제 혜택을 부여해야 할 수도 있다.

사실, 미래도시 구상에는 몇 가지 정책요소들이 내포되어 있다. 이런 방식의 재건축이 성공하기 위해서는 '적정한 수준의 토지보상비 총액 설정', '예견가능하면서도 합리적인 공사비 책정' 및 '일반분양 용도 토지면적 확보'라고 할 수 있는데, 조합 추진 방식에서는 주택가액과 용적율을 어떻게든 올려야 토지보상비, 공사비, 일반분양용 토지가 확보되지만, 이 방식에서는 주택가액을 안정시킬수록 토지보상비를 최소화시킬 수 있다.

또한, 최근 SH공사(사장 김헌동)에서 국민주택(85㎡, 25.8평)의 건설원가가 2억원대에 불과하다는 사실을 공개한 만큼 가급적 국민주택 평형 규모로만 분양주택을 제한함으로써 공사비를 최소화할 수 있고, 중대형 주택 거주주민의 잉여토지 면적을 일반분양분으로 전환함으로써 용적율 부담을 최소화할 수 있으며, 감당할 수 없는 전세보증금을 책정한 갭투자자들을 걸러낼 수 있고, 갭투자자들의 입장에서도 세금 부담을 최소화하면서 청산할 수 있다.

나아가, 용적율 결정권이 있는 자치단체장이 용적율을 적절히 분산하여 랜드마크형 초고층아파트와 주거형 아파트를 합리적으로 배치함으로써 유연한 도시 디자인과 일반분양분 확보가 가능하고, 공모리츠와 같은 간접투자 방식에 대한 인식 전환을 도모할 수 있는 기회이기도 하다. 이처럼 도심 아파트의 선순환이 가능하면서도 모두가 윈-윈할 수 있는 정책요소들이 곳곳에 담겨있다.

일단 정책담당자와 전문가그룹에서 알아볼 수 있도록 스케치 수준의 내용만을 대안으로 제시했지만, 이미 2024년 4월에 노후계획도시정비법이 제정됨에 따라 대단위 사업추진을 위한 법적 토대가 마련된 만큼, 이런 방식에 정부와 국회에서도 공감한다면 도입 여부를 전문가그룹과 함께 논의해주기 바란다. 재건축 문화가 달라지는 것만으로도 대한민국 부동산시장은 활력을 찾을 수 있다.

#109

가장 비싸면서 살기 좋은 집은?

가장 비싼 집은 어떤 집일까? 아니면 비싸지 않더라도 살기 좋은 집은 어떤 집일까?

고민해 본 적이 있는가?

사실, 인생을 살면서 평생 같은 집에서 사는 경우는 드물다. 10년만이라도 같은 집에서 살기도 쉽지 않고, 많은 경우 끊임없이 이사 다닌다. 머물고 싶어 자신의 집을 갖게 되더라도 결혼하면서, 자녀가 생기면서, 직장을 따라서, 자녀가 크면서, 자녀가 독립하면서, 가족과 헤어지면서, 늙고 병들면서 끊임없이 집을 옮긴다. 어쩌면 소라게 같은 삶을 우리들은 살고 있을지도 모른다.

그런데 어쩌면 이건 우리나라만의 특성일 수 있다. 유목민족이 아닌 한 역사가 오래되고 안정된 나라일수록 사람들이 집을 잘 옮기지 않고, 부유한 집안일수록 같은 집을 수백 년씩 대물려 쓰는 경우가 많기 때문이다.

하지만 우리나라도 수백 년을 이어온 고택들이 적지 않고, 예로부터 백성 대부분이 태어난 마을을 떠나지 않고 일가들과 옹기종기 모여 살았다. 우리라고 해서 다르지 않았다. 그러던 것이, 전 국토가 폐허가 된 한국전쟁 이후 산업화 과정에서 다들 더 나은 삶을 꿈꾸며 고향을 떠날 수밖에 없었고, 자녀의 교육을 위해 다시 학군 따라 떠돌아다닐 수밖에 없었을 뿐이다.

비혼과 저출산 풍조가 확산되면서 학군 따라 떠도는 세태는 어느 정도 진정되었지만, 더 나은 집을 찾아 "유목민처럼" 옮겨다니는 상황은 선진국으로 진입한 오늘날까지도 지속되고 있다. 하지만 사람은 늙기 마련이고, 떠돌면서 병든다. 언제까지 떠돌 수만은 없다. 집에 묶인 삶이 반드시 낫다는 건 아니지만, 초고령 시대에 안정적인 노후를 준비하기 위해서는 적어도 40대부터는 어딘가에 '정착하려는 노력'이 필요하다.

반드시 자가일 필요는 없지만 정착지는 필요하기 때문에 현대 사회에서도 "내 집 마련"은 중요하다.

그럼 정착지로서 어떤 집을 장만해야 할까?

이를 알기 위해서는 주택시장의 성격을 알아야 하는데, 주택시장은 —신축주택을 거래하는 분양시장도 있지만— 기본적으로는 구축주택을 거래하는 "중고시장"이다.

중고시장으로서의 성격을 가지다 보니 일반적으로 '좋다'고 평가할 만한 "살기 좋은 집"은 시장에 잘 나오지 않는다. 주로 판매자에게 당장 필요하지 않은 '여분의 집', 판매자와 맞지 않은 '불편한 집', 관리가 쉽지 않은 '돈 새는 집', 고쳐 쓰기 어려운 '낡고 망가진 집' 등이 주로 주택시장에서 거래된다. 가끔 좋은 집들도 급매로 나오지만, '망한 집'이라 찜찜하고, 실제로도 권리관계가 복잡하게 얽힌 경우가 많다.

'살기 좋은 집'들이 주택시장에 흔치 않은 것은, '살기 좋은 집'이라면 형편이 되는 한 누구든지 그 집에서 오래 머무르려고 하기 때문이다. 또한, 그 집에서 끝없이 성공을 이어나갈 수 있었기 때문에 팔지 않고 지킬 수 있었던 것이다.

또한, 이런 집들은, 오랜 기간 거래되지 않았기 때문에 가격을 알 수 없기 마련이고, 살기 좋다는 것을 집주인만 아는데도 수십 년 넘게 거래가 없어 시세를 짐작하기 어렵다 보니 대개는 저평가돼서 시장에 나오는 경우가 많다. 그렇기 때문에 부동산에 조금이라도 안목과 식견이 있는 사람은, 저평가된 '살기 좋은 집'을 찾아내기 위해 수십, 수백 채를 돌아보며 발품을 파는 것이다.

동네도 마찬가지다. 살기 좋은 동네는 사람들이 쉽게 떠나지 않는다. 이런 동네는 이동이 적은 만큼 텃세도 있고, 주택 거래가 적기 때문에 대개는 저평가되어 있다. 반면, 아파트는 단독주택에 비해 오래 머물기 쉽지 않다. 아무리 살기 좋은 아파트단지라도 여러 이유로 떠나는 사람들이 생긴다. 다만 떠나더라도 집은 남겨두는 경우가 적지 않다. 그래서 살기 좋은 아파트단지일수록 매매거래는 적고, 임대거래는 꾸준하기 마련이다. 상권도 안정되어 있다. 물론, 동네 자체는 급매물들이 초기 시세를 형성할 수밖에 없어 대체로 저평가되어 있고, 더 살고 싶다 보니 재건축연한이 되어도 주민들은 시큰둥하다. 서울의 실수요지역들이 이렇다.

하지만 경험이 적고 부동산에 대한 안목과 식견이 부족한 젊은 세대는, 대개 이런 이치를 알지 못한다. 스마트폰 바꾸듯이 몇 년 잠깐 살고 "팔아서" 떠날 생각을 하기 때문에 매매거래나 임대거래가 활발한 지역을 찾는다. 대개는 새로 개발한 신도시나, 신축주택단지이다. 집이나 동네에 대한 정보라고는 모델하우스나 홍보물, 눈에 보이는 거리 모습 정도인데도 딱히 발품도 팔지 않고, 대출까지 끌어 모아 전 재산을 집에 들이붓는 이른바 '영끌'도 과감하다.

물론, 이런 새 집들도 입주하는 순간부터 중고주택이 되고, 미리 확인할 수 없었던 만큼 입주하자마자 하자에 시달리는 경우도 적지 않다. 부동산거래앱으로는 매매거래나 임대거래가 활발하고 가격도 계속 오르는데도 막상 매물로 내놓으면 쉽게 팔리지도, 세가 나가지도 않는다. 그나마 아파트의 경우는 신축 타이틀 달 동안은 거래가 이어지긴 하지만, 몇 번 손 탄 4~8년 뒤부터는 —첨단 시스템 유무와는 무관하게— 구축 아파트 반열에 올라간다. 모두 이렇다는 것은 아니지만, 대개는 이렇다.

그래서 난 이런 투자를 '로또'에 비유한다. 벼락부자가 될 수 있어서가 아니다. '살기 좋은 집'이나 '살기 좋은 동네'에 살게 될 확률이 로또에 당첨될 확률에 가깝기 때문이다.

그런데도 이런 집들에 비싼 값이 매겨지는 것은, 신상품에 대한 기대감이 크기 때문일 수도 있지만, 신축주택 역시 시세가 없다 보니 애초에 원가보다 현저히 비싸게 가격이 책정됐기 때문이다. 또한, 대출을 통해 자산과 수익을 늘리는 속성을 가진 금융업계에서, 대출실행 가능성이 높은 이런 집들의 자산가치를 높게 책정하기 때문이다. 가끔 화려한 한강변 펜트하우스들이 세간의 부러움을 사기도 하지만, 자신의 자금력을 포장할 필요가 있는 일부 사업가나 사기꾼들의 '쇼룸'(showroom) 용도로서 가치 있을지는 몰라도 이런 집들이 '살기 좋은 집'이라서 비싼 것은 아닐 것이다.

이처럼, 비싸다고 해서 반드시 살기 좋은 집은 아니다.

더욱이 애초에 '살기 좋은 집'이란 말 자체가 상대적인 관념이다. 즉, 자기에게 살기 좋은 집이라고 해서 타인에게도 살기 좋은 것이 아니다. 내 눈에나 내 자식이 예쁜 것처럼 내가 살기 좋은 집이라고 해서 반드시 비싼 집인 것도 아니다.

비싸면서도 살기 좋은 집은 매우 드물기 때문에 주택시장은 함부로 판단하기 어렵고, 이런 이율배반적 구조를 이해하지 못하는 사람들이 부동산정책을 수립하게 되면 낭패를 볼 수밖에 없는 것이다. 실제로, 주택을 투자의 대상으로 방치한 국가(예: 미국, 일본, 중국)들은 모두 경제위기에 직면했었다.

그래서 내가 생각하는 부동산에 투자하는 최고의 방법은 "내가 살기 좋은 집을 찾는 것"이며, 살기 좋은 집을 찾아내기 위해서는 발품

(또는 임장)만이 최선이다. 이런 집은 내가 평생을 살 만한 가치가 있는 집인 만큼 재개발 등으로 허물 수밖에 없는 사정이 발생하지 않는 한, 가격 변동 등 주택시장의 변화에 영향을 받지 않으면서도 자신에게는 가장 가치 있는 "가장 비싼 집"이 된다.

무엇보다도, 첫술에 배부를 수는 없는 법이다. 해보지도 않는 것보다 용기내는 것이 낫겠지만, 경험도, 안목도, 식견도 부족한 상태에서 사는 집이 좋을 집일 가능성이 높지 않으니 처음부터 너무 무리해서 달려들지 말 것을 청년들에게 조언해주고 싶다.

그럼 구체적으로 어떤 집이 '살기 좋은 집'일까?

#110

살기 좋은 집을 만나려면?

장래가 불투명한 20~30대부터 무리해서 정착지를 마련할 필요는 없지만, 초고령 사회가 심화되는 요즘은 빠르면 40대부터는 노후를 대비하여 정착지를 모색할 필요가 있을 수 있다. 물론, 인간은 적응의 동물이기 때문에 어디든 잘 적응할 수 있겠지만, 보다 안정적인 노후 생활을 영위하기 위해서는 가능한 한 자신에게 적합한 주거지를 확보해 둘 필요가 있다.

그럼 어떤 주거지가 평생을 함께 할 정착지로서 적합할까? 이 질문은 "내가 살기 좋은 집은 어떤 곳인가?"로 바꿔볼 수 있다.

그런데 이 질문의 정답은 아무도 모른다. "살기 좋음"의 기준이 사람마다 다르기 때문이다.

A가 중시하는 가치가 B에게는 극혐하는 가치일 수 있기 때문에 제3자가 함부로 조언해주기 어렵고, 오직 자신만이 알 수 있는 가치에 대해 제3자에게 묻는다는 것 자체가 이미 제3자는 물론이고 자신조차

답을 가지고 있지 않음을 반증하는 것이다.

그래서 '살기 좋은 집'의 기준을 알려주기보다는 "스스로 찾는 방법"을 알려주는 편이 낫다.

최선의 방법은 몸소 다양한 주거형태를 경험하면서 자신에게 적합한 '집'을 설정하고, 발품을 팔아 그런 집을 찾아다니는 것이다. 이 과정에서 집을 보는 식견이 쌓이게 되고, 안목이 달라지게 되면서 '내가 살기 좋은 집'의 윤곽이 점점 또렷해지게 된다. 어쩌면 '집'을 찾아가는 과정이 아니라 '나'를 찾아가는 과정일 수 있다.

그런데 혼자 살 집이면 혼자 다녀도 되지만, 여럿이 살 집이라면 혼자 다녀서는 곤란하다. 예컨대, 신혼집은 형편이 되는 대로 구할 수밖에 없겠지만, 가족의 정착지를 찾을 때는 되도록이면 배우자와 함께 다닐 것을 권한다. 함께 집을 보러 다니다 보면 각자 공감하는 부분과 서로 공감하지 못하는 부분을 알게 되고, 현실적인 측면에서 서로를 보다 잘 알게 되면서 서로의 지향점을 공유하게 된다. 어쩌면 서로 평생 함께 하기 위해서 해야 할 일들을 미리 알게 될 수도 있다.

그래서 혼자 살 집이 아닌데도 이런 과정 없이 혼자서 정착지를 구하게 되면, 그 집이 정착지도 되지 않을 뿐만 아니라 여생 동안 원망을 듣거나, 이별하는 계기가 될 수도 있다.

또한, 집을 선택하는 판단요소로는 가격, 면적, 입지, 구조, 시설, 교통, 보안, 상권, 학군, 편의시설, 병원, 공원, 녹지 등 무궁무진하지만, 각자 중시하는 가치가 다르므로 무엇을 우선할지는 스스로 판단하면 된다. 특히, 모든 게 완벽한 사람이 없듯이 모든 게 완벽한 집은 없다. 그런 만큼, 타협할 수 있는 부분과 없는 부분을 명확히 가려두는 편이 낫다. 이는, 우선순위의 문제라고 할 수 있다.

다만 정착지의 선택에서 "지속가능성"은 매우 중요하므로 현실적인 문제들은 다음과 같이 숙고할 필요가 있다.

먼저, 주택가격은 현재의 자산과 —예상되는 잔존 경제활동 기간 동안의— 기대소득으로 감당할 수 있는 수준이어야 한다. 자신의 기대소득으로도 감당할 수 없는 재산은 지켜내기 어려울 뿐만 아니라 삶의 질까지 떨어뜨리기 때문이다.

여기서 주택가격에는 '구입 당시의 주택가격'뿐만 아니라 '주택에 수반된 비용'(예: 중개수수료 등 구입비용, 제 세금, 인테리어 등 수선비용 등)까지 포함하며, 자산에는 레버리지를 포함한다. 다만 레버리지는 금융회사에서 설정한 레버리지가 아니라 미래, 특히 10년 정도의 소득으로 상환할 수 있는 수준의 레버리지로 한정해야 한다.

또한, '주택에 수반된 비용'에는 주택을 구입하는 비용뿐만 아니라 '주택을 간수하는 비용', 즉 제 세금, 유지·보수비용 등 사후비용을 포함한다. 주택구매자들이 간과하기 쉬운 부분인데, 미래의 기대소득으로 집을 지켜내야 하므로 의외로 중요하다.

예컨대, '공간'은 모두 비용으로 인식해야 한다. 4계절이 있는 우리나라는 주택의 부피만큼 냉난방해야 하고, 모든 외벽의 면적만큼 단열과 방수가 행해져야 하기 때문이다. 또한, 집도 늙기 때문에 '시간'

에 따른 감가상각비, 즉 수선비와 그 주기도 고려해야 한다. 방실의 갯수나 전기·수도요금 등은 '인간', 즉 가족의 수에 비례하기 때문에 시기별 가족 총원의 변화에 유의해야 한다. 아파트의 경우 이런 비용의 상당 부분이 관리비로 대체되지만, 아파트의 경우는 재건축 등에도 대비해야 한다.

특히 은퇴를 앞둔 40대 이후의 시기에는 질병, 사고, 사직·해고 등으로 본인 또는 가족의 경력과 소득이 단절될 수 있고, 연금소득 등 노후소득이 기대보다 적을 수 있기 때문에 사후비용을 매우 보수적으로 계산할 필요가 있다. 더욱이 체력이 급락하는 60~70대 이후에는 집을 관리하는 자체가 체력적으로 힘들 수도 있고, 30대 이후에 늦게 경제활동을 시작하거나, 만혼·저출산하는 요즘의 세태를 감안할 때 자녀세대의 가계 지원이나 부양을 기대하기 어려운 점도 고려해야 한다.

이처럼 정착지를 마련하는 자체가 현실과 직결된다. 그래서 정착지를 찾는 과정이 '나를 찾는 과정'이라면, 정착지를 결정하는 과정은 '여생과 노후를 설계하는 과정'일 수 있다. 현실적으로 실현가능한 적정한 목표를 세우면 무리할 이유가 없고, 보다 여유있게 인생을 즐길 수 있을 것이다.

그런 만큼, 정착지 결정에 있어서는 자신과 가족에게 "적정한 규모의 집"을 찾는 일은 매우 중요하다. 타인의 시선을 의식해 자신과는 이질적인 '폼나는 동네'에, 화려하고 넓은 '폼나는 집'을 정착지로 정하게 되면 잠깐은 기쁠지 몰라도 평생 집을 짐처럼 이고서 살아야 하고, 지켜내기도 어렵기 때문이다.

스스로 살기 편하고 행복과 추억들이 차곡차곡 쌓일 수 있는 "알찬 집"이 '살기 좋은 집'이지 고가주택이나 신축아파트를 말하는 것은 아닐 것이다. 어쩌면 자기만 모르지 '독립해서 지금 사는 집', '신혼 때 어렵게 장만한 집', '부모님과 함께 살아온 집'이 가장 살기 좋은 집일 수도 있다. 아니, 내 집이 아니더라도 사랑하는 사람들과 함께 했던 그 집이 내가 찾던 집일 수 있다.

아무튼, 각자 바라는 바가 다르고, 이런 방법이 정석도 아니겠지만, 소득은 제자리인데 주택가격은 천정부지로 뛰어오른 현실에 절망할 젊은 세대에게 이런 관점들이 조금이라도 도움이 되었기를 바란다. 젊은이의 내일은 아무도 모르니 조급할 이유가 없다.

#111

최고의 투자는?

정부, 기업, 연기금, 개인 할 것 없이 부동산과 주식(채권 포함)에 올인하는 시대를 맞이하고 있고, 그 문제점을 #89 글에서 이미 지적한 바 있다. 그런데 본업에 충실해야 할 정부와 기업이 부동산과 주식에 올인하는 것은 비난할 수 있지만, 투자 자체가 본업인 연기금에 대해서는 함부로 비난하기 어렵다.

마찬가지로, 겸업이나 경업, 즉 부업(side job)이 제한된 공무원이나 직장인에게도 합법적인 투자대상은 부동산과 주식 정도밖에 없고, 여유자금이 있지만 본업이 없는 퇴직자나 구직자의 경우는 더욱 그렇다. 그래서 여유자금을 활용하는 수준이라면 말릴 명분은 마땅치 않다.

하지만 #89 글에서 지적했듯이 부동산은 '초과이익의 현금화', 즉 매매가 생각보다 쉽지 않고, 요즘처럼 주택소비자의 소득수준보다 현저히 높은 가격대로 주택시세가 형성될 경우 보유주택의 처분이 더욱 어려워져 장기적으로 가격 변동 가능성이 매우 높고, 감가상각과 세금 등으로 인해 유지비용도 만만치 않다. 겉보기와 달리 실거주 목적이 아닌 한, 장기투자가 만만치 않다.

주식의 경우도 가격 변동성이 매우 크고, 경기의 영향을 크게 받기 때문에 초과이익을 유지하기가 생각보다 쉽지 않다. 더욱이 하락장세에서는 바닥을 치기 전까지는 현실적으로 되팔기 어려워 생각보다 본전 유지가 어렵고, 건물이라도 남는 부동산과 달리 상장폐지될 수준까지 가격이 급락할 수도 있다. 실질적으로는 금융베팅으로서의 성격도 가지기 때문에 사행산업 규제와의 형평성도 문제될 수밖에 없다.

요즘 젊은 세대에게 주목받는 가상화폐의 경우도, 본질적으로 —한때 유행했던— 기념주화나 기념우표와 유사한 성격을 가지다 보니 '최초의 암호화폐'로서의 역사적 가치를 지닌 비트코인을 제외하고는 장기적으로 재산적 가치가 희석될 가능성이 높다. 즉, 안정자산으로 보기는 매우 어렵고, 주식투자와 마찬가지로 사행성이 문제될 수 있다.

그렇다면 어떤 투자가 보다 바람직하면서도 효율적일까?

예컨대, 부동산 중 주택 투자의 정공법은 "내 집 마련", 특히 정착지 마련이다. 집값이 오르지 않더라도 장기간 안정적인 주거생활을 영위할 수 있는 효용을 생각할 때 투자가치는 차고도 넘친다. 자녀세대에게 '빚 없는 집'을 온전히 물려줄 수 있다면 고가주택이 아닌 한 자녀의 레버리지로 충분히 감당할 수 있으니 사후대비로도 유용하다.

주식 투자의 정공법은 경쟁력 있는 아이디어나 기술을 바탕으로 자본이나 주식을 공모하여 회사를 창업하는 일이다. 성공하지 못할 가능성도 높지만 자기가 꿈꾸던 일에 도전하는 즐거움만으로 충분한 효용이 있고, 세계적인 주식부자들의 상당수가 이런 정공법으로 성공했다. 직접 창업하지 않더라도 누군가 비전 있는 회사를 창업할 때 직접 투자해서 배당을 받는 것도 유효한 투자법이다.

다만 말은 쉽지 실천은 만만치 않다. 무엇보다도, 자본이 필요하기 때문이다. 물론, 행운도 필요하다.

그래서 내가 생각하는 최고의 투자는, 바로 "자기자신에 대한 투자"라고 할 것이다.

자신의 미래를 향한 투자이고, 능력과 자격에 대한 투자이다. 내실을 다지는 투자인 만큼, 성형하거나, 옷, 집, 차와 같은 외형에 대한 투자를 말하는 것이 아니다. 자신의 무형적 가치를 높이는 투자인 만큼, 그 성과는 온전히 자신에게 남는다.

다만 자신의 무형적 가치라고 하더라도 경제적 가치까지 담보하기 위해서는 그 가치에는 경쟁력과 생산성이 있어야 한다. 특히, 자신 안에 내재된 무형적 가치는 길러준 부모조차 알지 못하기 때문에 반드시 스스로 찾아내야 한다. 그렇기 때문에 투자의 방향성이 무엇보다 중요하고, 자신의 적성과 소질에 대한 정직한 성찰과 부단한 노력이 수반되어야 한다.

이것 역시 말은 쉽지 실천은 매우 어렵다.

예컨대, 자신에 대한 투자라고 하면 대개의 경우 학업에 대한 투자라고 이해한다. 물론, 자신의 무형적 가치를 찾아내지 못한 경우에는 다른 사람들과 마찬가지로 이런 방향으로 노력하는 게 맞다. 대중이 선호하는 학교에 진학하거나, 직장에 입사하면 무난하게 출발선에 설 수 있다.

이런 정도도 사실 쉽지 않다. 다만 자신의 길이 아닌 —타인의 눈에 맞춘— 길에 들어선 인생은, 남들 눈에는 어떻게 보일지 몰라도 스스로는 그저 그렇다. 즐겁지도 않고, 성취감을 맛보기도 쉽지 않다. 물론, 의료계나 법조계처럼 단단한 진입장벽이 처져있지 않는 한, 사회생활의 치열한 경쟁에서 살아남기도 만만치 않다.

반면, 자신의 길에 들어선 인생은, 남들이 어떻게 평가하든 그 자체로 신날 뿐만 아니라 멈춤 없는 성취를 맛볼 수 있다. 스스로 좋아서 선택한 길인 만큼 실패해도 후회는 없고, 실패하더라도 다시 도전할 수 있는 힘이 있다. 작은 성취들을 디딤돌 삼아 한 걸음 한 걸음 꾸준히 나아가다 보면 어느 새 경지에 오른 자신을 만날 수도 있다.

진흙 속에서도 보석은 빛나듯이 가치 있는 사람은 꾸미지 않아도 빛이 난다. 아니, 자신의 가치를 스스로 알고 있으므로 굳이 남들이 알아줄 필요도 없다. 스스로가 생산성 있는 가치의 원천(origin)이다 보니 재테크도 특별히 필요하지 않다.

돈을 버는 이유가 대개는 자신이 하고픈 일을 맘껏 하기 위해서인데, 하고픈 일을 이미 하고 있기 때문에 큰 돈이 필요하지 않고, 생계를 이을 정도면 충분하다. 더욱이 경쟁력과 생산성 있는 가치의 힘은 매우 강력하기 때문에 허튼 짓을 하지 않는 한, 돈이 마를 일은 평생 없을 것이다.

사실, 모든 가치에 경쟁력이나 생산성이 있는 것은 아니다. 경쟁력이나 생산성이 있더라도 상용화의 과정을 거쳐야 재산적 가치가 될 수 있는 경우가 많기 때문이다. 또한, 자신이 투자한 가치가 경쟁력이나 생산성이 부족한 경우도 있을 수 있다. 다만 이런 경우에는 매주 40시간만 투자해서 —금액과 상관없이 보수가 따박따박 나오는— 다른 일을 하고, 남는 시간에 자신이 선택한 일을 즐겨도 된다. 이처럼 자신에 대한 투자는 밑질 것도, 버릴 것도 없다.

더군다나 냉정히 말해, 스스로 가치를 창출해낸 열정과 노력이면 경쟁력과 생산성도 스스로 찾을 수 있다. 해보지도 않고 지레 걱정부터 할 필요가 없다.

그래서 나는 자기자신에 대한 투자를 최고의 투자로 꼽는다. 젊은 시절부터 부동산이나 주식에 한눈 팔 필요가 없는 것도 이 때문이다. 방법을 아는 이상, 한눈 팔 시간이 아깝다. 마찬가지로, 자신으로 말미암은 가족, 단체, 회사, 국가에 대한 투자도 결국엔 자신에게 되돌아오기 때문에 아깝지 않을 것이다. 물론, 이것 역시 외형보다는 내실에 대한 투자를 말한다.

#112

우리 모두 알고 있다

사람들은 대개 결론만 원한다. 특히 정책을 결정해야 할 높은 지위에 있는 사람들이 더욱 그렇다. 이들이 경솔해서 그런 것이 아니라 높은 지위만큼 결정해야 할 사안도 매우 포괄적이고 광범위해지기 때문에 숙고할 만한 시간이 부족해서 그런 것이다.

그런데 부동산은 '실물경제'(real economy) 영역의 문제이다. 특히 주택은 주민들이 실제 거주하는 현실적 생활기반이기도 하다.

실물경제는 삼라만상만큼 무한한 변수가 존재하기 때문에 예측하기 매우 어렵다. 그런 만큼 원리와 이치를 깨치지 않고서는 그 실체에 다가가기도 쉽지 않다. 그래서 함부로 정책대안을 제시하기 매우 어려운 영역일 뿐만 아니라 정책결정자가 원리나 이치에 대한 이해 없이 최종 결론만을 채택할 경우 성공할 가능성이 매우 낮을 수밖에 없다.

예컨대, A 문제를 해결하기 위해서는 A뿐만 아니라 B, C, D의 문제를 함께 해결해야 하고, 그중 A의 원인은 E, F, G이고 B의 원인은 F,

H, I이며, 그중 E를 해결하기 위해서는 J, K, L의 대책을, F를 해결하기 위해서는 M, N, O의 대책이 필요하고, 그중 J의 대책을 구현하기 위해서는 P, Q, R의 대책이, K의 대책을 구현하기 위해서는 S, T, U의 대책이, M의 대책을 구현하기 위해서는 W, Y, Z의 대책이 필요하다고 하자.

그런데 정책결정자가 이들 대책들 중 자신이 이해하고 있거나, 국민 다수가 선호할 것 같은 J와 Z 등 몇 개만을 채택한다면 그 정책이 성공할 가능성은 매우 낮을 수밖에 없다. 더욱이 J를 구현할 수 있는 P, Q, R을 배제하거나, Z의 전제가 되는 M을 도외시한다면 그 정책이 성공할 가능성은 매우 낮을 수밖에 없는 것이다.

그래서 간추린 결론만 훑어보고서 결정한 정책은 불안할 수밖에 없는 것이다. 하물며, 원리와 이치까지 깨쳐야 하는 실물경제의 영역에서는 이런 정책결정 프로세스가 더욱 불안할 수밖에 없다. 부동산정책이 그래서 어렵고, 정책가인 나도 끊임없이 원리와 이치를 탐구해갈 수밖에 없는 것이다.

그런데 실물경제의 영역에 속하는 부동산문제를, 그간 우리나라는 금융, 조세와 같은 '금융경제'(financial economy)의 관점으로 풀어왔다. 부동산정책의 주무부처가 금융경제의 본산인 기획경제부와 금융위원회다 보니 어쩔 수는 없다고 하지만, 실물경제와는 대척점에 있는 이질적인 관점으로 접근하게 되니 성공할 가능성이 낮아질 수밖에 없고, 경제부처에서 부동산정책을 내놓을수록 시장은 더욱 꼬일 수밖에 없었을 것이다. 즉, 이들이 무능해서가 아니라 애초에 해내기 어려운 영역인 것이다. 정부와 국회가 합심해도 이럴 정도인데, 서로 다르다면 유효한 정책이 온전하게 생산되기 더욱 어려운 것이다.

실물의 문제는 현실(reality)의 문제다.

정책 분야에서 현실의 문제는 '각자의 손에 무엇을 쥐어주느냐'의 문제와 다르지 않다. 즉, '배분'(distribution)의 문제와 직결되고, 이는 곧 '공정성'(fairness)의 문제와도 이어진다. 이른바, MZ세대로 불리는 젊은 세대들이 공정성을 중시할 수밖에 없는 것은, 현실에서 이들 세대가 불공정을 어디선가 절감했기 때문일 것이다.

특히 부동산 분야가 그러했을 것이다.

그래서 부동산에 관한 문제에 처음 접근할 때는 "부당하게 독차지한 이들이 있는가?"에 대한 검증부터 들어갔다. 이에 2021년의 경제·인문사회연구회 보고서를 통해 정치권, 정부, 공기업, 건설업, 금융업, 외국자본 등에 숨어있는 구조적 부패를 검증하고자 하였다. 즉, 위 B의 문제이다. 다만 형사정책만으로는 대응하기 어려울 수 있어 법무정책적 대응까지 병행해 본질적 문제, 즉 위 A의 문제에 직접 대응하고자 했다.

성과도 있었지만 예상대로 형사정책적 대응은 무력했고, 법률적인 분석만으로는 근본적인 해법을 도출해내기 어려웠다. 결국 대안은, 부동산시장에 흘러드는 자금의 원천인 자본시장을 향해 낼 수밖에 없었다.

특히 구조적 부패의 검증에 있어서는 애초에 국민들의 존재를 간과했다. 왜냐하면 부패카르텔로 의심되는 세력들이 이해당사자인 일부 국민들까지 공범으로 만들어 묶어두었기 때문이다. 재건축사업이 대표적이다. 이들을 공격하면 —스스로 인질이 된 줄도 모르는— 주민들이 나서서 이들을 엄호하기 때문에 국민들을 지키면서 이들만 타격할 수 있는 방도를 찾기 어려웠다. 더욱이 후속과제를 국회에서 승인해주지 않아서 후속연구를 이어갈 수 없는 상황이었다.

그래서 방향을 선회하여 시간이 걸리더라도 정부 지원 없이 스스로 연구하기로 작심했고, 실물경제의 문제인 만큼 '배분' 문제를 중심으로 풀어나가고자 한 것이다. 즉, 위 C의 문제이고, '복지'와 그 재원을 조성하는 '조세'의 문제로 풀어가고자 한 것이다. 또한, 누군가를 계몽할 수준과 자격이 되지는 않지만, 스스로 인질이 된 줄도 모르는 일부 무지한 국민들이 안타까워 여러 화두와 예시를 통해 실물경제를 이해시키고자 노력한 것이다.

그중 대표적인 것이 —더불어민주당 이재명 대표의 대표공약인 기본소득제도와의 혼동을 피하기 위해 이 글에서는 '권리소득'이라고 표현했지만— "기본재산" 제도와 "기본소득" 제도이다. 평범한 국민의 몫을 국가에서 인정하여 세금을 감면해주는 대신, '빈곤층 복지혜택'과 '기본보장제도 세제혜택' 중에서 국민 스스로 선택하게 함으로써 핵심 빈곤층에 대한 지원을 실질적으로 강화하고, 기본보장을 받는 중산층으로 국민을 유도할 수 있는 방안을 제시하고자 했다.

이것이 2022년 개인연구의 핵심 내용이다.

연금소득이 불안한 현실에서 기본보장제도는 반드시 필요하다고 보았다. 다만 이 내용만으로는 완결된 것은 아니었다. 왜냐하면 2가지 근본문제를 여전히 해결하지 못했기 때문이다. 하나는 '국민의 소득수준에 비해 지나치게 높은 주택가격' 문제이고, '재건축 정체에 따라 심화되어가는 도시 슬럼화' 문제였다. 주택가치를 인위적으로 낮추면 국부와 기업가치, 연기금 모두 타격을 입게 되고, 재건축이 가능하려면 조합·시행사 주도 방식의 난맥상을 해결하는 동시에 재원과 투자이익의 확보가 가능해야 하므로 2가지 근본문제 모두 정책난이도가 매우 높았다.

1년여 간의 숙고 끝에 주택가격의 문제는 실질국민소득을 제고하는 방향으로 모색할 수밖에 없다는 현실을 깨달았고, 정책대안도 국정의 안정과 산업정책의 혁신에서 찾을 수밖에 없었다. 위 D의 문제이다. 재건축도 집합투자의 방식으로 모금하되 공공이 책임지도록 하는 대안을 모색했다.

이것으로 2020년부터 5년에 가깝게 진행해왔던 부동산 개혁연구를 마무리한다. 여러 분야에 걸친 광범위한 주제다 보니 생각보다 오래 걸렸고, 비전문적인 분야에서 원리와 급소를 알아내기 위해 고민도 많았다.

물론, 이것으로 모두 완결된 것이 아니라 방향만 잡아둔 것에 불과하니 정부와 국회에서 정책으로 채택하여 실천하는 일이 남았다. 이 글의 분석과 대안이 모두 옳거나 바람직한 것은 아닐 수 있으므로 전문가그룹의 검증이 필요하겠지만, 앞서 환기한 것처럼 J와 Z 정도만 반영하여 변죽만 올려서는 곤란하고, 우리 사회의 복잡다단한 문제들을 단칼에 해결할 수는 없겠지만 이 글의 방향성에 믿음이 생겼다면 가능한 모든 대안을, 시차를 최소화하여 추진해주기 바란다. 그래서 이 글은 국민의 계몽보다는 관련 분야의 정책가그룹과의 소통을 최우선 목표로 설정하여 작성했다. 특히 최종적인 정책결정권자인 대통령, 정당대표, 정부요인 및 그러한 지위로 나아가고 싶은 이들이 참고해주기 바랄 뿐이다.

사실, 어지간한 지식과 경험으로는 이해하기 어려운 내용이라 누구에게도 읽히지 않고 버려질 가능성이 높은 글이다. 나도 안다.

사실, 이렇게나 긴 글로 원인과 해법을 찾지 않더라도 답도 이미 모두가 알고 있다. 부동산에서 이득을 취하려는 욕심을, 다들 조금씩만 내려놓으면 시장은 정상화될 수 있다. 프레임 갇혀 욕심을 내려놓기가 어려우니 이해를 시키는 거다.

사실, 우리나라뿐만 아니라 세상이 매우 빠르게 변화하고 있고, 국제질서와 경제판도도 급변하고 있다. 이런 시대상황에서 번영과 평화를 영속하기 위해서는 단지 살아남으려는 노력만으로는 부족하고 미래 인류사회의 중심에 대한국민을 우뚝 세울 각오가 되어 있어야 한다. 의지만 확고하다면 부동산 문제들을 개혁하는 과정에서 그 길은 저절로 열릴 것이다.

답은 우리 모두가 안다. 먼저 깨친 쪽이 미래를 선도할 수 있을 것이다.

저자 약력

강석구

現 한국형사·법무정책연구원 선임연구위원, 법학박사

〈주요 이력〉

성균관대학교 법과대학 및 동 대학원 졸업

법무부 법무자문위원회 전문위원 (2004-2005)

숙명여자대학교 법학부 겸임교수 (2013-2014)

한국형사정책연구원 사법개혁연구실장 (2016-2017)

한국형사정책연구원 형사법제연구실장 (2020-2021)

경찰청 과학수사 자문위원 (2012-2021)

행정안전부 지방자치단체 합동평가위원 (2014-2020)

국민권익위원회 반부패규범자문단 자문위원 (2020-2024) 등

〈주요 저술〉

주택재개발·재건축사업의 탈법운영 실태 및 대책 (2008)

지역주택조합 관련 형사처벌 사례 분석 및 제도 개선방안 (2020)

부동산 시장질서 확립을 위한 중점 대응전략 (2021)

전세사기 예방 및 피해회복 방안 (2023)

사회보장성 기금 불법운용에 따른 재정손실 방지를 위한 대응방안 (2016)

주요 해외국 법집행기관의 금융거래추적 운영 실태에 대한 연구 (2017)

사법개혁에 관한 현안 정책과제 발굴 및 쟁점연구 (2017)

공익재단을 이용한 탈법·불법 유형 및 형사정책적 대응방안 (2018)

리걸테크 도입 및 대응을 위한 법무정책 연구 (2022) 등